DIETER GRÜNENWALD

Güterrechtlicher und schuldrechtlicher Ausgleich von Zuwendungen unter Ehegatten bei Beendigung des gesetzlichen Güterstandes durch die Ehescheidung

Schriften zum Bürgerlichen Recht

Band 110

Güterrechtlicher und schuldrechtlicher Ausgleich von Zuwendungen unter Ehegatten bei Beendigung des gesetzlichen Güterstandes durch die Ehescheidung

Von

Dr. Dieter Grünenwald

Duncker & Humblot · Berlin

CIP-Titelaufnahme der Deutschen Bibliothek

Grünenwald, Dieter:
Güterrechtlicher und schuldrechtlicher Ausgleich von Zuwendungen unter Ehegatten bei Beendigung des gesetzlichen Güterstandes durch die Ehescheidung / von Dieter Grünenwald. – Berlin: Duncker & Humblot, 1988
(Schriften zum Bürgerlichen Recht; Bd. 110)
Zugl.: Tübingen, Univ., Diss., 1987
ISBN 3-428-06462-3
NE: GT

D 21

Druck: Berliner Buchdruckerei Union GmbH, Berlin 61
Printed in Germany

ISBN 3-428-06462-3

Vorwort

Diese Arbeit hat im Wintersemester 1986/87 der Juristischen Fakultät der Eberhard-Karls-Universität Tübingen als Dissertation vorgelegen. Rechtsprechung und Literatur waren damals auf dem Stand vom Dezember 1986; was bis zur Drucklegung hinzugekommen ist, wurde weitgehend in die Anmerkungen aufgenommen.

Nicht mehr sinnvoll einzuarbeiten war dagegen die grundlegende Entscheidung BGH NJW 1987, 2814 (= FamRZ 1987, 791) vom 20. Mai 1987. Mit ihr hat sich der IV b-Senat endgültig von der früher herrschenden Meinung und Rechtsprechung verabschiedet, wonach § 1374 II auch auf Schenkungen unter Ehegatten anwendbar sein soll. Stattdessen befürwortet er jetzt, wie auch diese Arbeit, die teleologische Reduktion des § 1374 II auf Schenkungen von Dritten. Was hier durchgängig noch vorsichtig als „neuere“ oder „andere“ Ansicht zusammengefaßt wurde, läßt sich aus heutiger Sicht zutreffend nur noch als herrschende Meinung und Rechtsprechung bezeichnen.

Tübingen, im April 1988

Dieter Grünenwald

Inhaltsverzeichnis

2. Kapitel

Verbleibende Problemfälle und deren Korrektur insbesondere durch die Vorschriften des Bereicherungsrechtes

3. Kapitel

Die Ehescheidung als Wegfall der Geschäftsgrundlage von Zuwendungen unter Ehegatten

Einleitung

Der Ausgleich von Zuwendungen unter Ehegatten nach der Ehescheidung ist in den letzten Jahren verstärkt zum Thema wissenschaftlicher Diskussion geworden. Anlaß hierfür bot eine Änderung der höchstrichterlichen Rechtsprechung zum Verhältnis von schuld- und güterrechtlichem Ausgleich[1] und zur Funktion der güterrechtlich geregelten Anrechnung von Zuwendungen nach § 1380[2].

Primär ist bei Zuwendungen unter Ehegatten an die typischen, je nach den finanziellen oder sonstigen Verhältnissen mehr oder weniger wertvollen Geschenke zu denken, die zu den üblichen Anlässen getätigt werden. Im Fall der Ehescheidung werden sie selten aktenkundig. Es mag schmerzlich sein, dem Partner nichts- oder doch gerade etwas ahnend ein besonders kostspieliges Geschenk kurz vor der Trennung gemacht zu haben. Verschmerzbar ist es oft genug. Wo dennoch mit beiderseitiger Erbitterung darum gefochten wird, liegt nichts anderes als die allzumenschliche Ausnahme vor[3].

Praktisch bedeutsamer sind die Konstellationen, in denen es Ehegatten mit wachsendem oder unter Verwertung von vorhandenem Wohlstand zu einem eigenen Familienheim oder sonstigem nennenswerten Grundeigentum und anderem Vermögen gebracht haben. In der auch heute noch häufig anzutreffenden Hausfrauenehe wird der Erwerb oder Bau eines Hauses zumeist aus den laufenden Einnahmen des Alleinverdieners finanziert. Dennoch erfolgt der Erwerb zumeist zu hälftigem Miteigentum von Mann und Frau; ein Ausdruck ehelicher Solidarität? Finanziert umgekehrt der Alleinverdiener den Hausbau oder eine Renovierung auf dem Grundstück des anderen, wird er, aus welchen Gründen auch immer, auf eine dingliche Mitberechtigung nicht drängen. Solange die Ehe Bestand hat, ist die dingliche Rechtslage jedenfalls für die Eheleute regelmäßig belanglos[4].

Wird die Ehe geschieden, erweisen sich insbesondere in den „Hausbaufällen“[5] alle Aufwendungen für die gemeinsame Zukunft als vergebens. Der Wunsch, die Zuwendung zurückzuerhalten, ist nicht unverständlich. Andererseits sieht das gesetzliche Güterrecht als Folge der Ehescheidung den auf eine Geldforderung gerichteten Zugewinnausgleich vor.

---

1 BGHZ 65, 320; 68, 299.

2 BGHZ 82, 227.

3 Vgl. OLG Bamberg FamRZ 1973, 200.

4 *Lieb* S. 123 f.

5 Vgl. *Battes* FS Hübner S. 379

Die in § 1380 vorgesehene Anrechnung von Zuwendungen ist aber nicht unproblematisch. Die lange Zeit unangefochten herrschende Meinung erblickte darin eine höchst komplizierte Vorschrift, die insbesondere im Verbund mit § 1374 II mehr Schwierigkeiten aufwarf als zu lösen vermochte[6]. Der Bedarf nach korrigierenden schuldrechtlichen Ansprüchen war entsprechend groß. Nicht geringer war daher die Kritik an der 1975 einsetzenden Rechtsprechung, die den Vorrang des Güterrechts vor anderen Ausgleichs- und Rückabwicklungsansprüchen betonte[7]. Seit aber der IX. Zivilsenat[8] einem neuen Verständnis des Anrechnungsmodus von § 1380 Bahn gebrochen und damit die Zahl der unbefriedigenden Fälle deutlich reduziert hatte, ist auch im Schrifttum ein Umbruch des Verständnisses von § 1380 erfolgt.

Dennoch führen auch nach der neuen Ansicht Zuwendungen unter Ehegatten zu Konsequenzen auf den Zugewinnausgleich, die weder auf Anhieb verständlich noch akzeptabel sein müssen. Nicht nur diese Konsequenzen, sondern auch individuelle Komponenten lassen selbst bei „funktionierendem" Zugewinnausgleich den Wunsch nach einer Durchbrechung dieses Ausgleichssystems verständlich erscheinen.

Erstes Ziel dieser Untersuchung muß es daher sein, die Funktionsweise der in § 1380 vorgesehenen Anrechnung von Zuwendungen zu klären. Erst danach kann auf die Frage eingegangen werden, ob und wie eine Korrektur der den §§ 1372 ff. immanenten Fehlentwicklungen bzw. die Berücksichtigung individueller Interessen außerhalb des Zugewinnausgleichssystems möglich ist.

---

[6] Vgl. nur *Lieb* S. 125 ff.

[7] BGHZ 65, 320, 323 f. = JZ 1976, 486 m krit Anm *Kühne*.

[8] BGHZ 82, 227; zur jüngsten Rspr. vgl. das Vorwort.

1. Kapitel

Die gesetzliche Regelung der Anrechnung von Zuwendungen unter Ehegatten im Zugewinnausgleich

A. Zuwendungen des Ausgleichsverpflichteten: der Normalfall

I. Der Anwendungsbereich des § 1380

1. Begriff der Zuwendung

Nach § 1380 werden Zuwendungen unter Ehegatten unter bestimmten Voraussetzungen auf den Zugewinnausgleichsanspruch des Berechtigten angerechnet.

Eine Zuwendung muß, wie sich indirekt aus § 516 ergibt, zu einer Bereicherung des Empfängers führen[1]. Sie muß nicht notwendig unentgeltlich sein. Erhält der Zuwendende für einen Teil der Zuwendung ein Entgelt, z. B. bei einer gemischten Schenkung, führt nur der unentgeltlich geleistete Teil zu einer Bereicherung des Empfängers; nur insoweit ist die Zuwendung anrechenbar[2].

Sehen die Beteiligten die ausgetauschten Leistungen als äquivalent an[3], obwohl die Gegenleistung objektiv gering ist, ist keine Bereicherung gewollt und auch keine Anrechnung möglich. Fehlt ein synallagmatischer Zusammenhang zwischen den ausgetauschten Leistungen, handelt es sich um gegenseitige Zuwendungen[4].

---

1 MünchKomm-*Kollhosser* § 516 Rz 6; *Larenz,* SchR II, 1. Halbbd. § 47 I (S. 196).

2 *Erman-Heckelmann* § 1380 Rz 6; MünchKomm-*Gernhuber* § 1380 Rz 9; RGRK-*Finke* § 1380 Rz 9; *Soergel-Herm. Lange* § 1380 Rz 7; *Staudinger-Thiele* § 1380 Rz 7; *Gernhuber,* FamR § 36 VII 2 (S. 516).

3 Entscheidend ist der Parteiwille, vgl. *Holzhauer* JuS 1983, 830, 832; *Sandweg* BWNotZ 1985, 34, 35; MünchKomm-*Gernhuber* § 1380 Rz 9; *Soergel-Herm. Lange* § 1380 Rz 7; *Dölle,* FamR I S. 822; *Larenz,* SchR II, 1. Halbbd. § 47 I (S. 198). AA *Erman-Heckelmann* § 1380 Rz 6; *Staudinger-Thiele* § 1380 Rz 7; *Staudinger-Felgentraeger* § 1380 Rz 7: Anrechnung, soweit keine äquivalente Gegenleistung erfolgte.

4 Dazu unten B VI.

Aus dem Erfordernis der Bereicherung folgt weiter, daß Zuwendungen wesensnotwendig freiwillig erbracht sein müssen[5]. Anrechenbar sind auch Zuwendungen, die ein Ehegatte im Einverständnis des anderen Dritten erbringt, etwa dessen Kindern aus früherer Ehe[6].

2. Grundgedanke der Anrechnungsbestimmung

Die Anrechnung von Zuwendungen auf die Zugewinnausgleichsforderung basiert auf der Tatsache, daß im Zugewinnausgleich nur Vermögen zur Disposition steht, das den Ehegatten nach Bestreitung des Lebensunterhaltes verblieben ist[7]. Wegen der rechtlichen Trennung von Mannes- und Frauenvermögen kann kein Ehegatte verlangen, über seinen Unterhaltsanspruch hinaus Vermögenswerte des anderen rechtswirksam zu erwerben. Erhält er dennoch höherwertige Zuwendungen, die in aller Regel aus den Ersparnissen des Zuwendenden und damit aus dessen bereits erwirtschafteten Zugewinn stammen[8], kann darin ein vorweggenommener Zugewinnausgleich gesehen werden. Das ist aber keine Denknotwendigkeit, die eine spezielle Anrechnungsvorschrift unentbehrlich machen würde[9]. So kennen zwar das schweizerische und österreichische Recht den Güterstand der Zugewinngemeinschaft[10], nicht aber eine dem § 1380 des BGB entsprechende Vorschrift. Dennoch ist eine solche Sicht der Dinge an sich naheliegend[11] und nach einer verbreiteten Ansicht wegen § 1374 II auch notwendig[12].

3. Anzurechnende Zuwendungen

Zuwendungen sind nach § 1380 I S. 1 dann auf den Zugewinnausgleichsanspruch dessen, der sie erhalten hat, anzurechnen, wenn dies vom Zuwendenden bestimmt wurde[13]. Das ist die Ausnahme. Nach § 1380 I S. 2 sind aber im

---

5 BGH NJW 1983, 1113, 1114 = FamRZ 1983, 351; MünchKomm-*Gernhuber* § 1380 Rz 10; *Staudinger-Felgentraeger* § 1380 Rz 6.

6 *Erman-Heckelmann* § 1380 Rz 3; MünchKomm-*Gernhuber* § 1380 Rz 13; RGRK-*Finke* § 1380 Rz 2; *Soergel-Herm. Lange* § 1380 Rz 9. Wegen der erforderlichen Bereicherung des Empfängers der Zuwendung muß dieser eigene Aufwendungen erspart haben. Darin liegt auch die Abgrenzung zu einverständlichen Zuwendungen i.S.d. § 1375 II.

7 Statt aller *Beitzke,* FamR § 14 III 2 (S. 117).

8 *Soergel-Herm. Lange* § 1380 Rz 2.

9 AA offenbar *Beitzke,* FamR § 14 III 2 (S. 117): in die Berechnung „muß ... dasjenige einbezogen werden, was ein Ehegatte vom anderen außerhalb des laufenden Lebensunterhaltes schon erhalten hat".

10 Vgl. zum Österreichischen Recht *Langenfeld,* Hdb Rz 133; zum neuen Schweizerischen Eherecht, das am 1. Januar 1988 in Kraft tritt, s. *Hegnauer* FamRZ 1986, 317 ff.; *Hausheer,* FS Müller-Freienfels S. 225 ff.

11 Vgl. *Dölle,* FamR I S. 821.

12 Dazu unten II 2 b und III 1 b

Zweifel alle Zuwendungen anzurechnen, die den Wert von Gelegenheitsgeschenken übersteigen, die nach den Lebensverhältnissen der Ehegatten üblich sind.

a) Damit ist primär eine Aussage über die Wertgrenze gemacht, ab der eine Anrechnung in Frage kommt[14]. Maßgeblich sind die ehelichen Lebensverhältnisse; es gilt also kein objektiver, sondern ein relativer Maßstab. Auch „übertrieben" wertvolle Geschenke brauchen nicht angerechnet zu werden, wenn sie unter den Ehegatten üblich sind[15]. Die Wertgrenze liegt damit über der der „Pflicht- und Anstandsschenkungen" der §§ 534, 1375 II, 1641 und 1804. Sie dürfte in praxi mit dem Wert der „gebräuchlichen Gelegenheitsgeschenke" des § 32 Nr. 1 KO und § 3 I Nr. 3 AnfG übereinstimmen[16], die ebenfalls von den individuellen Verhältnissen ausgehen[17].

b) § 1380 gibt nur einen Wertmaßstab, nicht aber eine Definition von „üblichen Gelegenheitsgeschenken". Dies wäre angesichts der denkbaren Vielfalt von Gelegenheiten und Objekten einer Schenkung auch gar nicht möglich. Nicht anzurechnen sind daher auch Zuwendungen, die wegen Art und Anlaß nicht zu den „üblichen Gelegenheitsgeschenken" gezählt werden können, sofern sie die angegebene Wertgrenze nicht übersteigen[18]. Wären im Wert darunterliegende „unübliche Gelegenheitsgeschenke" anzurechnen[19], würde eine nicht passende Objektivierung in den relativen Maßstab des § 1380 I S. 2 hineingetragen.

Wird eine Zuwendung in Teilleistungen erbracht, die einzeln unter dem Anrechnungswert liegen, ist wegen der gewollten einheitlichen Zuwendung dennoch eine Anrechnung möglich[20].

4. Hausrat als Gegenstand der Zuwendung

Nach der Rechtsprechung des BGH unterliegt Hausrat, der nach der HausratsVO verteilt werden kann, nicht dem Zugewinnausgleich[21]. In Betracht

---

[13] Die Anrechnungsbestimmung ist einseitige, empfangsbedürftige Willenserklärung und muß nach hM vor oder bei der Zuwendung abgegeben werden; vgl. nur RGRK-*Finke* § 1380 Rz 3; *Soergel-Herm. Lange* § 1380 Rz 11; aA MünchKomm-*Gernhuber* § 1380 Rz 4, 5: das Rechtsgeschäft modifizierende Eventualcausa; ebenso *Kühne* FamRZ 1978, 221, 223.

[14] MünchKomm-*Gernhuber* § 1380 Rz 16.

[15] *Staudinger-Thiele* § 1380 Rz 20; aA *Palandt-Diederichsen* § 1380 Anm 2: objektiver Maßstab entsprechender Ehegatten in ähnlichen Verhältnissen.

[16] MünchKomm-*Gernhuber* § 1380 Rz 15; *Soergel-Herm. Lange* § 1380 Rz 12.

[17] *Kuhn / Uhlenbruck*, KO § 32 Rz 20: der übliche Maßstab ist relativ.

[18] *Seutemann* S. 117; MünchKomm-*Gernhuber* § 1380 Rz 16; *Staudinger-Thiele* § 1380 Rz 20.

[19] So *Soergel-Herm. Lange* § 1380 Rz 12.

[20] BGH NJW 1982, 2441, 2442.

kommt einmal die Verteilung von Hausrat, der beiden Ehegatten gemeinsam gehört, nach § 8 HausratsVO. Hierzu werden vor allem die Gegenstände zu zählen sein, die im Rahmen des § 1357 angeschafft wurden und wegen der dinglichen Wirkung des § 1357 i.d.R. beiden Ehegatten als Miteigentümern gehören[22]. Mit Anschaffungen, die zur Deckung des Lebensbedarfes der Familie dienen (§ 1357), wird der handelnde Ehegatte aber zumeist seiner Unterhaltspflicht genügen, so daß das dem anderen entstandene Miteigentum keine Zuwendung i.S.d. § 1380 darstellt.

Anderes mag bei einer ausdrücklichen Schenkung von hochwertigen Gegenständen gelten, die, wie etwa ein Klavier[23], zum Hausrat gehören können. Dann kommt aber allenfalls die Zuweisung an den Nichteigentümer nach § 9 HausratsVO in Betracht, die innerhalb der Regelungsmaterie der HausratsVO einen Ausnahmefall darstellt[24]. Erforderlich ist nach § 1 HausratsVO in jedem Fall der Antrag eines oder beider Ehegatten[25], so daß eine Zuwendung i.S.d. § 1380 ohne Antragstellung in den Zugewinnausgleich einzubeziehen ist. Der Richter kann in diesem Fall nicht von Amts wegen tätig werden[26]. Wird eine ansonsten anzurechnende Zuwendung allerdings Gegenstand eines Verfahrens nach der HausratsVO, kann sie weder angerechnet werden, noch darf sie im Anfangs- oder Endvermögen eines der Beteiligten berücksichtigt werden[27].

5. Zur Rechtsnatur von Zuwendungen unter Ehegatten: Schenkung und „unbenannte Zuwendung"

Grundsätzlich sind Ehegatten durch die Ehe nicht gehindert, Rechtsgeschäfte wie mit Dritten auch untereinander einzugehen[28]. Solche Fälle sind

---

21 BGHZ 89, 137 = FamRZ 1984, 144 = NJW 1984, 484 = JZ 1984, 380 m zust Anm *Herm. Lange.* Krit. dazu *Beitzke,* FamR § 14 III 2 (S. 116).

22 S. dazu *Soergel-Herm. Lange* § 1357 Rz 23 mwN.

23 Vgl. RGRK-*Kalthoener* § 1 HauratsVO Rz 20 mwN, 22.

24 BHGZ 89, 137, 143 f.; *Herm. Lange* JZ 1984, 383, 384.

25 MünchKomm-*Müller-Gindullis* 6. DVO EheG § 1 Rz 24.

26 Ebenso *Soergel-Heintzmann* Nachtrag § 1 HausratsVO Rz 1.

27 *Herm. Lange* JZ 1984, 383, 384.

28 HM, vgl. statt aller *Staudinger-Thiele* § 1363 Rz 13. Insbesondere gilt kein Verbot für Schenkungen unter Ehegatten wie nach römischem Recht, s. dazu *Holzhauer* JuS 1983, 830 und *Hülsheger* S. 12 f. Ein solches Verbot gilt heute noch in den Niederlanden gem. Art. 1715 Burgerlijk Wetboek. Das entsprechende Schenkungsverbot des Art. 1334 CC (Codigo Civil) in Spanien, das *Holzhauer* aaO Fn 1, *Hülsheger* S. 13 und *Sandweg* BWNotZ 1985, 34, 35, noch anführen, ist durch das Gesetz 11/1981 vom 13. Mai 1981, das am 9. Juni 1981 in Kraft getreten ist (vgl. *Rau* IPRax 1981, 189 Fn 1), aufgehoben worden. Nach Art. 1323 CC nF können die Ehegatten alle Arten von Verträgen untereinander schließen. Die Rechtslage in Spanien ist aber wegen der Existenz sog. Foralrechtsgebiete (Aragonien, Biscaya und Alava, Katalonien, Balearen und Galizien; vgl. dazu *Rau* FamRZ 1982, 334 und *Bergmann* / *Ferid* Bd VII, Spanien,

dann unproblematisch, wenn sie von den Beteiligten inhaltlich bestimmt werden, wenn etwa ein Geldbetrag ausdrücklich als Darlehen zur Verfügung gestellt wird[29].

Wesentlich häufiger ist dagegen festzustellen, daß Vermögensbewegungen unter Ehegatten stattgefunden haben, über deren rechtliche Qualifizierung ausdrückliche Abreden fehlen[30].

a) Zuwendungen, deren Rechtsgrund feststeht

aa) Hierzu gehören die in § 1380 I S. 2 selbst angeführten Gelegenheitsgeschenke, die zu bestimmten Anlässen wie Geburtstag, Namenstag, Ostern, Weihnachten oder ähnlichem gemacht werden[31]. Die Ehegatten verstehen solche Zuwendungen selbst als Geschenke, so daß die für den Schenkungstatbestand erforderliche Einigung über die Unentgeltlichkeit der Zuwendung vorliegt. Im Anwendungsbereich des § 1380 sind solche Geschenke ohnehin unproblematisch, da sie in aller Regel im Wert unter der Anrechenbarkeitsgrenze liegen.

bb) Zudem ist die Einschränkung zu machen, daß vieles, was nach landläufiger Meinung „Geschenk" ist, rechtlich eine Unterhaltsleistung gem. §§ 1360, 1360 a darstellt[32]. Dies gilt insbesondere für den weitverbreiteten Hang zum „praktischen Schenken". Erhält die Ehefrau den fälligen neuen Wintermantel als „Weihnachtsgeschenk", liegt wegen des bestehenden Unterhaltsanspruchs keine Bereicherung vor. Auch dürfte die Einigung über die Unentgeltlichkeit der Zuwendung fraglich sein. Zumindest bei Zuwendungen, die grundlegende Bedürfnisse befriedigen, wird der Empfänger sich seines Anspruchs so bewußt sein wie der „Schenker" seiner Verpflichtung[33].

b) Der Rechtsgrund hochwertiger Zuwendungen: Überblick über den Meinungsstand

Ungleich bedeutender sind im Anwendungsbereich des § 1380 höherwertige Zuwendungen, insbesondere die Zuwendung von Grundstücken[34] oder Mitei-

S. 5, 14 f. u. 45 ff.) nicht einheitlich. Nach *Bergmann / Ferid* aaO S. 50 f. sind in Katalonien Schenkungen unter Ehegatten, die außerhalb eines Ehegütervertrages vorgenommen werden, verboten. Wie in den Niederlanden sind übliche nicht übertrieben wertvolle Geschenke von dem Verbot ausgenommen.

[29] BGH FamRZ 1965, 549; zur ausdrücklich vereinbarten BGB-Gesellschaft BGH NJW 1982, 170 = FamRZ 1982, 141 m krit Anm *Bosch*.

[30] *Holzhauer* JuS 1983, 830.

[31] *Holzhauer* JuS 1983, 830; *Soergel-Herm. Lange* § 1380 Rz 12.

[32] OLG Bamberg FamRZ 1973, 200, 201; BGH FamRZ 1983, 351 = NJW 1983, 1113 = DNotZ 1983, 688; *Karakatsanes* FamRZ 1986, 1049, 1052; *Kanzleiter* S. 70.

[33] *Hülsheger* S. 90; MünchKomm-*Kollhosser* § 516 Rz 13; *Soergel-Mühl* § 516 Rz 23.

gentumsanteilen an Grundstücken[35], die Finanzierung des Hausbaus oder von Renovierungen auf dem Grundstück des anderen Ehegatten[36]. Weiter kommen in Betracht die Zuwendung von Wertpapieren[37], Schmuck[38] oder Lebensversicherungsverträgen[39].

aa) Die Rechtsprechung hat sich in solchen Fällen in jüngerer Zeit[40] kaum mehr zur Annahme einer Schenkung i.S.d. § 516 entschließen können. Wenn sie es doch tat, handelte es sich fast stets um Grundstücksgeschäfte, bei denen wegen der Formerfordernisse der §§ 313, 925 a ein notariell beurkundeter Schenkungsvertrag vorlag[41]. Ausschlaggebend dafür ist die Praxis vieler Notare, in solchen Fällen ein Schenkungsversprechen zu beurkunden[42]. Ansonsten überwiegt aber in Literatur und Rechtsprechung die Tendenz, bei solchen Zuwendungen unter Ehegatten mangels Unentgeltlichkeit, bzw. fehlender Einigung hierüber, eine Schenkung gem. § 516 abzulehnen[43]. Dies wird damit begründet, daß der Zuwendung auch dann, wenn sich die Ehegatten der Ungleichgewichtigkeit ihrer Beiträge zur Ausgestaltung des ehelichen Lebens bewußt seien[44], eine Gegenleistung des Empfängers in der Form gegenüberstehe, daß dieser durch „Dienstleistungen im ehelichen Haushalt und etwaige zusätzliche Erwerbstätigkeit“[45] den ehelichen Aufwand mittrage. Eine Gegenleistung, die die Unentgeltlichkeit der Zuwendung ausschließt, muß nicht notwendig als Geld- oder Sachleistung erbracht werden[46], noch braucht sie objektiv gleichwertig zu sein[47].

---

34 RG SeuffA 78 Nr. 124; RGZ 169, 249; BGH FamRZ 1969, 78.

35 OLG Düsseldorf FamRZ 1976, 344; BGHZ 82, 227 = FamRZ 1982, 246 = NJW 1982, 1093; BGH FamRZ 1982, 778 = WM 1982, 697 = DNotZ 1983, 177.

36 BGH FamRZ 1968, 23 = NJW 1968, 245; BGH FamRZ 1976, 334 = NJW 1976, 2131; OLG Schleswig FamRZ 1978, 247; BGHZ 84, 361 = FamRZ 1982, 910 = NJW 1982, 2236 = DNotZ 1983, 180; BFHE 142, 511 = DB 1985, 1271.

37 BGH FamRZ 1972, 201 = NJW 1972, 580; LG Essen FamRZ 1980, 791 (n rkr).

38 OLG Bamberg FamRZ 1973, 200.

39 BT Drucks II/3409 Anh. S. 12; MünchKomm-*Gernhuber* § 1380 Rz 17.

40 *Hepting* § 15 V, aE (S. 152) nennt als Anfang die Entscheidung BGH FamRZ 1966, 91.

41 BGH FamRZ 1969, 28, 30; OLG Düsseldorf FamRZ 1976, 344; FamRZ 1980, 446; OLG Karlsruhe FamRZ 1981, 556; OLG Frankfurt FamRZ 1981, 778; OLG Köln FamRZ 1981, 779; OLG Nürnberg OLGZ 82, 230; BGH FamRZ 1982, 1066 m krit Anm *Bosch* = WM 1982, 1057; LG Wuppertal FamRZ 1983, 278 (n rkr); BGH FamRZ 1983, 349 (ohne Tatbestand); BGHZ 87, 145 = JR 1983, 453 = FamRZ 1983, 668 m abl Anm *Seutemann* FamRZ 1983, 990; BGH FamRZ 1985, 351 m zust Anm *Seutemann;* OLG Frankfurt FamRZ 1986, 576.

42 *Rossak* MittBayNotV 1984, 74, 76; *Holzhauer* JuS 1983, 830, 831; *Sandweg* BWNotZ 1985, 34.

43 *Lorenz,* FS Rheinstein II, 547, 553; *Kralemann* S. 32; *Hepting* § 15 III (S. 147ff.); *Gernhuber,* FamR § 19 V Fn 8 (S. 211); krit zu dieser Tendenz *Holzhauer* JuS 1983, 830, 832 ff.; *Seutemann* FamRZ 1983, 990, 991; *Friedrich* JR 1986, 1, 3.

44 LG Bonn FamRZ 1980, 359, 360; BGH FamRZ 1982, 778; BGHZ 87, 145, 146 = FamRZ 1983, 668 = NJW 1983, 1611.

45 So OLG Karlsruhe FamRZ 1974, 306, 308.

Weil die Ehegatten die Zuwendung nicht isoliert vom ehelichen Leben und den dazu erbrachten unterschiedlichen Beiträgen sehen, soll „in der Regel" keine Schenkung vorliegen[48].

Gegen die Annahme einer Schenkung wird auch eingewendet, daß die Zuwendung dem Grundgedanken der Zugewinngemeinschaft entspreche, „daß die Ehegatten an allem, was sie in der Ehe hinzuerworben haben, wertmäßig gleichen Anteil haben"[49]. Die Zuwendung dient somit dem Ausgleich der verschiedenen Vermögensverhältnisse[50].

Eine Schenkung liegt schließlich dann nicht vor, wenn die Zuwendung den Gläubigern des Zuwenders Vermögenswerte entziehen soll. Der Zuwendungsempfänger erhält dann, da in erster Linie ein verdecktes Treuhandgeschäft[51] anzunehmen ist[52], lediglich eine formale Rechtsposition, die eine Bereicherung ausschließt[53].

bb) Den Fällen der treuhänderischen Übertragung und der notariell beurkundeten Schenkung ist als gemeinsames Merkmal zu eigen, daß mehr oder weniger konkrete Parteivereinbarungen vorliegen, die die Zuordnung zu einem bestimmten Rechtsgeschäftstypus ermöglichen. Wenn nähere Abreden bei Ehegattenzuwendungen zumeist fehlen, muß dies aber nicht unbedingt zur Ablehnung einer Schenkung führen[54].

Gegen die Vorwegnahme des Zugewinnausgleichs ist zu Recht eingewendet worden, daß die Beteiligung am Zugewinn des anderen nach § 1363 II S. 2 auf die Beendigung des Güterstandes verlegt ist[55]. Wirklich ausschlaggebend dürfte aber sein, daß die Ehegatten in den „guten Zeiten", in denen anrechnungsrelevante Zuwendungen gemacht werden, kaum an den Ausgleich der Zugewinne als Konsequenz einer Ehescheidung denken werden[56]. Dazu gibt auch § 1364 S. 2 Nr. 3 des Regierungsentwurfes zum Gleichberechtigungsge-

---

46 OLG Karlsruhe FamRZ 1974, 306, 308; MünchKomm-*Kollhosser* § 516 Rz 21.

47 MünchKomm-*Kollhosser* § 516 Rz 23 mwN.

48 BGHZ 82, 227, 231; BGHZ 87, 145, 146; *Johannsen* WM 1978, 654, 656; *Rossak* MittBayNotV 1984, 74, 77; *Langenfeld,* Hdb Rz 316; ders. Münchener Vertragshandbuch S. 1128.

49 LG Bonn FamRZ 1980, 359, 360; ebenso OLG Schleswig FamRZ 1978, 247, 249; dagegen *Johannsen* WM 1978, 654, 657.

50 BGH FamRZ 1966, 91.

51 Zum Begriff s *Coing* S. 91.

52 Vgl. die Sachverhalte von RGZ 169, 249 (dazu *Lieb* S. 122 mwN); OLG Hamburg NJW 1964, 1076 und OLG Karlsruhe FamRZ 1981, 556; *Rossak* MittBayNotV 1984, 74, 76 bei Fn 6; *Sandweg* BWNotZ 1985, 34, 38 f.

53 *Larenz,* SchR II, 1. Halbbd. § 47 I (S. 198); MünchKomm-*Kollhosser* § 516 Rz 8.

54 Vgl. *Holzhauer* JuS 1983, 830, 832 f.; *Seutemann* S. 44 f.; ders FamRZ 1983, 990; *Kühne* JR 1982, 237.

55 *Kralemann* S. 34; *Seutemann* S. 42 f.; ders FamRZ 1983, 990, 991.

56 MünchKomm-*Gernhuber* § 1380 Rz 8.

setz nichts her, der die Möglichkeit vorsah, durch Ehevertrag einen periodischen Zugewinnausgleich zu vereinbaren[57].

Schon eher überzeugend ist das Argument, die Zuwendung diene dem Ausgleich der verschiedenen Vermögensverhältnisse. Das muß aber nicht zwangsläufig zu einer entgeltlichen Zuwendung führen, die dann auch nicht mehr nach § 1380 angerechnet werden könnte. Das von den Parteien gewollte Ergebnis, die Vermögensumverteilung, kann auch durch eine echte Schenkung erreicht werden.

Daß der Zuwendungsempfänger seinerseits Unterhaltsleistungen durch Haushaltsführung und Kindererziehung erbracht hat, schließt eine Einigung über die Unentgeltlichkeit der Zuwendung nicht aus. Er erfüllt damit lediglich seine Unterhaltspflicht gem. § 1360 S. 2; seine Leistungen sind aber schon durch die Erwerbstätigkeit des anderen Ehegatten ausgeglichen[58]. Erfolgt aber eine Zuwendung im Hinblick auf die Haushaltsführung, kommt auch eine renumeratorische Schenkung in Betracht[59]. Ein mehr oder weniger latent vorhandenes Gefühl, zu einer Zuwendung verpflichtet zu sein, schließt eine Schenkung nicht aus[60].

Daß die Zuwendung anrechenbar ist, stellt eine mögliche Unentgeltlichkeit nicht in Frage. Selbst wenn eine ausdrückliche Anrechnungsbestimmung auf die Absicht schließen läßt, „die ehelichen Lebensverhältnisse im Kontext mit den Regeln des gesetzlichen Güterstandes auszugestalten“[61], spricht dies nicht bei jeder Zuwendung gegen das Vorliegen einer echten Schenkung[62]. Entscheidend wird letztlich der Zuwendungsgegenstand sein. Auch ein anzurechnender Pelzmantel kann und wird zumeist geschenkt sein.

c) Entgeltliche oder unentgeltliche Zuwendung

Die crux der rechtlichen Einordnung von Ehegattenzuwendungen liegt darin, daß häufig kein klarer Parteiwille erkennbar ist. Angesichts der hohen Werte, um die es insbesondere bei Grundstückszuwendungen geht[63], aber auch der engen Verbundenheit der Beteiligten, ist die Annahme einer Schenkung so wenig leicht zu begründen wie ihre Ablehnung. *Lorenz*[64] spricht in

---

[57] BT Drucks II/224 S. 5; vgl. den Hinweis bei *Langenfeld,* Hdb Rz 180.

[58] *Seutemann* S. 44; ders FamRZ 1983, 990; *Kralemann* S. 34; *Gernhuber,* FamR § 19 V Fn 8 (S. 211); krit auch *Holzhauer* JuS 1983, 830, 832; *Friedrich* JR 1986 1, 3.

[59] Vgl. BGH NJW 1982, 436 (im Erg verneint); *Holzhauer* JuS 1983, 830, 833 f.; aA *Sandweg* BWNotZ 1985, 34, 35; *Langenfeld,* Münchener Vertragshandbuch, S. 1127.

[60] *Larenz,* SchR II, 1. Halbbd. § 47 I (S. 199) mwN (Fn 12); MünchKomm-*Kollhosser* § 516 Rz 13.

[61] *Schwab* FamRZ 1984, 525, 527.

[62] Ebenso *Schwab* aaO Fn 61: eine Schenkung liege „nie oder selten“ vor.

[63] *Ripfel* DNotZ 1959, 507, 510; *Kühne* FamRZ 1968, 356, 358 l Sp.

[64] Festschrift Rheinstein II S. 550.

diesem Zusammenhang plastisch von einer „grauen Zone" zwischen Entgeltlichkeit und Unentgeltlichkeit.

aa) Erwerben Ehegatten gemeinsam ein Grundstück, um darauf zu bauen, werden sie in praxi um eine gemeinsame Haftung für die nötigen Geldmittel nicht herumkommen[65]. Angesichts der damit wenigstens nach außen gleich verteilten Lasten ist es schwer möglich, von einer Schenkung des Alleinverdieners an den anderen zu sprechen, ganz abgesehen von den Schwierigkeiten, den Gegenstand der Zuwendung zu benennen[66].

bb) Umgekehrt sind aus demselben Grund die Entscheidungen angreifbar, in denen die Gerichte geradezu dankbar an einer – beurkundeten – Schenkung festgehalten haben[67]. Den Beteiligten mag zwar die Bedeutung der Schenkung laienhaft bewußt sein, die Interessenlage ist aber dieselbe wie bei nicht formbedürftigen Zuwendungsgeschäften. Bindend ist die Bezeichnung trotz notarieller Beurkundung ohnehin nicht[68].

d) Die Ehe als Rechtsgrund?

Nicht unerwähnt darf die Entscheidung BGH FamRZ 1968, 23 bleiben, in der der VII. Senat den Rechtsgrund für die Errichtung eines Hauses mit Mitteln des klagenden Mannes auf dem Grundstück der Frau in der ehelichen Lebensgemeinschaft selbst sah[69]. Sie wurde heftig kritisiert[70], da nach herrschender Meinung nur die Befriedigung des Wohnbedürfnisses, nicht aber in der Form des Eigenheimbaues, geschuldet ist[71].

Was aber tatsächlich Rechtsgrund der Zuwendung gewesen sein soll, blieb unklar. *Deubner*[72] sieht ihn in einer Schenkung mit Zweckabrede, während *Kühne* einen Auftrag annimmt, der einen Anspruch auf Einräumung eines entsprechenden Miteigentumsanteils enthalte[73].

---

65 *Frank* JZ 1983, 855, 856; *Langenfeld,* Hdb Rz 134.

66 Dazu *Holzhauer* JuS 1983, 830, 833.

67 Bedenken gegen eine beurkundete Schenkung äußern etwa OLG Frankfurt FamRZ 1981, 778 f.; BGH FamRZ 1982, 1066; LG Wuppertal FamRZ 1983, 278, 279; *Willemer* DB 1985, 1254 f.

68 HM; vgl. BGHZ 87, 150, 154; *Seutemann* FamRZ 1983, 990, 991; *Sandweg* BWNotZ 1985, 34, 36; *Friedrich* JR 1986, 1, 3; *Karakatsanes* FamRZ 1986, 1049, 1052.

69 = NJW 1968, 245 = WM 1967, 1241 = LM § 812 Nr. 78; ebenso schon BGHZ 47, 157, 160 = FamRZ 1967, 320, 322 = NJW 1967, 1275, 1276; ähnlich BGH FamRZ 1972, 362.

70 *Deubner* FamRZ 1968, 351; *Kühne* FamRZ 1968, 356 ff.; *Henrich* FamRZ 1975, 533, 536: „gänzlich verfehlte Begründung"; *Lieb* S. 118 ff.; *Hepting* § 30 IV 3 (S. 375); *Ermann-Westermann* § 812 Rz 49; *Holzhauer,* FamR S. 113.

71 Ebenso BGH VersR 1966, 1141; BGHZ 71, 61, 67; BGH FamRZ 1984, 980 = MDR 1985, 220 = DAR 1985, 19; *Olzen* JR 1982, 495, 496.

72 FamRZ 1968, 351, 355.

73 FamRZ 1968, 356, 358 und FamRZ 1969, 371, 372; krit dazu *Lieb* S. 123.

e) Die „unbenannte" Zuwendung

Ausgehend von diesem Fall konstatiert *Lieb*[74], es sei „nicht ohne Gewaltsamkeit" möglich, eine causa für Güterbewegungen unter Ehegatten festzustellen. Wegen der Überlagerung durch das „Eheband" lägen keine Verkehrsgeschäfte vor, es handele sich vielmehr um speziell familienrechtlich geprägte, „unbenannte" Zuwendungen. Dieser Begriff hat sich durchgesetzt und wird heute auch von der Rechtsprechung für die typisch ehebezogenen Rechtsgeschäfte unter Ehegatten gebraucht, die sich nur schwer einem bestimmten Verkehrsgeschäft zuordnen lassen[75]. *Liebs* weitere Annahme, solche unbenannten Zuwendungen seien „causa-lose Ausgestaltungen der ehelichen Lebensgemeinschaft" und legitimierten, weil mit dem Bestand der Ehe verknüpft, nur während deren Dauer zum „Behaltendürfen"[76] ist allerdings auf Kritik gestoßen[77].

Soweit es um die Anrechnung von Zuwendungen geht, ist hier jedenfalls festzuhalten, daß Literatur und Rechtsprechung bei Ehegattenzuwendungen zwischen Schenkungen gem. § 516 und sogenannten unbenannten, ehebezogenen oder ehebedingten Zuwendungen differenzieren[78].

II. Durchführung der Anrechnung

Der Anrechnungsmodus, der in § 1380 II angelegt ist, sei an einem Beispielsfall aufgezeigt, der sich am Wortlaut des § 1380 I S. 1 orientiert. Danach muß der Zugewinnausgleichsverpflichtete dem Berechtigten eine anrechenbare Zuwendung gemacht haben.

Fall 1: Beide Ehegatten haben kein Anfangsvermögen. Bei Beendigung des Güterstandes bzw. dem für die Berechnung der Zugewinnausgleichsforderung maßgeblichen Stichtag der Rechtshängigkeit des Scheidungsantrags (§ 1384) hat der eine Ehegatte ein Vermögen von 60 000 DM, der andere von 20 000 DM, das aus einer Zuwendung des Ehegatten mit dem größeren Ver-

---

[74] S. 124.

[75] BGHZ 82, 227, 230; BGH FamRZ 1982, 778; BGHZ 84, 361, 364; ähnlich schon BGH FamRZ 1966, 91 = NJW 1966, 542; dazu *Hepting* § 15 V bei Fn 226 (S. 152) mwN. Den Gipfel der Akzeptanz hat die unbenannte Zuwendung wohl in der Formulierung von *Rossak*, MittBayNotV 1984, 74, 76 f., erreicht, wonach in der notariellen Urkunde klar formuliert werden müsse, „ob es sich um eine unbenannte oder benannte Zuwendung handelt". Dagegen *Sandweg* BWNotZ 1985, 34, 40.

[76] *Lieb* S. 124; ähnlich *Gernhuber,* FamR § 19 V 5 (S. 211).

[77] *Holzhauer* JuS 1983, 830, 832 bei Fn 33; *Hepting* § 30 IV 3 (S. 373 f.).

[78] Vgl. *Johannsen* WM 1978, 654, 656; *Tiedtke* DNotZ 1983, 161, 162; *Holzhauer,* FamR S. 108. Die unbenannte Zuwendung als Nichtschenkung unterliegt nicht der Schenkungssteuer, vgl. BFHE 142, 511 = DB 1985, 1271 = BStBl 1985 II, 159. Dazu *Willemer* DB 1985, 1254 ff. und *Langenfeld,* 22. Dt. Notartag S. 177.

mögen stammt. Die DM-Beträge werden im Folgenden stets mit TDM, d. h. tausend DM angegeben.

Anfangsvermögen	0	0
Zuwendung	– 20	+ 20
Endvermögen	60	20
Zugewinn (§ 1378 I)	60	20 TDM

1. „Automatischer Ausgleich"

Gäbe es keine besondere Anrechnungsvorschrift, stünde dem Empfänger der Zuwendung gem. § 1378 I die Hälfte des Zugewinnüberschusses des Zuwendenden als Ausgleichsforderung zu. Der Ausgleichsberechtigte könnte also 20 TDM verlangen, im Ergebnis verblieben beiden Ehegatten 40 TDM. Wäre die Zuwendung unterblieben, hätte nur der „Nicht-Zuwender" einen Zugewinn von 80 TDM; nach durchgeführtem Ausgleich hätte wieder jeder Ehegatte 40 TDM.

Die Ergebnisse sind deshalb identisch, weil die Zuwendung den Zugewinn des Zuwenders verringert und den des Empfängers entsprechend erhöht. Der Zugewinnüberschuß des Zuwenders wird also um den doppelten Wert der Zuwendung verringert, was zu einer Kürzung der Ausgleichsforderung – die Hälfte des Zugewinnüberschusses – um den Wert der Zuwendung führt. Auch ohne eine besondere Anrechnungsregel wird die Ausgleichsforderung um den Wert des schon als „Voraus" Erhaltenen gekürzt und eine gleichmäßige Verteilung des Zugewinns erreicht[79]. Das Gesetz geht allerdings einen anderen Weg.

2. Die Anrechnung nach § 1380

a) § 1380 II S. 1

Gem. § 1380 II S. 1 ist der Zugewinn des Zuwendenden um den Wert, den die Zuwendung im Zeitpunkt der Zuwendung hatte (§ 1380 II S. 2) zu erhöhen. Der Zuwender hätte also einen Zugewinn von 80 TDM erzielt, der Empfänger hätte 20 TDM Zugewinn. Daraus errechnet sich eine Ausgleichsforderung des Empfängers von (80–20): 2 = 30 TDM. Hierauf wird gem. § 1380 I S. 1 der Wert der bereits erhaltenen Zuwendung angerechnet, die Ausgleichsforderung also um 20 TDM gekürzt. Im Ergebnis verbleiben dem Zuwender 50 TDM, dem Zuwendungsempfänger dagegen nur 30 TDM.

---

[79] *Lieb* S. 126; *Reinicke / Tiedtke* WM 1982, 946, 949; *Joost* JZ 1985, 10, 14.

Die ungleiche Verteilung resultiert aus der Addition des Zuwendungswertes zum Zugewinn des Zuwenders. Dieser wird so gestellt, als ob er die Zuwendung nicht gemacht hätte, während sie andererseits den Zugewinn des Empfängers erhöht. Damit verringert sich der Zugewinnüberschuß des Zuwenders um den Wert der Zuwendung, entsprechend auch der Ausgleichsanspruch des Empfängers um deren halben Wert. Dieses Ergebnis wird allgemein als untragbar angesehen[80], da der Empfänger der Zuwendung schlechter steht, als wenn er überhaupt nichts erhalten hätte.

b) Anwendbarkeit des § 1374 II

aa) Im Fall der Schenkung

Handelt es sich bei der Zuwendung um eine Schenkung, ist nach einer verbreiteten Ansicht § 1374 II anwendbar, wonach die Zuwendung mit dem Wert, den sie im Zeitpunkt des Erwerbs hatte (§ 1376 I) dem Anfangsvermögen des Empfängers hinzuzurechnen ist[81]. Sie erhöht damit nicht mehr den Zugewinn des Empfängers.

Im Beispielsfall hätte der Zuwendungsempfänger also keinen Zugewinn, da Anfangs- und Endvermögen gleich groß sind. Nach Anrechnung der Zuwendung hätte er noch einen Ausgleichsanspruch von 20 TDM, so daß die Endvermögen mit 40:40 TDM wieder ausgeglichen wären.

bb) Im Fall der unbenannten Zuwendung

Liegt statt einer Schenkung eine unbenannte Zuwendung vor, ist der Weg des § 1374 II nicht direkt gangbar, da die unbenannte Zuwendung gerade keine Schenkung ist. Vereinzelt wurde in solchen Fällen die Schlechterstellung des Empfängers in Kauf genommen[82]. Daß dies mit dem Normzweck des § 1380 nicht in Einklang steht, ist offensichtlich. § 1380 umfaßt, anders als § 1374 II, nicht nur Schenkungen i.S.d. § 516, sondern auch Zuwendungen im weiteren Sinn, gleich mit welchem Rechtsgrund sie erfolgten[83]. Der durch sie Begünstigte, der vor Durchführung des Zugewinnausgleichs schon am Zugewinn des anderen Ehegatten teilhatte, soll deswegen nicht schlechter gestellt werden, als er ohne die Zuwendung stünde. Was also für eine echte Schen-

---

[80] Vgl. nur BGHZ 65, 320, 324 mwN.

[81] *Brüning* NJW 1971, 922; *Henrich* FamRZ 1975, 533, 537; *Johannsen* WM 1978, 654, 664; *v. Olshausen* FamRZ 1978, 755, 756; *Lieb* S. 128; *Seutemann* S. 112; *Kralemann* S. 78; *Erman-Heckelmann* § 1374 Rz 7; MünchKomm-*Gernhuber* § 1374 Rz 22; *Soergel-Herm. Lange* § 1374 Rz 14; *Staudinger-Thiele* § 1374 Rz 26.

[82] *Staudinger-Felgentraeger* § 1380 Rz 31.

[83] *Holzhauer* JuS 1983, 830, 835.

kung gilt, muß auch für die unbenannte Zuwendung gelten. Nach ganz überwiegender Ansicht ist deshalb § 1374 II auch auf unbenannte Zuwendungen anzuwenden, wobei entweder im Hinblick auf das erwünschte Ergebnis § 1374 II einfach für anwendbar erklärt wird[84], oder aber, angesichts des Wortlautes der Norm, für eine analoge Anwendung plädiert wird[85]. Angesichts des Ausnahmecharakters und des klaren Wortlautes des § 1374 II ist nur der letztere Weg gangbar[86].

c) Die neuere Rechtsprechung

Während die Rechtsprechung diesem Weg lange gefolgt ist, will der IX. Zivilsenat des BGH seit seiner Entscheidung vom 26.11.1981[87] § 1374 II auf unbenannte Zuwendungen nicht mehr anwenden. Er erhält aber dasselbe Ergebnis, indem er den Wert der Zuwendung vom Endvermögen des Empfängers abzieht, was der entsprechenden Erhöhung des Anfangsvermögens für die Berechnung des Empfängerzugewinns gleichkommt.

3. Zusammenfassung

a) Lösungsweg der herrschenden Meinung

Nach der bisher vorherrschenden Literaturmeinung und Rechtsprechung ist also die Anrechnung nach § 1380 folgendermaßen zu vollziehen: der Wert der Zuwendung wird gem. § 1380 II S. 1 dem Zugewinn des Zuwenders hinzugerechnet, nicht aber als Zugewinn des Empfängers verbucht, da die Zuwendung gem. § 1374 II zu dessen Anfangsvermögen hinzugerechnet wird.

b) Die neuere Ansicht

Der IX. Zivilsenat des BGH konnte sich in der Entscheidung BGHZ 82, 227 bereits auf zwei in der Literatur vertretene Ansichten stützen[88]. Seither

---

[84] *Kühne* JZ 1976, 487, 488; *Johannsen* WM 1978, 654, 664; *Lieb* S. 128; *Hülsheger* S. 120; *Kralemann* S. 78 f; RGRK-*Finke* § 1380 Rz 10; *Diederichsen,* FamR S. 46; *John,* FamR Rz 138; *Ramm,* FamR I S. 356.

[85] *Henrich* FamRZ 1975, 533, 537; *v. Olshausen* FamRZ 1978, 755, 758 (zit. von *Erman-Heckelmann* § 1380 Rz 1); *Diederichsen,* Vermögensauseinandersetzung S. 85; *Seutemann* S. 135; MünchKomm-*Gernhuber* § 1374 Rz 21; *Soergel-Herm. Lange* § 1380 Rz 13; *Staudinger-Thiele* § 1380 Rz 24.

[86] *Langenfeld,* Hdb Rz 305.

[87] BGHZ 82, 227 = FamRZ 1982, 246 = NJW 1982, 1093 = WM 1982, 189 = JR 1982, 234 m abl Anm *Kühne* = LM § 1380 Nr. 5 m zust Anm *Lang*.

[88] Entgegen *Holzhauer* JuS 1983, 830, 835 Fn 53 und *Langenfeld,* Hdb Rz 303 hat sie der BGH (aaO S. 235) auch zitiert, nämlich: *Gernhuber,* FamR § 36 VII 2 (S. 515) und

mehren sich die Stimmen, die die Anwendung des § 1374 II nicht nur auf unbenannte Zuwendungen, sondern auch auf Schenkungen ablehnen; der vom BGH eingeschlagene Weg findet weit mehr Zustimmung als Ablehnung[89]. Kommt eine Anrechnung in Betracht, ist nicht nur der Zugewinn des Zuwendenden gem. § 1380 II S. 1 um den Wert der Zuwendung zu erhöhen, sondern auch der Zugewinn des Empfängers der Zuwendung entsprechend zu verringern.

c) Terminologie

Eine Einteilung der Ansichten in herrschende Meinung und Mindermeinung ist also in der jüngsten Zeit fragwürdig geworden. *Schwab*[90] spricht bereits von der „früher herrschenden Meinung". Immerhin wird diese Meinung, wonach § 1374 II anwendbar ist, noch in den meisten Kommentaren und Lehrbüchern vertreten[91], sie wurde auch gegen die Auffassung des BGH in Schutz genommen[92]. Sie soll daher im folgenden als „herrschende Meinung" firmieren. Die andere Ansicht, die § 1374 II auf Schenkungen und andere Zuwendungen unter Ehegatten nicht für anwendbar hält und den Wert der Zuwendung aus dem Endvermögen des Empfängers „einfach" herausrechnet, kann aber nicht mehr als Mindermeinung qualifiziert werden: sie wird daher als „neuere" oder „andere" Meinung in Erscheinung treten.

Im Ausgangsfall führen beide Ansichten zum selben, allgemein als richtig empfundenen Ergebnis.

III. Das Verhältnis der §§ 1374 II und 1380 zueinander

Da es ohne die §§ 1374 II und 1380 einer besonderen Anrechnung von Zuwendungen eigentlich nicht bedürfte um den Zugewinn gleichmäßig zu verteilen, bietet sich schon hier Gelegenheit, darauf einzugehen, weshalb das

Schwab, Hdb Rz 786 ff. Zu Unrecht beruft sich der BGH aber auf RGRK-*Finke* § 1380 Rz 10 – dort wird der Anrechnungsmodus der hM dargestellt – und *Erman-Heckelmann* § 1380 Rz 7, der in Rz 1 auf *v. Olshausen* als Vertreter der hM verweist.

[89] Zustimmend etwa OLG Frankfurt FamRZ 1987, 62 m zust Anm *Netzer* 67 ff; *Reinicke / Tiedtke* WM 1982, 946, 949 ff; *Tiedtke* DNotZ 1983, 161, 163; *Holzhauer* JuS 1983, 830, 834 f; *Schlosser* Jura 1983, 260, 262 Fn 52; *Schwab* FamRZ 1984, 525, 526 f.; *Joost* JZ 1985, 10, 14; *Friedrich* JR 1986, 1 ff.; *Langenfeld,* Hdb Rz 296 ff.; *Göppinger* 5. Aufl. 1985 Rz 502 a (aA noch die 4. Auflage 1981 Rz 502); *Jauernig-Schlechtriem* 4. Aufl. 1987 § 1374 Anm 4 d u. § 1380 Anm 3 b mit Hinweis auf *Reinicke / Tiedtke* aaO (aA noch 2. Auflage 1981 § 1380 Anm 3 c); *Schlüter,* FamR S. 80 f; *Holzhauer,* FamR S. 116 ff; *Rauscher* AcP 186 (1986), 529, 565 ff.; ablehnend *Kühne* JR 1982, 237 ff.

[90] FamRZ 1984, 525, 526 u. 528; *Holzhauer* JuS 1983, 830, 835 und FamR S. 118.

[91] S.o. Fn 84 u. 85.

[92] Insbes. von *Kühne* JR 1982, 237 ff; daran anschließend *Hülsheger* S. 125 ff.; *Seutemann* S. 133 ff; s. dazu unten B V.

BGB den komplizierten Weg[93] über eine spezielle Anrechnungsvorschrift geht[94]. Als Ausgangspunkte stehen § 1374 II und § 1380 zur Verfügung, die voneinander isoliert auf ihren Einfluß im Zugewinnausgleich untersucht werden sollen.

1. Auswirkungen des § 1374 II

Zumindest dem Wortlaut nach ist § 1374 II auf Schenkungen unter Ehegatten problemlos anwendbar. Dadurch gerät der eben angesprochene automatische Ausgleichsmechanismus durcheinander. Der verbleibende Zugewinnüberschuß des Zuwendenden wird statt um den doppelten nur um den einfachen Wert der Zuwendung reduziert. Er wäre also stets um deren halben Wert schlechter gestellt.

Dies widerspricht aber dem – wenn auch nicht konsequent durchgeführten[95] – Grundgedanken der Zugewinngemeinschaft, die Ehegatten an dem, was ihnen über die Bestreitung des Lebensunterhaltes hinaus verblieben ist, zu gleichen Teilen zu beteiligen[96]. Dafür kann es weder darauf ankommen, wer welchen Anteil des Zugewinns zur Zeit des Ausgleichs in seinem Vermögen hat[97], noch warum dies so ist.

a) Nach Ansicht von *Lieb*[98] war der Gesetzgeber durch die Anwendbarkeit des § 1374 II auf Ehegattenschenkungen gezwungen, den Wert der Zuwendung, der als Anfangsvermögen des Empfängers aus dem insgesamt erzielten Zugewinn herausfällt, über § 1380 II S. 1 dem Zugewinn des Zuwenders wieder hinzuzuschlagen. Damit entsteht ein Verhältnis der beiderseitigen Zugewinne, wie es ohne die Zuwendung bei Auflösung des Güterstandes bestanden hätte. Von der sich aus diesem rechnerischen Zugewinnverhältnis ergebenden Ausgleichsforderung muß sich der Empfänger den Wert der bereits erhaltenen Zuwendung als vorweggenommene Erfüllung[99] anrechnen lassen. Bleibt ein

---

93 Vgl. *Lieb* S. 126; nach *Joost* JZ 1985, 10, 14 beruht die „unangenehm komplizierte technische Konstruktion" des § 1380 „auf einem gesetzgeberischen Mißverständnis".

94 Das Ehegüterrecht der Schweiz und Österreichs enthält eine dem Zugewinnausgleich des BGB vergleichbare Regelung. Eine Anrechnungsvorschrift wie § 1380 gibt es nicht. Für Österreich gilt eine § 1374 II entsprechende Regelung in § 82 EheG, wobei nur Schenkungen Dritter erfaßt sind; vgl. *Langenfeld,* Hdb Rz 133. Entsprechendes sieht Art. 195 ZGB vor, der aber auch Schenkungen unter Ehegatten erfaßt, vgl. *Hinderling,* Das schweizerische Ehescheidungsrecht, Zürich 1967, S. 123. Zum neuen schweizerischen Eherecht, das ab 1. Januar 1988 in Kraft tritt, vgl. *Hegnauer* FamRZ 1986, 317 ff., insbes. S. 321 zum neuen Art. 197, der entsprechend § 1374 das Eigengut definiert.

95 Vgl. etwa die Kritik von *Gernhuber,* FamR § 36 III 4 (S. 503) zu § 1374 II, wenn der betreffende Ehegatte ein „negatives" Anfangsvermögen hatte.

96 *Beitzke,* FamR § 14 III 2 (S. 116).

97 OLG Karlsruhe FamRZ 1981, 556 f. passim; *Beitzke,* FamR § 14 III 2 (S. 116).

98 S. 126 f.

möglicher Vermögensverlust des Empfängers außer Betracht, ergibt sich eine gleichmäßige Beteiligung beider Ehegatten am Zugewinn, wie sie das Gesetz in § 1378 I vorsieht.

b) § 1380 II S. 1 hätte also die Funktion, eine von § 1374 II ausgehende Benachteiligung des Zuwendenden zu vermeiden, oder, anders ausgedrückt, die durch § 1374 II eingetretene Verzerrung der Vermögenslage, wenn aus (ausgleichspflichtigem) Zugewinn des Zuwenders (nichtausgleichspflichtiges) Anfangsvermögen des Empfängers entsteht, auszugleichen. Daß der Gesetzgeber an eine solche Ausgleichs- oder Entzerrungsfunktion des § 1380 II S. 1 gedacht hätte, ist allerdings aus den Gesetzgebungsmaterialien nicht ersichtlich.

2. Auswirkungen des § 1380

Besteht die Zuwendung im Ausgangsfall aus einem PKW, oder erwirbt ihn der Empfänger mit den zugewendeten Mitteln, wird der darin verkörperte Wert auf absehbare Weise längerfristig alters- und verschleißbedingt, möglicherweise sogar kurzfristig durch einen Unfall erheblich vermindert[100]. Dem Endvermögen des Zuwendenden steht dann auf der Empfängerseite kein oder nurmehr geringer Zugewinn gegenüber. Ohne speziell geregelte Anrechnung hätte der Zuwender diesen Wertverlust mitzutragen. Sein Zugewinnüberschuß würde sich um den Wert des Verlustes erhöhen, was eine Erhöhung des Zugewinnausgleichsanspruchs nach sich ziehen würde.

a) § 1380 schaltet diese Verlustbeteiligung aus. Durch die Erhöhung des Zugewinns des Zuwendenden um den Wert, den die Zuwendung einst hatte (§ 1380 II S. 2) und dessen Abzug vom Endvermögen des Empfängers gem. § 1374 II entsteht ein rechnerisches Verhältnis der beiderseitigen Zugewinne, das den Verlust der Zuwendung negiert. Da ihr Wert bei der Berechnung des Ausgleichsanspruchs ohnehin nicht im Zugewinn des Empfängers enthalten sein darf, kommt es nicht darauf an, ob er dort tatsächlich noch vorhanden ist. Ebenso ist die Addition gem § 1380 II vom tatsächlich vorhandenen (Rest-) Wert unabhängig. Im Ausgangsfall 1 ergibt diese Berechnungsmethode einen Ausgleichsanspruch des Zuwendungsempfängers in Höhe von 20 TDM. Ist der Zuwendungsgegenstand inzwischen wertlos, verbleiben dem Zuwender 40 TDM, dem Empfänger dagegen nur 20 TDM. § 1380 bewirkt damit eine Besserstellung des Zuwenders, dem der Wert einer einmal gemachten Zuwendung stets als Anrechnungsposten zur Verfügung steht, gleich welches Schicksal die Zuwendung erfahren hat[101].

---

[99] Vgl. die Begründung d. Reg.Entw. BT-Drucks II/224 zu § 1387 (abgedruckt bei *Massfeller / Reinicke* S. 423 ff.) und im Anhang zu BT-Drucks II/3409 den Bericht des Ausschusses für Rechtswesen und Verfassungsrecht S. 12.

[100] Vgl. das Beispiel 52 c bei *Diederichsen,* Vermögensauseinandersetzung S. 81 ff.

b) Diese Werterhaltungsfunktion ist dem System des Zugewinnausgleichs insoweit fremd, als Zugewinn der Partner nur dasjenige ist, was sich bei Auflösung des Güterstandes noch in ihrem Vermögen über das Anfangsvermögen hinaus befindet. Verluste des Ausgleichsberechtigten erhöhen dessen Anspruch, Verluste des Verpflichteten verringern ihn.

Unterbleibt eine Zuwendung, weil z. B. der Ehemann einen „Zweitwagen" für sich selbst erwirbt, tragen beide den Wertverlust gemeinsam. Der beim Mann verbliebene Zugewinn von 60 TDM würde gleichmäßig verteilt, jeder hätte nach Ausgleich des Zugewinns ein Vermögen von 30 TDM. Wird die Anschaffung des Zweitwagens dagegen mit einer Zuwendung an die Frau verbunden, trägt diese den Verlust allein.

Es zeigt sich also bei einer Fallgestaltung, die gerade in der Praxis nicht selten sein dürfte[102], daß § 1380 neben der obengenannten Ausgleichs- und Entzerrungsfunktion eine den Zuwendenden begünstigende Werterhaltungsfunktion hat.

c) Der Grund hierfür erschließt sich nicht sofort, führt doch die Ausgestaltung der Vermögenslage zu von den Beteiligten kaum bedachten Ergebnissen im Zugewinnausgleich.

Lieb[103] gibt denn auch zu bedenken, daß beim „automatischen Ausgleich" die Beteiligung beider Ehegatten am Verlust die Gleichheit herstelle, „da ja auch der Ehemann eine von § 1375 II nur sehr unzulänglich eingeschränkte Verbrauchsmöglichkeit hat". *Joost*[104] bezweifelt ebenfalls, ob § 1380 „überhaupt einen materiellen Anwendungssinn hat", da sich die Werterhaltung weder aus Wortlaut noch Begründung des Gesetzes ergebe und damit von allgemeinen Grundsätzen des Ausgleichsrechts ohne überzeugenden Grund abgewichen werde.

Die Abweichung ergibt sich in der Tat nur aus dem Wortlaut des § 1380 II S. 2, wonach sich der Wert der anzurechnenden Zuwendung nach dem Zeitpunkt der Zuwendung bestimmt. Dies könnte allein einer Harmonisierung mit § 1374 II dienen, da auch dort für die Hinzurechnung zum Anfangsvermögen der Erwerbszeitpunkt maßgeblich ist (§ 1376 I, 2. Hlbs.).

---

101 *Reinicke / Tiedtke* WM 1982, 946, 949; *Holzhauer* JuS 1983, 830, 834; *Schwab,* Hdb Rz 790 aE; *Langenfeld,* Hdb Rz 302; *Göppinger* Rz 518 a; *Erman-Heckelmann* § 1380 Rz 7 aE. Der Ausgleichsanspruch des Empfängers verringert sich um den vollen Wert der Zuwendung, nicht nur um deren halben Wert (so aber *Langenfeld,* Hdb Rz 131 und 302).

102 Vgl. BGH NJW 1983, 1113 = FamRZ 1983, 351 = MDR 1983, 663 = LM § 1380 Nr. 6 = JuS 1983, 555 und *Diederichsen,* Vermögensauseinandersetzung S. 81, Beispiel 52 c.

103 S. 126 Fn 81.

104 JZ 1985, 10, 14 Fn 55.

Andererseits erfolgt die Anrechnung von Zuwendungen deshalb, weil sie als Vorwegnahme des Zugewinnausgleichs begriffen werden[105]. Damit bekommt die Werterhaltung einen Sinn. Ist ein Zugewinnausgleich einmal durchgeführt, trägt jeder der Beteiligten Vermögensverluste allein. Sind anrechnungspflichtige Zuwendungen aber vorweggenommene Leistungen auf einen zukünftigen Ausgleichsanspruch, ist es zwar nicht zwingend[106], aber durchaus verständlich, die entsprechende Verlustgefahr ebenfalls allein dem Empfänger aufzuerlegen[107]. Immerhin erhält dieser vorzeitig die Möglichkeit, über Werte aus dem Vermögen des anderen zu verfügen. Den Zuwender insoweit von den Folgen einer Vermögensverringerung beim Zuwendungsempfänger freizustellen, ist also eine naheliegende Konsequenz des Vorausleistungsgedankens[108].

Der Empfänger trägt zudem nicht nur die Gefahr eines Verlustes, sondern hat auch die Chance, sein Vermögen zu mehren. Außerdem unterliegt das Zugewendete nicht mehr der Disposition des Zuwenders, der ebenfalls Vermögensverluste erleiden kann. Geriete dieser etwa in Konkurs, stehen sich die Ehegatten besser, wenn frühere Zuwendungen noch im Vermögen des anderen enthalten sind, selbst wenn dann dieser zugewinnausgleichspflichtig würde[109].

d) Dabei fällt eine merkwürdige Konsequenz der Werterhaltungsfunktion des § 1380 auf. Wer statt eines unter die üblichen Gelegenheitsgeschenke fallenden Schmuckstücks oder Pelzmantels eine besonders teure und deshalb anzurechnende Qualität wählt, kann die Anrechnung des vollen Betrages verlangen, sofern nicht das einfachere Stück als Unterhaltsleistung geschuldet wäre[110]. Die bessere Qualität lohnt sich deshalb, weil eine Anrechnung des üblichen Gelegenheitsgeschenkes, das vielleicht die Hälfte gekostet hätte, von vornherein ausscheidet. Eine Korrektur dahin, nur den Betrag anzurechnen, der den Wert der üblichen Geschenke übersteigt, verbietet sich aber sowohl

---

105 BT-Drucks II/224, S. 47 zu § 1387 RegE; Bericht des Ausschusses für Rechtswesen und Verfassungsrecht BT-Drucks II/3409 (im Anhang) S. 12; OLG Karlsruhe FamRZ 1981, 556, 557; *v. Olshausen* FamRZ 1978, 755; *Johannsen* LM § 1374 Nr. 1 und LM § 242 (D) Nr. 65; *Reinicke / Tiedtke* WM 1982, 946, 949; *Seutemann* S. 134; *Hülsheger* S. 117; *Diederichsen,* Vermögensauseinandersetzung S. 81; *Erman-Heckelmann* § 1380 Rz 7; MünchKomm-*Gernhuber* § 1380 Rz 20; RGRK-*Finke* § 1380 Rz 1; *Dölle,* FamR I S. 821; *Gernhuber,* FamR § 36 VII 2 (S. 515).

106 AA *Holzhauer,* FamR S. 103.

107 Auch eine in Raten zu tilgende Schuld erlischt mit Bezahlung der letzten Rate, unabhängig davon, ob die Teilbeträge noch im Gläubigervermögen sind.

108 *Reinicke / Tiedtke* WM 1982, 946, 949; *Holzhauer* JuS 1983, 830, 834 bei Fn 47; *Langenfeld,* Hdb Rz 301, 302; *Göppinger* Rz 518 a; *Schwab,* Hdb Rz 790.

109 Zu beachten ist aber die Anfechtungsmöglichkeit gem § 32 Nr. 2 KO, die auch für unbenannte Zuwendungen gilt, vgl. BGHZ 71, 61, 68 f. und *Sandweg* BWNotZ 1985, 34, 38 zu §§ 31 Nr. 1 KO, 3 I Nr. 1 AnfG. Zu § 3 I Nr. 4 AnfG vgl. BGH MDR 1985, 841.

110 Dann stellt nur der den Unterhalt überschießende Teil eine anzurechnende Zuwendung dar; vgl. BGH FamRZ 1983, 351 = NJW 1983, 1113.

angesichts des eindeutigen Wortlautes des § 1380 II S. 2, als auch wegen der notwendig starren und schematischen Regelung des Zugewinnausgleichs[111].

3. Bewertung

a) § 1380 hat also die durchaus eigenständige Funktion, den Zuwendenden von negativen Auswirkungen von Vermögensverlusten des Empfängers freizustellen.

Zudem bietet diese Art der Anrechnung einen Anreiz zu erhöhter Freigebigkeit unter den Ehegatten[112], weil Vorwegleistungen nicht nur überhaupt angerechnet werden, sondern sich dies auch zugunsten des Freigebigen auswirken kann.

Hiervon ausgehend hätte § 1374 II lediglich die Hilfsfunktion, den Ausgleich durch Abzug der Zuwendung vom Endvermögen des Empfängers jedenfalls im Normalfall gerecht zu gestalten.

b) Wäre umgekehrt die Erhöhung des Zugewinns des Zuwendenden gem. § 1380 II S. 1 nur als notwendige Korrektur der Auswirkungen des § 1374 II zu verstehen, wäre die Werterhaltungsfunktion nicht preisgegeben. Sie beruht auf dem auch dann einschlägigen zweiten Satz des § 1380 II, wonach die Zuwendung mit dem Wert angerechnet wird, den sie im Zeitpunkt der Zuwendung hatte.

Das Verhältnis der §§ 1374 II, 1380 II S. 1 bleibt damit, soweit die technischen Auswirkungen im Vordergrund stehen, letztlich ambivalent. Eine Entscheidung darüber, welche Norm auf welcher aufbaut, ist deshalb von einer genaueren Untersuchung des Anwendungsbereiches von § 1374 II abhängig.

IV. Zur ratio legis des § 1374 II

Während mit § 1380 eine spezielle Anrechnungsvorschrift geschaffen wurde, die im Ausgangsfall ganz unstreitig zu beachten ist, ist die Anwendbarkeit des § 1374 II auf unbenannte Zuwendungen und Ehegattenschenkungen seit der Entscheidung BGHZ 82, 227 verstärkt in die Diskussion geraten[113].

1. Die Gesetzgebungsmaterialien

a) Daß Ehegattengeschenke unter § 1374 II fallen sollen, ergibt sich lediglich aus dem Wortlaut, nicht aber aus den Gesetzesmaterialien[114]. Weder die

---

[111] BGHZ 65, 320, 323; *Langenfeld,* Hdb Rz 309.

[112] *Reinicke / Tiedtke* WM 1982, 946, 949; *Holzhauer* JuS 1983, 830, 836; *Langenfeld,* Hdb Rz 131, 302.

[113] *John,* FamR Rz 138.

BT-Drucks. I/3802 zu § 1378 noch die insoweit gleichlautende BT-Drucks. II/224 zu § 1380, die die amtliche Begründung zum ersten und zweiten Regierungsentwurf des späteren § 1374 des Gleichberechtigungsgesetzes enthalten, sagen hierüber etwas aus. Dort wird lediglich dargelegt, daß ein Vermögenserwerb von Todes wegen, mit Rücksicht auf ein künftiges Erbrecht, durch Schenkung oder als Ausstattung keinen Erwerb darstelle, „an dem der andere beteiligt werden soll(e)".

b) Auch der Bericht des Ausschusses für Rechtswesen und Verfassungsrecht zur BT-Drucks. II/3409 nimmt in seiner Begründung zu § 1374 II hierzu gerade nicht Stellung[115]. Vielmehr wird die Zuordnung des gem. § 1374 II Erworbenen zum Anfangsvermögen ausführlicher damit begründet, daß es sich um Vermögen handle, „zu dessen Erwerb der andere Ehegatte weder unmittelbar noch mittelbar beigetragen hat"[116]. Als Beispiel dient dem Ausschuß ein Erwerb durch Erbschaft.

Dies führt unmittelbar zur teleologischen Auslegung des § 1374 II, denn wie die genannten Begründungen zeigen, ist er eher auf Vermögenserwerb von dritter Seite zugeschnitten[117] als auf den Erwerb vom Ehepartner.

2. Die Erwerbsarten des § 1374 II

a) Ein Erwerb vom Ehegatten „von Todes wegen" im Sinne des § 1374 II ist schon deshalb nicht möglich, weil durch den Tod eines Ehegatten gem. § 1372 der Güterstand beendet wird. Schlägt der überlebende Ehegatte die Erbschaft aus (§ 1371 III) oder wird er nicht Erbe (§ 1371 II), stellt der dann möglicherweise entstandene Zugewinnausgleichsanspruch keinen Erwerb „von Todes wegen" dar.

b) Denkbar ist allerdings ein Vermögenserwerb vom Ehegatten „mit Rücksicht auf ein künftiges Erbrecht". Es handelt sich um ein Rechtsgeschäft unter Lebenden, durch das dem zukünftigen Erben schon zu Lebzeiten des Erblassers Vermögenswerte übertragen werden. Dabei wird es sich in der Regel um Schenkungen handeln[118], es können aber auch entgeltliche Verträge vorliegen[119]. Durch die gesonderte Nennung dieser Erwerbsart wird sichergestellt,

---

[114] So aber *v. Olshausen* FamRZ 1978, 755, 756; *Hülsheger* S. 131; wie hier *Holzhauer* JuS 1983, 830, 835 (bei Fn 54); *Seutemann* S. 127 Fn 72.

[115] AA *v. Olshausen* u. *Hülsheger,* oben Fn 114.

[116] BT-Drucks II/3409, dort im Anhang abgedruckt, S. 9; ebenso *Gernhuber,* FamR § 36 III 4 (S. 503).

[117] *Reinicke / Tiedtke* WM 1982, 946, 950; *Holzhauer* JuS 1983, 830, 835; *Tiedtke* JZ 1984, 1078, 1079 f.; *Joost* JZ 1985, 10, 14; *Friedrich* JR 1986, 1, 4; *Langenfeld,* Hdb Rz 305; ders., 22. Dt. Notartag S. 177.

[118] Vgl. BGH FamRZ 1982, 1066 m abl Anm *Bosch*: Schenkung eines Hausgrundstückes an Ehefrau „im Zuge vorweggenommener Erbschaftsregelung"; *Hülsheger* S. 19 ff., insbes S. 27 ff., 34 f.; *Jauernig-Stürner* vor § 2274 Anm 2 d.

daß solche „Vorausleistungen" des künftigen Erblassers wie der Erwerb von Todes wegen unabhängig von ihrer rechtlichen Qualifikation stets ausschließlich dem Empfänger zugute kommen. Da es unter Ehegatten keinen für § 1374 II relevanten Erwerb von Todes wegen gibt, ist auch hier hauptsächlich an Zuwendungen Dritter zu denken.

c) Die Ausstattung kennt das Gesetz in den §§ 1444, 1466, 1624 und 1625 nur als Zuwendung Dritter, nicht aber des Ehegatten. Sie ist, sofern sie das in § 1624 I 2. Hlbs. angegebene Maß nicht übersteigt, keine Schenkung. Da Ausstattungen schon definitionsgemäß nach § 1624 häufig anläßlich der Verheiratung eines Kindes erfolgen, war ihre gesonderte Erwähnung in § 1374 II geboten.

3. Die Schenkung unter Ehegatten: Wertungswiderspruch zwischen § 1374 II und § 1380

a) Unter den von § 1374 II erfaßten Erwerbsarten ist es hauptsächlich die Schenkung, die auch von Ehegatten verwirklicht werden kann. Stammt die Schenkung aber wie im Ausgangsfall aus dem Zugewinn des schenkenden Ehegatten, will die Begründung, die der Ausschuß für Rechtswesen und Verfassungsrecht zu § 1374 II gegeben hat[120], darauf nicht passen. Der beschenkte Ehegatte hat i.S.d. Grundgedankens der Zugewinngemeinschaft, sei es durch Versorgung des Haushaltes oder eigene Erwerbstätigkeit, das Vermögen, aus dem die Schenkung stammt, sehr wohl "miterarbeitet", also zu seinem Erwerb „beigetragen"[121].

b) Stammt die Schenkung dagegen von dritter Seite, wirkt der Tatbestand des § 1374 II wieder in sich geschlossen. Der Erwerb von Todes wegen, insbesondere das gesetzliche Erbrecht, beruht wie die Ausstattung auf einer verwandtschaftlichen Beziehung, die so zum anderen Ehegatten nicht besteht. Die übrigen Erwerbsarten und das Testamentserbrecht sind darüberhinaus regelmäßig von besonders engen persönlichen Beziehungen der Beteiligten geprägt[122], die nicht unbedingt auch zum Ehegatten des Empfängers bestehen müssen. Nur in diesen Fällen trifft das Argument, daß ein gemeinsames „Erwirtschaften" nicht vorliegt, in der Regel zu.

c) Hält man sich an diese einzig plausible Begründung für § 1374 II, so wird deutlich, daß eine Anwendung dieser Norm auf Zuwendungen unter Ehegatten, seien es Schenkungen oder „unbenannte Zuwendungen", dem Normzweck nicht entspricht.

---

119 BGHZ 70, 291: Kaufvertrag.

120 S.o. IV 1 b.

121 Ebenso *Reinicke / Tiedtke* WM 1982, 946, 951; *Joost* JZ 1985, 10, 14 r Sp; s. jetzt auch BGH FamRZ 1987, 791, 792 = NJW 1987, 2814.

122 BGH FamRZ 1977, 124, 125 mwN; RGRK-*Finke* § 1374 Rz 14.

d) Eine der wenigen Stellungnahmen in der Literatur, die die Anwendbarkeit des § 1374 II auf Ehegattenschenkungen näher begründet, findet sich bei *John*[123]. Nach seiner Meinung ist die Zurechnung zum Anfangsvermögen erforderlich, da sich Ehegatten sonst überhaupt nichts in einer Weise schenken könnten, die auch bei Scheidung rechtsbeständig wäre.

Wären aber Geschenke unter Ehegatten tatsächlich in einer solchen Art und Weise im Zugewinnausgleich privilegiert, dürfte es eine Norm wie § 1380 I nicht geben[124]. Gerade nennenswerte Geschenke würden es am ehesten verdienen, aus dem Zugewinnausgleich herausgehalten zu werden, was aber nach § 1380 gerade nicht der Fall ist. Für die übrigen Gelegenheitsgeschenke wiederum wäre § 1374 II in aller Regel entbehrlich, da ihr Wert ohnehin nicht ins Gewicht fallen dürfte. *John's* Begründung überzeugt deswegen nicht, umsoweniger als es sich in seinem Beispielsfall um eine anzurechnende Zuwendung handelt[125]. Die Rechtsbeständigkeit der Zuwendung wird von der Anrechnung entgegen der Auffassung *John's* gerade nicht berührt. Anrechnung bedeutet die Verringerung der Zugewinnausgleichsforderung, nicht aber den Wegfall der Rechtsgrundlage für die Zuwendung und damit deren Kondizierbarkeit[126].

V. Noch einmal: Verhältnis der §§ 1374 II und 1380 zueinander

Nachdem sich gezeigt hat, daß Schenkungen und Zuwendungen im weiteren Sinn, die Ehegatten sich untereinander machen, nicht recht zur ratio des § 1374 II passen wollen, kann die Frage nach dem Verhältnis der §§ 1380 und 1374 II erneut aufgeworfen werden.

1. Bewußte Durchbrechung des § 1374 II durch § 1380?

a) Privilegierter Erwerb nach § 1374 II kann wegen der Legaldefinition des Zugewinns in § 1378 I nicht in die Berechnung der Zugewinnausgleichsforderung einbezogen werden. Durch § 1380 werden aber gerade solche Zuwendungen in die Berechnung der Zugewinnausgleichsforderung einbezogen, die dort nach der ratio des § 1374 II nicht berücksichtigt werden dürften.

---

123 *John,* FamR Rz 137; ähnlich *Brüning* NJW 1971, 922.

124 *Reinicke / Tiedtke* WM 1982, 946, 952 verwerfen deshalb zu Recht denselben Gedanken. AA *Hülsheger* S. 127 wegen Wortlautes und „systematischer Stellung" des § 1374 II.

125 AaO Rz 149 ff.

126 Unrichtig deshalb auch *Holzhauer* JuS 1983, 830 (bei Fn 3), wonach Anrechnung Rückgewähr bedeute; ähnlich *Seutemann* FamRZ 1983, 990, 992, der übereinstimmende Ergebnisse von Anrechnung und Schenkungswiderruf konstatiert. Krit dazu *Joost* JZ 1985, 10, 13 Fn 45.

b) Wäre also § 1374 II die theoretische Basis des § 1380 II S. 1, würde doch die Anrechnung nach § 1380 I S. 1 genau das Gegenteil dessen bewirken, was nach § 1374 II gelten müßte[127]. Darin kann eine, wenn auch wenig verständliche Abkehr vom Prinzip des § 1374 II jedenfalls für Ehegattenzuwendungen liegen, die als immanente Systemwidrigkeit wenigstens im Anwendungsbereich des § 1380 annehmbare Ergebnisse bewirkt. Geht man mit der hM von der grundsätzlichen Anwendbarkeit des § 1374 II auf Ehegattenzuwendungen aus, wäre in der Tat nur durch den rechtstechnischen Eingriff des § 1380 II S. 1 ein sinnvoller Ausgleich zu erzielen[128], Schenkungen unter Ehegatten wären eben nur bedingt privilegiert.

2. Neutralisierung der Zuwendung durch § 1380 II S. 1 allein

Soll die Anrechnung der Berücksichtigung eines vorweggenommenen Zugewinnausgleichs dienen und hat sie dazu eine Werterhaltungsfunktion zugunsten des Zuwendenden, wäre auch ohne § 1374 II nicht anders zu verfahren gewesen. Käme nur der verbliebene Zugewinnüberschuß des Zuwendenden unter Anrechnung der Zuwendung zur Ausgleichung, würde der Empfänger immer schlechter stehen als wenn er keine Zuwendung erhalten hätte. Um dieses unerwünschte Ergebnis zu vermeiden, ist die Erhöhung des Zuwender-Zugewinns um den Wert der Zuwendung unumgänglich. Die Regelung des § 1380 II entspricht den §§ 2055 und 2315 II, wo ebenfalls der Wert anzurechnender Zuwendungen dem Vermögen, das auseinanderzusetzen ist, hinzugerechnet wird und erst danach die Anrechnung erfolgt.

a) Ausweislich der Gesetzesmaterialien[129] hat sich der Gesetzgeber an § 2315 orientiert und diese Vorschrift mit den gebotenen Veränderungen sinngemäß übernommen. Dagegen sagen die Materialien nichts darüber aus, daß konstruktive Erwägungen angestellt wurden, wie die aus § 1374 II resultierenden Verzerrungen der Zugewinnverteilung vermieden werden könnten[130].

Im Rahmen der §§ 2055 und 2315 II soll durch die Erhöhung des auseinanderzusetzenden Vermögens um den Wert der anzurechnenden Zuwendung ein – rechnerischer – Betrag ermittelt werden, wie er bestehen würde, wenn die Zuwendung noch im Vermögen des Erblassers vorhanden wäre. Die Anrechnung der Zuwendung auf den sich so ergebenden Erb- bzw. Pflichtteil bedeutet nichts anderes als eine späte Berücksichtigung der als Vorausleistung auf den jeweiligen Anspruch verstandenen Zuwendung.

---

[127] *Holzhauer* JuS 1983, 830, 835; *Joost* JZ 1985, 10, 14; *Friedrich* JR 1986, 1, 4; *Langenfeld,* Hdb Rz 305; ebenso jetzt auch BGH FamRZ 1987, 791, 792 = NJW 1987, 2814.

[128] Vgl. *Lieb* S. 126.

[129] BT-Drucks I/3802, Begr zu § 1388 RegE I; BT-Drucks II/224, Begr zu § 1387 RegE II.

[130] *Reinicke / Tiedtke* WM 1982, 946, 949.

b) Auch die nach § 1380 I anzurechnende Zuwendung wird als vorweggenommene Leistung auf den Zugewinnausgleichsanspruch des Empfängers interpretiert. Die Erhöhung des Zugewinns des Zuwendenden nach § 1380 II S. 1 stellt daher wie in den ebengenannten Fällen nichts anderes als ein „Zurückdenken" – die Neutralisierung – der Zuwendung dar: erst von der Basis aus, wie sie ohne Zuwendung bestehen würde, erfolgt die Berechnung der Ausgleichsforderung und die Anrechnung der Zuwendung[131]. Dieser gedankliche Schritt kann aber nur funktionieren, wenn die Zuwendung vom Endvermögen des Empfängers abgezogen wird[132].

Bei den §§ 2055 und 2315 steht durch die Addition des Zuwendungswertes zum vorhandenen Nachlaß ohne weiteres der ohne Zuwendung vorhandene, zu verteilende Nachlaßwert fest. Demgegenüber ist beim Zugewinnausgleich nicht lediglich der nach § 1380 II S. 1 erhöhte Zugewinn des Zuwendenden zu verteilen, sondern der Zugewinnüberschuß (§ 1378 I). Für das Zurückdenken der Zuwendung heißt das aber, daß dann vom Endvermögen des Empfängers der Wert der Zuwendung abzuziehen ist[133]. Nur so läßt sich auch sein Zugewinn ohne Zuwendung ermitteln und, in Relation zum erhöhten Zugewinn des anderen, der für die Höhe der Ausgleichsforderung maßgebliche Zugewinnüberschuß.

Der Abzug der Zuwendung vom Endvermögen des Empfängers ist also bei genauerem Blick auf die Materialien und, was schwerer wiegt, verwandte Anrechnungsvorschriften des BGB, in § 1380 selbst bereits angelegt.

3. Neutralisierung der Zuwendung im Vergleich zum Widerruf einer Schenkung

Noch ein weiterer Gedanke führt zu der Erkenntnis, daß § 1374 II für den Abzug des Zuwendungswertes nicht erforderlich ist. Das „Zurückdenken" der Zuwendung – nicht die Anrechnung – entspricht in seiner Wirkung dem Widerruf einer Schenkung wegen groben Undanks nach § 530.

a) Widerruft ein Ehegatte seine Schenkung gem. § 530, erhöht zwar das zurückzugebende Geschenk den Wert seines Zugewinns. Davon bleibt aber zunächst das Anfangsvermögen des undankbaren Beschenkten unberührt, da es nur einen Berechnungsposten[134] zur Ermittlung des Zugewinns darstellt. Ein eigener Zugewinn des Empfängers bliebe also, soweit er das durch das

---

[131] *Kühne* FamRZ 1978, 221, 223; *Dölle,* FamR I S. 823; *Erman-Heckelmann* § 1380 Rz 7.

[132] Entgegen *Kühne* FamRZ 1978, 221, 223 ist also auch die „fiktive Vermögensminderung" und nicht nur die „fiktive Vermögensmehrung" im Gesetz angelegt.

[133] So auch die Vertreter der neueren Ansicht; krit dazu *John,* FamR Rz 151: „ein dem Gesetz fremder Denkschritt"; ebenso *Seutemann* S. 132 f.

[134] Statt aller: *Gernhuber,* FamR § 36 V 1 (S. 507).

Geschenk gem. § 1374 II erhöhte Anfangsvermögen nicht übersteigt, unberücksichtigt. Hatte das Geschenk z.B. einen Wert von 30 TDM, verschwindet ein eigener Zugewinn des Undankbaren in dieser Höhe im Anwendungsbereich des § 1374 II. Der Zugewinnüberschuß des Zuwendenden erhöht sich also künstlich um diesen Betrag. Der Undankbare erhielte zwar die Hälfte des Geschenkwertes über den Zugewinnausgleichsanspruch zurück, wie es auch ohne Geschenk der Fall wäre[135]. Er profitiert aber wegen § 1374 II zusätzlich in derselben Höhe oder, von der anderen Seite gesehen, der Schenker verliert im Vergleich dazu, wenn er die Schenkung nicht gemacht oder den Widerruf unterlassen und das Geschenk angerechnet hätte, dessen halben Wert zusätzlich.

b) Dieses Ergebnis wird nicht einmal von den Anhängern der hM hingenommen. Wegen der Schlechterstellung des Schenkers besteht die Notwendigkeit, den Wert der widerrufenen Schenkung vom entsprechend erhöhten Anfangsvermögen des Beschenkten abzuziehen[136]. Dasselbe gilt auch für andere Rückgewähransprüche, insbesondere bei den unbenannten Zuwendungen[137].

Dogmatisch läßt sich der Abzug so begründen, daß § 1380 eine rechtsbeständige Zuwendung voraussetzt. Fehlt es daran, ist sowohl 1380 wie § 1374 II nicht mehr anwendbar[138]. Die Erhöhung des Anfangsvermögens teilt also das Schicksal der Zuwendung. Bedenken ergeben sich daraus, daß der Erwerb nach § 1374 II dem bei der Eheschließung vorhandenen Vermögen gleichgestellt sein soll, das als Rechnungsposten unverändert bestehen bleibt und daß nach hM § 1374 II unabhängig davon anwendbar sein soll, ob die Schenkung anzurechnen ist oder nicht[139].

Im Ergebnis ist aber eine Korrektur des Anfangsvermögens des Beschenkten unvermeidlich, da es nicht angeht, daß er, der zu einem wirksamen Widerruf der Schenkung Anlaß gegeben hat, von seiner Undankbarkeit profitiert.

c) Bedeutet aber das „Zurückdenken" einer Zuwendung gem. § 1380 II S. 1 im Ergebnis dasselbe, dann muß, die Anwendbarkeit von § 1374 II unterstellt, zur Herstellung der hypothetischen Rechenbasis auch das Anfangsvermögen des Empfängers vermindert werden. Zwar führt § 1374 II dazu, daß

---

135 *Olzen* JR 1983, 455; *Seutemann* S. 119 f. Vorausgesetzt ist, daß § 1381 nicht anwendbar ist; s. dazu *Seutemann* S. 139 f. mwN.

136 *Kühne* JZ 1976, 487, 488; *Bosch,* FS Beitzke S. 134; *Seutemann* FamRZ 1983, 990, 992 (Berechnungsbeispiel); *Schwab* FamRZ 1984, 525, 527; *Kralemann* S. 80; *Göppinger* Rz 501; *Palandt-Diederichsen* § 1374 Anm 3 c; *Soergel-Herm. Lange* § 1374 Rz 14.

137 OLG Schleswig FamRZ 1978, 247, 249; *Kühne* JR 1975, 156, 157; ders. JZ 1976, 487, 488.

138 *Seutemann* S. 118 f., *Gernhuber,* FamR § 34 I 9 (S. 460) u. MünchKomm § 1380 Rz 9 jeweils mit Hinweis auf § 530, s.a. FamR, 2. Aufl. 1971 § 36 II 4 Fn 4 (S. 371).

139 *Staudinger-Thiele* § 1374 Rz 26.

der Wert der Zuwendung nicht im Zugewinn des Empfängers enthalten ist. Das für die Anrechnung erforderliche Zurückrechnen der Zuwendung ist aber allein in § 1380 angelegt und beinhaltet, ohne daß ein Rekurs auf § 1374 II notwendig wäre, auch den Abzug des Zuwendungswertes vom Empfängervermögen[140]. Daß dann auch die Erhöhung des Anfangsvermögens revidiert werden muß, macht deutlich, daß § 1374 II in diesem Rahmen seiner Funktion gerade nicht gerecht wird.

d) Stammt die Schenkung von einem Dritten, wird deutlich, daß § 1374 II wirklich nur hierauf sinnvoll angewendet werden kann. Im Fall des Schenkungswiderrufs ist es wieder naheliegend, auch die Erhöhung des Anfangsvermögens durch § 1374 II rückgängig zu machen, weil insoweit ebenfalls eigener Zugewinn des Beschenkten unberücksichtigt bliebe.

Andererseits ist es gerade der Sinn des § 1374 II, das so privilegierte Vermögen wie echtes Anfangsvermögen, das schon vor der Eheschließung vorhanden war, zu behandeln [141]. Das Anfangsvermögen als Berechnungsfaktor für den Zugewinn soll aber verhindern, daß ein Ehegatte mit weniger aus der Ehe scheidet, als er eingebracht hat. Wäre die Schenkung schon vor der Eheschließung erfolgt und hätte der Beschenkte sie danach verbraucht oder einen Widerruf provoziert, wäre der Effekt derselbe, ohne daß eine entsprechende Korrektur des Anfangsvermögens in Betracht zu ziehen wäre. Richtigerweise darf also auch die später erfolgte widerrufene Schenkung nicht zu einer Verminderung des nach § 1374 II erhöhten Anfangsvermögens führen. Sonst müßte jeder unvernünftige Umgang mit dem „Anfangsvermögen“, wozu indirekt auch ein Verhalten, das den Schenkungswiderruf auslöst gerechnet werden kann, zu einer Korrektur des Anfangsvermögens führen. Tragfähig ist insoweit allenfalls eine Korrektur des Endvermögens gem. § 1375 II[142].

4. Gemeinsames Merkmal der Erwerbsarten des § 1374 II

Der Vergleich der nach § 1380 erforderlichen Rückrechnung der Zuwendung mit einer widerrufenen Schenkung vom Ehegatten und einem Dritten macht auf eine weitere Besonderheit des § 1374 II aufmerksam.

Nicht nur ist § 1374 II auf Zuwendungen Dritter zugeschnitten[143], er erfaßt sinnvoll nur Erwerbsarten, die genausogut vor der Ehe hätten erfolgen können[144]. Dazu passen Zuwendungen unter Ehegatten gerade nicht. Gemeinsam

---

[140] Vgl. BGHZ 82, 227, 234 f.

[141] Vgl. *Gernhuber,* FamR § 36 III 4 (S. 503): „privilegiert ist der Erwerb lediglich mit seinem Wert bei Eintritt in das Vermögen des Erwerbers, nicht etwa als Vermögensmasse, die gesondert verwaltet wird“.

[142] *Palandt-Diederichsen* § 1373 Anm 2; *Soergel-Herm. Lange* § 1373 Rz 3

[143] *Holzhauer* JuS 1983, 830, 835; *Tiedtke* JZ 1984, 1078, 1079 f.

ist den Erwerbsarten des § 1374 II weiter, daß sie grundsätzlich von der Initiative des Dritten abhängen, von den Ehegatten also prinzipiell unbeeinflußbar sind[145]. Auch das paßt nicht auf Ehegattenzuwendungen. Und so fragwürdig das Argument des Gesetzgebers wird, ein unter § 1374 II fallender Erwerb sei vom anderen nicht „miterarbeitet", wenn man an die zumindest früher häufigen Fälle denkt, in denen eine Ehefrau die im Haus lebenden Eltern des nach dem Gesetz allein erbberechtigten Mannes versorgt, so sicher ist doch, daß Zuwendungen aus dem Zugewinn eines Ehegatten vom anderen gerade gegenläufig zur gegebenen Begründung „miterarbeitet" sind[146].

5. Ergebnis

Als Ergebnis der Untersuchung des Verhältnisses von § 1380 und § 1374 II ist also festzustellen:

a) Der erforderliche Abzug des Wertes der Zuwendung vom Empfängerzugewinn ist durch das in § 1380 II S. 1 angeordnete „Zurückdenken" der Zuwendung in § 1380 selbst enthalten.

b) Bei Anwendung des § 1374 II auf Zuwendungen unter Ehegatten erfordert das „Zurückdenken" der Zuwendung, auch die Erhöhung des Anfangsvermögens rückgängig zu machen. § 1374 II wird also seiner angeblichen Funktion, den Abzug des Zuwendungswertes zu bewerkstelligen, nicht gerecht.

c) Der Anwendungsbereich des § 1374 II paßt nach jeder denkbaren ratio legis nur auf Zuwendungen von Dritten; Zuwendungen unter Ehegatten stellen das genaue Gegenteil dar.

d) Die in § 1380 angeordnete Anrechnung von Zuwendungen unter Ehegatten widerspricht der ratio des § 1374 II, sofern Ehegattenzuwendungen darunter subsumierbar sein sollen. Wäre dies richtig, stellten Zuwendungen nur ein Anfangsvermögen zweiten Ranges dar. Ein mit der Funktion des Anfangsvermögens unvereinbarer Gedanke.

e) Der gegenüber § 1374 II bewußt weitere Anwendungsbereich des § 1380, der im Gegensatz zur hM auch den gesamten Anrechnungsmodus enthält, macht eine analoge Anwendung des § 1374 II auf unbenannte Zuwendungen

---

144 Deshalb ist ein Erwerb i.S.d. § 1374 II richtigerweise auf ein Minussaldo des Anfangsvermögens anzurechnen, ebenso *Langenfeld,* Hdb Rz 304 aE und die wohl hM; vgl. statt aller *Gernhuber,* FamR § 36 III 4 (S. 503) mwN.

145 Deshalb keine Anwendung des § 1374 II auf Lottogewinne, vgl. BGHZ 68, 43 = FamRZ 1977, 124 = NJW 1977, 377 = JR 1977, 508 m zust Anm *Kühne* = LM § 1374 Nr 3 m zust Anm *Hoegen*; zust *Erman-Heckelmann* § 1374 Rz 7 aE; RGRK-*Finke* § 1374 Rz 25; *Langenfeld,* Hdb Rz 280.

146 So auch *Joost* JZ 1985, 10, 14 mwN.

überflüssig. Stattdessen ist eher eine teleologische Reduktion des § 1374 II auf Zuwendungen von Dritten angebracht[147].

f) Mithin ist das insbesondere von *Lieb*[148] herausgearbeitete Verhältnis der §§ 1374 II und 1380 nicht notwendig vorgegeben. Soweit eine Anrechnung von Zuwendungen vorgenommen werden muß, reicht dazu § 1380 allein aus. Die Anwendung des § 1374 II führt dagegen, wie im folgenden zu zeigen sein wird, nur zu Störungen des Zugewinnausgleichs.

B. Störungen des Zugewinnausgleichs durch § 1374 II

Im Ausgangsfall führte sowohl die hM wie auch die neuere Ansicht zu einer gleichmäßigen Verteilung des insgesamt von den Ehegatten erzielten Zugewinns. In den eigentlich problematischen Fällen zeigen sich dagegen deutliche Differenzen zwischen beiden Methoden. Dies sei an den folgenden Beispielsfällen gezeigt.

I. Zuwendungen, deren Wert den hypothetischen Ausgleichsanspruch übersteigt. Fall der „Zuvielleistung"

Fall 2: Abweichend von Fall 1 beträgt die Zuwendung nicht 20, sondern 50 TDM. Die Vermögenslage stellt sich also wie folgt dar:

		ohne § 1374 II	mit § 1374 II
Anfangsvermögen	0	0	+ 50
Zuerwerb	80	0	0
Zuwendung	− 50	+ 50	+ 50
Endvermögen	30	50	50
Zugewinn	30	50	0 TDM

1. Lösungsweg der herrschenden Meinung

Bei Anwendung des § 1374 II hat der Empfänger keinen Zugewinn erzielt, weil Anfangs- und Endvermögen gleich hoch sind. Die Voraussetzungen des § 1380 I sind erfüllt, da der Zuwender nach § 1378 I den höheren Zugewinn und somit der Empfänger einen Ausgleichsanspruch gegen ihn hat. Gem. § 1380 II S. 1 ergibt sich für den Zuwender ein rechnerischer Zugewinn von

[147] Näher dazu unten B III 5.

[148] S. 126.

80 TDM, für den Empfänger also eine theoretische Ausgleichsforderung in Höhe von 40 TDM. Hierauf sind nach § 1380 I S. 1 die bereits geleisteten 50 TDM anzurechnen. Das mathematische Ergebnis von −10 TDM besagt, daß der Zuwendungsempfänger nichts mehr verlangen kann, da er über die ihm ohne Zuwendung zustehende Ausgleichsforderung hinaus 10 TDM zuviel erhalten hat.

a) Daran zeigt sich, daß die angebliche Verzahnung der §§ 1374 II und 1380 nicht immer zu befriedigenden Ergebnissen führt. Erhält der Empfänger eine Zuwendung, deren Wert den der hypothetischen Ausgleichsforderung, wie sie ohne Zuwendung bestehen würde, übersteigt, kann er zwar nichts mehr verlangen, der Zugewinn ist aber nicht gleichmäßig verteilt.

b) Einen Anspruch auf Rückgewähr des Zuvielgeleisteten bieten die güterrechtlichen Vorschriften allerdings nicht. Insbesondere ist den §§ 1374 II und 1380 nicht zu entnehmen, die Anrechnung könne in den Problemfällen, die das Güterrecht nicht befriedigend zu lösen vermag, „mit umgekehrtem Vorzeichen“ erfolgen[149]. Der Terminus „Anrechnung“ beinhaltet wie auch in den §§ 2055, 2315 nur die Verringerung einer Forderung. Wo eine Forderung fehlt, gibt es aber nichts zu vermindern. Die Wirkung der Anrechnung entspricht zwar im Ergebnis einer Aufrechnung i.S.d. §§ 387 ff., doch steht der anzurechnende Betrag weder einer Gegenforderung gleich[150], noch bedarf es einer Aufrechnungserklärung. § 1380 gestattet also nur die Begrenzung einer gegen den Zuwendenden gerichteten Ausgleichsforderung[151], gewährt aber keinen gegen den Empfänger gerichteten Anspruch[152]. Könnte der Betrag, der sich nach Anrechnung als zuviel geleistet herausstellt, zurückgefordert werden, würde das zu einer gleichmäßigen Verteilung des Zugewinns führen. Damit wäre aber allenfalls die Höhe eines gegen den Empfänger zu richtenden Anspruchs vorgegeben, jedoch nicht die Anspruchsgrundlage selbst. Hat der Empfänger die Zuwendung teilweise oder ganz verbraucht, versagt auch die Markierung der Anspruchshöhe, weil die rückläufige „Ausgleichsforderung“ durch § 1378 II begrenzt wäre[153].

---

149 So der Gedankengang des OLG Schleswig FamRZ 1978, 247, 248 r Sp; dagegen *Kühne* FamRZ 1978, 221, 223 unter 4.

150 MünchKomm-*v. Feldmann* § 387 Rz 16

151 *Schwab,* Hdb Rz 789.

152 BGHZ 82, 227, 233 zur hM; *Kühne* FamRZ 1978, 221, 223; *Johannsen* WM 1978, 654, 657; *Lieb* S. 126 ff.; *Seutemann* S. 115; *Hülsheger* S. 123 ff.; MünchKomm-*Gernhuber* § 1380 Rz 2, 3; *Staudinger-Thiele* § 1380 Rz 3; ebenso Staudinger-*Felgentraeger,* 10/11. Auflage 1970, § 1380 Rz 3 und 27, der aber von *Seutemann* S. 126 und *Friedrich* JR 1986, 1, 4 falsch interpretiert wird. AA nur *Netzer* FamRZ 1988, 676, 680 ff.

153 Vorausgesetzt, daß kein Fall des § 1375 II vorliegt und kein Anfangsvermögen vorhanden war.

2. Lösungsweg der neueren Ansicht

Wird § 1374 II auf Ehegattenzuwendungen nicht angewendet, ist der Zuwendungsempfänger mit einem Zugewinn von 50 TDM gegenüber dem Zuwender, der nur noch 30 TDM Zugewinn hat, ausgleichspflichtig. Die Voraussetzungen des § 1380 sind nicht erfüllt. Der Zuwender hat vielmehr selbst einen Anspruch aus § 1378 I auf 10 TDM, womit eine gleichmäßige Verteilung des Zugewinns erzielt wird.

3. Bewertung der Ergebnisse. Mögliche Gründe für „Fehlentwicklungen"

Unabhängig davon, daß das gesetzliche Güterrecht auf die „Hausfrauenehe" zugeschnitten ist und deshalb die gleichmäßige Aufteilung des Zugewinns nicht in jedem Fall gleich sachgerecht ist[154], ist sie doch der einzig brauchbare Maßstab, der an die Ergebnisse des Zugewinnausgleichs angelegt werden kann[155].

a) Ausgangspunkt jeden Zugewinnausgleichs ist eine Bewertung des Vermögens der Ehegatten. Maßgeblich ist die bei Beendigung des Güterstandes bzw. bei Scheidung an dem nach § 1384 maßgeblichen Stichtag bestehende Vermögenslage. Die Berechnung des Zugewinns basiert auf einer Momentaufnahme des vorhandenen Vermögens; spätere Entwicklungen, seien es Verluste oder Gewinne, bleiben auf die Berechnung der Ausgleichsforderung ohne Einfluß[156]. Ebenso bleiben sämtliche Vermögensschwankungen während der Ehe unberücksichtigt, mit Ausnahme der Tatbestände der §§ 1374 II und 1375 II. Es ist also durchaus möglich, daß der allein- oder mehrverdienende Ehegatte, der normalerweise den höheren Zugewinn erwirtschaften müßte, durch Vermögenseinbußen[157] am Ende Ausgleichsberechtigter ist. Ebenso kommt als Ursache hierfür in Betracht, daß der Ehegatte mit dem zu erwartenden geringeren Zugewinn doch mehr erwirtschaftet, sei es durch Wertsteigerung seines Anfangsvermögens[158], Mehrverdienst, bessere Vermögensanlage oder was auch immer.

b) Betrachtet man die Ehegatten als potentielle Gläubiger bzw. Schuldner eines Zugewinnausgleichsanspruchs, wechseln sie ihre Rolle immer dann, wenn durch Verlust oder Gewinn ein bestehender Zugewinnüberschuß abge-

---

[154] Vgl. *Gernhuber,* FamR § 34 I 5 (S. 457); *Beitzke,* FamR § 14 vor I (S. 104).

[155] *Holzhauer* JuS 1983, 830, 835 f.

[156] Zur Begrenzung des Anspruchs nach § 1378 II vgl. *Soergel-Herm. Lange* § 1384 Rz 6 und § 1378 Rz 8.

[157] Vgl. *Lieb* S. 127. In der Mehrzahl der Fälle dürfte schon ein selbstverschuldeter Kfz-Totalschaden gravierende Auswirkungen haben.

[158] Insbesondere bei Grundstücken, vgl. *Diederichsen,* Vermögensauseinandersetzung S. 81, Beispiel 52 a.

baut wird. Eine Prognose wird auch ihnen selbst wegen der im Zweifel eher dynamischen statt statischen Vermögensentwicklung schwerfallen.

Haben sich die Ehegatten keine anzurechnenden Zuwendungen gemacht, führt die dem einen oder anderen zustehende Zugewinnausgleichsforderung zu einer gleichmäßigen Verteilung des am Stichtag vorhandenen Zugewinns.

c) Dieses „Idealergebnis“ müßte auch dann zu erzielen sein, wenn Zuwendungen aus dem Zugewinn gemacht werden[159]. Nur dann wäre dem Grundgedanken der §§ 1372 ff. Rechnung getragen. Die Werterhaltungsfunktion des § 1380 perfektioniert das Leitbild der gleichmäßigen Verteilung, der Anrechnungsmodus der hM produziert dagegen in einer Vielfalt von Fällen „unerwünschte“ Ergebnisse. Das notwendig härtere Licht, das in den Problemfällen auf die verschiedenen Anrechnungsmethoden fällt, kann der abschließenden Bewertung des Verhältnisses der §§ 1374 II und 1380 nur dienlich sein.

II. Anwendungsbereich des § 1380 nach herrschender Meinung

Die hM ist in den „Zuvielleistungsfällen“ nicht nur mit „unerwünschten“ Ergebnissen konfrontiert, sondern in manchen Fällen erweist sich bereits der Anwendungsbereich des § 1380 als mehrdeutig.

1. Anwendungsbeispiel: Fall 3

Als Beispiel diene Fall 3, in dem der Zugewinn des Empfängers statisch bleibt, während der Zuwendende einen Verlust in Höhe seines – einstigen – Zugewinnüberschusses erleidet. Ohne Zuwendung hätten beide Ehegatten am Stichtag den gleich großen Zugewinn erzielt, ein Ausgleich fände nicht statt. Bei höherem Verlust würde der „Zuwendende“ Gläubiger eines Ausgleichsanspruchs.

Fall 3:

	mit Zuwendung		ohne Zuwendung	
Anfangsvermögen	0	0	0	0
Zuerwerb	70	50	70	50
Zuwendung	− 10	+ 10	-	-
Verlust	− 20		− 20	
Endvermögen	40	60	50	50
Zugewinn (mit § 1374 II)	40	50		
Zugewinn (ohne § 1374 II)	40	60 TDM		

159 *Holzhauer* JuS 1983, 830, 836; *Beitzke,* FamR § 14 III 2 (S. 116).

Der Zugewinn des Empfängers beträgt wegen § 1374 II lediglich 50 TDM. Soll die Zuwendung von 10 TDM angerechnet werden, müßte sie eigentlich gem. § 1380 II S. 1 dem Zugewinn des Zuwendenden hinzugerechnet werden: damit stünden sich Zugewinne von je 50 TDM gegenüber; ein Ausgleich wäre nicht erforderlich.

Weil eine Ausgleichsforderung fehlt, ist allerdings problematisch, ob § 1380 überhaupt anwendbar ist.

2. Die Rollenbestimmung von Gläubiger und Schuldner im Sinne des § 1380

Die hM steht hier vor der Frage, ob für die Bestimmung, wer Gläubiger oder Schuldner des Zugewinnausgleichsanspruchs ist, vom erhöhten oder tatsächlichen Zugewinn des Zuwendenden auszugehen ist.

Nimmt man den erhöhten Zugewinn, wird in den statisch angelegten (Beispiels-)Fällen, die keine Veränderungen des Vermögens berücksichtigen, der Zuwendende immer Schuldner der Ausgleichsforderung sein, wenn er zur Zeit der Zuwendung den höheren Zugewinn hatte.

Überstieg die Zuwendung den ansonsten gegebenen Anspruch des Empfängers, wäre stets eine Übererfüllung gegeben. Mangels eines güterrechtlichen „Rückforderungsanspruchs" würde die Anrechenbarkeit dem „Schuldner" keinen Vorteil bringen. *Gernhuber*[160] formuliert dies so, „daß der Ehegatte mit dem geringeren Zugewinn (ohne Vorempfang)[161] nur deshalb zum Ausgleichsschuldner wird (also seine sonst bestehende Ausgleichsforderung einbüßt), weil er seinem Partner eine Zuwendung machte". Dagegen läßt sich nicht einwenden, ohne die Zuwendung hätte der Zuwender auch keine Ausgleichsforderung, die er infolge der Zuwendung verlieren könnte[162]. Die „sonst" bestehende Ausgleichsforderung besteht trotz der Zuwendung, aber nur, wenn man nicht von vornherein, „im Stadium der Rollenbestimmung"[163] den Zugewinn des Zuwenders gem. § 1380 II S. 1 erhöht. Dadurch würde im übrigen der Zweck des § 1380, eine Besserstellung des Empfängers zu verhindern, unterlaufen[164]. Es ist daher heute hM[165], daß § 1380 nur anwendbar ist,

---

[160] MünchKomm-*Gernhuber* § 1380 Rz 3.

[161] Die Worte „ohne Vorempfang" sind etwas mißverständlich, aus dem Zusammenhang ergibt sich aber, daß damit die Zuwendung, die den Zugewinn des Zuwendenden verringert, gemeint ist.

[162] So aber *v. Olshausen* FamRZ 1978, 755, 757 Fn 18; krit auch *Soergel-Herm. Lange* § 1380 Rz 7.

[163] MünchKomm-*Gernhuber* § 1380 Rz 3.

[164] *Soergel-Herm. Lange* § 1380 Rz 7.

[165] Zur früher vertretenen Gegenansicht vgl. nur *Staudinger-Felgentraeger* § 1380 Rz 26 sowie *Soergel-Herm. Lange,* 10. Aufl. 1971 § 1380 Rz 6, aufgeg. in der 11. Aufl.

wenn der Zuwendende trotz seines um den Wert der Zuwendung verminderten Endvermögens den höheren Zugewinn erzielt hat.

3. Rechtfertigung des Ergebnisses der herrschenden Meinung

Die Richtigkeit dieser Auffassung zeigt sich besonders an Fall 3, in dem wegen der Verluste des Zuwendenden auch bei hochgerechnetem Zugewinn keine Ausgleichsforderung besteht. Die Anwendung des § 1380 II S. 1 im Stadium der Rollenbestimmung ist dann doppelt problematisch.

Der Vergleich mit zwei geringfügig geänderten Konstellationen, in denen der Verlust nicht zu einem – hypothetischen – Ausgleich der Zugewinne führt, macht den richtigen Ansatz deutlich.

a) Verliert der Zuwender nur 18 TDM, beträgt sein erhöhter Zugewinn 52 TDM, denen 50 TDM des Empfängers gegenüberstehen. Zumindest wäre eine hypothetische Ausgleichsforderung, die übererfüllt wäre, vorhanden. Das Resultat des Zugewinnausgleichs wäre mit 42 zu 60 TDM (gegenüber 51 : 51 TDM ohne Zuwendung) im Ergebnis zwar nicht ideal, zumindest güterrechtlich aber nicht korrigierbar.

b) Beträgt der Verlust 22 TDM, liegt auch der erhöhte Zugewinn des Zuwenders mit 48 TDM unter dem des Empfängers. Die Voraussetzung des § 1380 I S. 1 ist auf keinen Fall erfüllt; nicht der Ehegatte, der die Zuwendung erhalten hat, ist ausgleichsberechtigt, sondern der andere. Dessen Anspruch darf aber nicht anhand des erhöhten Zugewinns errechnet werden, weil die Voraussetzung für die Erhöhung fehlt und er dadurch noch schlechter gestellt würde, denn der Zugewinnüberschuß des Ausgleichsverpflichteten wäre künstlich um den Wert der Zuwendung verringert. Maßgeblich ist also der reale Zugewinn des Zuwenders von 38 TDM gegenüber 50 TDM des Empfängers. Der Zuwendende erhält einen Ausgleichsanspruch von 6 TDM; der geringfügig höhere Verlust verbessert nicht nur seine Situation, sondern die Verteilung des insgesamt erzielten Zugewinns ist mit 44 : 54 TDM gegenüber 49 : 49 TDM ohne Zuwendung einer gleichmäßigen Aufteilung deutlich nähergerückt.

c) In beiden Varianten würde der Ehegatte, der die Zuwendung gemacht hat, durch die generelle Anwendung des § 1380 II S. 1 benachteiligt, da das möglicherweise gewollte Ergebnis der effektiven Verringerung einer gegen ihn gerichteten Ausgleichsforderung verfehlt wurde. Weil die Ursachen hierfür vielfältig sind und der Übergang von der ersten zur zweiten Variante fließend ist, würde deren differenzierte Behandlung der ratio des § 1380, nämlich der Privilegierung des Zuwendenden, widersprechen. Es geht nicht an, den

---

Rz 7. Die Nachwirkungen dieser Ansicht zeigt noch das von *Hülsheger* S. 124 f. verwendete Beispiel 3, wo er die hM falsch darstellt.

Zuwendenden in diesen ohnehin „unglücklich" verlaufenen Fällen die Folgen der Zugewinnerhöhung so lange tragen zu lassen, als er wenigstens hypothetisch Schuldner einer Ausgleichsforderung ist und ihn erst in noch krasseren Fällen davon zu befreien. Letztlich würde dadurch der belohnt, der weniger umsichtig mit seinem Vermögen umgeht.

Ob sich dieses Ergebnis auch damit begründen läßt, daß in den Fällen, in denen nach dem Willen des Zuwendenden keine Anrechnung erfolgen soll, ohnehin keine Erhöhung seines Zugewinns in Betracht kommt und er durch den Ausschluß der Anrechnung „schwerlich" besser gestellt werden könne, als er bei Bestimmung der Anrechnung stünde[166], ist fraglich. Zwar ist die rechnerische Ausgangsbasis dann sicher der nicht erhöhte Zugewinn des Zuwendenden. Dieser verzichtet aber auf ein im Normalfall bestehendes Privileg[167] und es erscheint deshalb nicht ungerechtfertigt, wenn er im Problemfall davon profitiert, wobei der „Profit" ohnehin nur auf der „Nichterhöhung" seines Zugewinns basiert.

Letztlich ergibt der Vergleich der beiden Fälle, daß mit der hM für die Bestimmung der Gläubiger/Schuldnerrolle im Rahmen des § 1380 der reale Zugewinn des Zuwendenden ausschlaggebend ist. Dies wird umso plausibler, wenn man in § 1380 II S. 1 nicht nur eine Ausgleichsbestimmung zu § 1374 II sieht, sondern den gesamten Anrechnungsmechanismus. Dieser kann nur dann in Gang gesetzt werden, wenn die Voraussetzungen nach Abs. 1 erfüllt sind[168]. Jedes andere Vorgehen würde auch unter der Prämisse des § 1374 II bedeuten, die Rechtsfolge vor den Tatbestand zu setzen.

4. Lösung des Beispielfalles 3 nach der herrschenden Meinung

Im Ausgangsfall 3 erhält also der Zuwender mit 40 TDM gegen den Empfänger mit 50 TDM Zugewinn einen Ausgleichsanspruch in Höhe von 5 TDM. Im Endergebnis steht er um 5 TDM schlechter, als er stehen würde, wenn er die Zuwendung unterlassen hätte. Dies ist auf § 1374 II zurückzuführen: durch die Zurechnung der Zuwendung zum Anfangsvermögen des Empfängers verringert sich der zu verteilende Zugewinnüberschuß um den Wert der Zuwendung, der Ausgleichsanspruch entsprechend um die Hälfte.

---

166 So *von Olshausen* FamRZ 1978, 755, 757 Beispiel 3; ihm folgend *Seutemann* S. 129.

167 Die Anrechnungsmöglichkeit mit ihrer Werterhaltungsfunktion; zur Rechtslage bei nichtanzurechnenden Zuwendungen s.u. VII.

168 *Holzhauer* JuS 1983, 830, 835; *Joost* JZ 1985, 10, 14; *Friedrich* JR 1986, 1, 4.

5. Zusammenfassung: Auswirkungen der herrschenden Meinung

Zuwendungen unter Ehegatten haben nach der hM also folgende Auswirkungen:

a) Liegt die Zuwendung im Wert unter der Hälfte des ohne sie zugunsten des Zuwendenden bestehenden Zugewinnüberschusses, ist sie also geringer als die – hypothetische – Ausgleichsforderung, bleibt der Zuwender Schuldner eines Ausgleichsanspruchs. Dieser wird durch die Anrechnung verringert.

b) Überschreitet die Zuwendung den ansonsten gegebenen Ausgleichsanspruch, nicht aber den vorherigen Zugewinnüberschuß, ist der Zuwendende im Zugewinnausgleich weiterhin Schuldner. Wegen § 1374 II erhöht die Zuwendung nicht den Empfängerzugewinn. Der Zuwender hat also immer noch den höheren Zugewinn. Allerdings ergibt die Anrechnung eine Übererfüllung.

c) Erst wenn die Zuwendung den vorherigen Zugewinnüberschuß des Zuwenders überschreitet, wird dieser zum Gläubiger.

d) Die Anwendung des § 1374 II führt in den beiden letztgenannten Fällen dazu, daß der Zuwender im Ergebnis schlechter steht, als wenn er die Zuwendung unterlassen hätte. In den Fällen der Zuvielleistung beträgt der Verlust maximal den halben Wert der Zuwendung, wenn diese zum Gleichstand der Zugewinne geführt hat. Übersteigt die Zuwendung den bestehenden Zugewinnüberschuß, wird der Zuwender zwar zum Ausgleichsberechtigten, er verliert aber immer die Hälfte ihres Wertes, weil sie als Anfangsvermögen des Empfängers aus der Berechnung herausfällt.

e) Dasselbe wie für den dargestellten Fall 3 gilt dann, wenn nicht Verluste des Zuwendenden, sondern Gewinne des Empfängers eintreten und eine womöglich gemeinsam geplante Vermögensumverteilung aus dem Lot bringen. Auch dann ist der Übergang von der Zuvielleistung bis zum Rollenwechsel vom Gläubiger zum Schuldner und umgekehrt vorgezeichnet.

f) Für den Zuwendenden, der wegen der grundsätzlich dynamischen Vermögensentwicklung nie sicher sein kann, ob sich die Anrechnung der Zuwendung im Fall der Ehescheidung zu seinen Gunsten auswirkt, wird der Zugewinnausgleich zum Glücksspiel. Weil sich immer erst im Nachhinein herausstellt, ob eine Zuvielleistung vorliegt oder der Zuwendende gar selbst ausgleichsberechtigt ist, sind die damit verbundenen negativen Auswirkungen kaum plausibel zu begründen.

g) *Seutemann*[169] versucht das Ergebnis bei der Zuvielleistung – der Zuwendungsempfänger kann den die hypothetische Ausgleichsforderung überstei-

---

[169] S. 134 unter 3.

genden Betrag ausgleichslos behalten – damit zu rechtfertigen, daß die Zuwendung so angesehen werden solle, als sei sie erst nach dem Entstehen der Ausgleichsforderung gemacht worden. Eine Leistung zu diesem Zeitpunkt könne aber auch keinen Ausgleichsanspruch des Zuwenders begründen. Diese Argumentation überzeugt eben deswegen nicht, weil nach dem Ende des Güterstandes bzw. am Stichtag gem. § 1384 die Gläubiger/Schuldnerrollen definitiv feststehen, was während der Ehe gerade nicht der Fall ist. Bei Zuwendungen des Ausgleichsberechtigten[170] will er zudem § 1374 II nicht anwenden, obwohl auch hierfür seine Begründung einschlägig wäre.

6. Lösungsweg der neueren Ansicht

Nach der neueren Ansicht wird der Zuwendende bereits dann Gläubiger eines Ausgleichsanspruchs, wenn die Zuwendung die Hälfte des vorhandenen Zugewinnüberschusses überschreitet, da sie den Zugewinn des Empfängers erhöht. In Fall 3 ergibt sich danach ein Zugewinnverhältnis von 40 : 60 TDM. Der Zuwendende hat einen Ausgleichsanspruch von 10 TDM gegen den Empfänger, so daß er im Ergebnis nicht schlechter gestellt ist, als er stehen würde, wenn er keine Zuwendung erbracht hätte.

III. Der theoretische Ansatz der hM auf dem Prüfstand der Problemfälle. Zur Anwendbarkeit des § 1374 II auf Zuwendungen unter Ehegatten

1. Anwendung des § 1374 II nur in besonderen Fällen?

Wenn für die Rollenverteilung nicht der fiktive Zugewinn gem. § 1380 II S. 1 maßgeblich ist, wäre es an sich naheliegend, den Wert der Zuwendung auch beim Empfänger zugewinnerhöhend zu berücksichtigen und erst dann, wenn trotz erhöhten Empfängerzugewinns die Voraussetzung des § 1380 I S. 1 gegeben ist, § 1374 II anzuwenden.

Das ist vom Boden der hM aus allerdings nicht möglich, da zumindest echte Schenkungen immer unter § 1374 II fallen.

2. Auswirkungen des § 1374 II, wenn der Empfänger der Zuwendung keinen eigenen Zugewinn erzielt

Gemildert wurden die Folgen der hM im Fall 3 dadurch, daß der Empfänger der Zuwendung eigenen Zugewinn erzielt hatte. Krasser sind sie, wenn der

---

[170] *Seutemann* S. 125 ff., insbes. S. 127; s. dazu unten IV.

Empfänger, wie etwa die „Nur-Hausfrau“ oder der noch selten anzutreffende „Hausmann“ kein Einkommen erzielt, also auch keinen Zugewinn erwirtschaften kann. Wenn dann der Alleinverdiener seinen gesamten Zugewinn dem Partner zuwendet, um auf dessen ererbtem Grundstück (§ 1374 II) zu bauen[171], hat dieser wegen § 1374 II keinen eigenen Zugewinn.

Der Zuwendende kann allenfalls an etwaigen Wertsteigerungen des Grundstücks partizipieren[172]. Von seinen Zuwendungen erhält er nach den Vorschriften des Güterrechts nichts zurück, so als hätte er während der Ehe nie Vermögen erworben.

Dabei zeigt sich wieder, daß § 1374 II anders als im „Normalfall“, wenn die Zuwendung im Wert unter der hypothetischen Ausgleichsforderung liegt, jetzt keine Schlechterstellung des Empfängers vermeidet, sondern ihn privilegiert. Umgekehrt wird der Zuwender durch § 1380 nicht ent- sondern belastet.

3. Analoge Anwendung des § 1374 II auf jede unbenannte Zuwendung? OLG Karlsruhe FamRZ 1974, 306

In einem nicht ganz so extrem gelagerten Fall hat das OLG Karlsruhe[173] neun Jahre vor der Rechtsprechungsänderung des BGH durch das Urteil BGHZ 82, 227 darauf verzichtet, § 1374 II anzuwenden. Dort hatten die Ehegatten ein Erbbaurechtsgrundstück je zur Hälfte erworben und bebaut. Die finanziellen Mittel brachte überwiegend der später auf Zugewinnausgleich klagende Mann auf, der zudem Mittel seines Anfangsvermögens eingesetzt hatte. Wäre hier, wie die Beklagte vortrug, § 1374 II einschlägig gewesen, wäre ihr Endvermögen im wesentlichen mit dem Anfangsvermögen identisch gewesen.

a) Das OLG sah in den Zuwendungen des Mannes keine Schenkung i.S.d. § 516, da ihnen als Gegenleistung die Dienstleistung der Ehefrau im Haushalt und deren eventuelle geringe Einkünfte gegenüberstünden[174]. Indem sich das Gericht auf den Wortlaut des § 1374 II zurückzog[175], gelangte es zu dem Ergebnis, daß die Tilgungsbeiträge des Mannes, die auch dem Endvermögen

---

171 Vgl. das Beispiel bei *Henrich,* FamR § 12 I 3 b (S. 73), der das Ergebnis „merkwürdig“ und die Benachteiligung des Zuwenders „krass“ nennt; dasselbe Beispiel bei *Hülsheger* S. 124.

172 Vgl. das Beispiel bei *Diederichsen,* Vermögensauseinandersetzung S. 83, wobei allerdings der Zugewinn des Empfängers durch Goldpreissteigerung falsch berechnet wird.

173 Urteil vom 14.12.1972, FamRZ 1974, 306; die Bewilligung von Armenrecht für die eingelegte Revision lehnte der BGH mangels hinreichender Erfolgsaussicht ab, vgl. die Anm v *Johannsen* aaO S. 310.

174 AaO S. 308.

175 Ebenso später BGHZ 82, 227, 234.

der Beklagten zugute gekommen waren, deren Zugewinn so vergrößert hatten, daß sie selbst ausgleichspflichtig wurde.

§ 1380 spielt in dem Urteil wohl nur deshalb keine Rolle, weil die Parteien nach Ansicht des Gerichts gleichwertige Leistungen zur Tilgung der Grundstücksbelastung erbracht hatten[176]. Da die Beklagte hauptsächlich „als Hausfrau und Mutter" Dienstleistungen erbracht hatte, handelte es sich bei den Leistungen des Klägers um typische unbenannte Zuwendungen, die in analoger Anwendung des § 1374 II ihr Anfangsvermögen erhöhen müßten. Sie hätte also den geringeren Zugewinn als der Kläger erzielt. Damit wäre § 1380 I anwendbar gewesen und es hätte ein Fall der Zuvielleistung vorgelegen[177]. Dieses offensichtlich unerwünschte Ergebnis wurde durch die Nichtanwendung des § 1374 II vermieden; ohne weiteres Eingehen auf das Verhältnis der §§ 1374 II und 1380 zueinander hat das OLG damit den Weg beschritten, den der BGH neun Jahre später in bewußter Abkehr von der hM gegangen ist.

b) Zwar finden sich zu diesem Urteil bestätigende Äußerungen von Vertretern der hM, allerdings nur soweit es um die Auslegung des Schenkungsbegriffs in § 1374 II geht[178]. Sobald die Anrechnung von Schenkungen oder unbenannten Zuwendungen in Betracht kommt, wird dagegen die erweiterte bzw. analoge Anwendung des § 1374 II befürwortet, da der Empfänger einer unbenannten Zuwendung sonst schlechter gestellt würde[179].

Dieses Argument trifft aber in den wirklich problematischen Fällen der Zuvielleistung und des damit eng verwandten Falles, daß die Zuwendung vom Ausgleichsberechtigten kam, nicht zu. Hier gilt es gerade nicht eine Benachteiligung, sondern eine Bevorzugung des Empfängers zu vermeiden.

aa) Die hM sucht denn auch durch schuldrechtliche Ansprüche die Situation zu retten. Am weitesten geht dabei *Lieb*[180], der dem durch § 1374 II „Geschädigten" stets einen auf den Wegfall der Geschäftsgrundlage gestützten Anspruch auf Ausgleichszahlungen gibt, mit denen eine gleichmäßige Vertei-

---

[176] AaO S. 308.

[177] Nach den – vergröberten – Angaben des Urteils hatte der Kläger ein Endvermögen von 35 TDM bei einem Anfangsvermögen von 25 TDM. Die Beklagte, ohne Anfangsvermögen, hatte ein Endvermögen von 35 TDM, das im wesentlichen aus den Zuwendungen bestand. Bei Anwendung von § 1374 II wäre der Kläger mit seinem Zugewinn von 10 TDM ausgleichspflichtig gewesen. Auf die gem. §§ 1380 II, 1374 II errechnete hypothetische Ausgleichsforderung von (10+35):2 TDM = 22,5 TDM wären 35 TDM angerechnet worden, was eine Zuvielleistung von 12,5 TDM, also der Hälfte des Anfangsvermögens des Klägers, ergibt.

[178] *Erman-Heckelmann* § 1374 Rz 7; RGRK-*Finke* § 1374 Rz 18; *Soergel-Herm. Lange* § 1374 Rz 14; *Staudinger-Thiele* § 1374 Rz 28.

[179] So *Staudinger-Thiele* § 1380 Rz 24: „soweit eine Anrechnung erfolgt", „im Rahmen des § 1380"; *Erman-Heckelmann* § 1380 Rz 7 unter Berufung auf BGHZ 65, 320 und Rz 1 mit Hinweis auf *v. Olshausen* FamRZ 1978, 755.

[180] S. 124 f.

lung des Zugewinns erreicht wird und ausdrücklich auf die strengen Voraussetzungen dieses Instituts verzichtet.

bb) In dieses Bild paßt auch die überwiegend kritische Aufnahme, die das Urteil des BGH vom 3.12.1975[181] in der Literatur gefunden hat[182]. Der BGH hatte dort, ausgehend vom Boden der hM, ausgeführt, daß neben den güterrechtlichen Ansprüchen Bereicherungsansprüche grundsätzlich und Ansprüche wegen Wegfalls der Geschäftsgrundlage in aller Regel ausgeschlossen seien, was in der Entscheidung vom 26.11.1981[183] auch auf zu hohe Vorwegleistungen ausgedehnt wurde.

4. Differenzierte Behandlung von unbenannter Zuwendung und Schenkung

a) In der letztgenannten Entscheidung hat der BGH allerdings für unbenannte Zuwendungen den Weg der neueren Ansicht eingeschlagen.

Vergleicht man Schenkung und unbenannte Zuwendung unter dem Aspekt der Zuvielleistung, fehlt jedes Bedürfnis für eine analoge Anwendung des § 1374 II. Soweit sie noch vorhanden ist, erhöht die unbenannte Zuwendung den Zugewinn des Empfängers[184], der deshalb dem Zuwendenden mit dem geringeren Zugewinn gem. § 1378 den Zugewinnausgleich schuldet. In diesen Fällen fehlt also eine Regelungslücke, wie sie im Normalfall für den Abzug des Zuwendungswertes vom Empfängervermögen zu bestehen scheint. Vom Leitgedanken der gleichmäßigen Verteilung des Zugewinns her betrachtet, enthält das Gesetz bei Zuvielleistungen allenfalls für Schenkungen eine Lücke, nicht aber für unbenannte Zuwendungen.

b) Dies führt zu der Frage, ob Schenkungen und unbenannte Zuwendungen nicht doch verschieden behandelt werden müssen[185].

Im Fall der Zuvielleistung ergibt sich dann für unbenannte Zuwendungen ein güterrechtlicher Ausgleichsanspruch, weil sie nicht gem. § 1374 II dem Anfangsvermögen des Empfängers hinzugerechnet werden. Liegt die Zuwendung aber unter der hypothetischen Ausgleichsforderung, wäre der Empfänger durch die Anrechnung um den halben Zuwendungswert schlechtergestellt.

---

[181] BGHZ 65, 320 ff. = FamRZ 1976, 82 = NJW 1976, 328 = DNotZ 1976, 418 = LM § 1374 Nr. 1 m Anm Johannsen = JZ 1976, 486 m krit Anm *Kühne,* dazu die Replik von *Jaeger* JZ 1977, 138 und Duplik von *Kühne* JZ 1977, 138. Gegen *Kühnes* Ausführungen in JZ 1976, 487, 489 auch *v. Olshausen* FamRZ 1978, 755, 756, Fn 9 und *Johannsen* LM § 1374 Nr. 1.

[182] Näher dazu unten, 2. Kap. A II 2 b, mwN Fn 23.

[183] BGHZ 82, 227 = FamRZ 1982, 246 = NJW 1982, 1093 = WM 1982, 189 = JR 1982, 234 m abl Anm *Kühne* = LM § 1380 Nr. 5 m Anm *Lang.*

[184] Vgl. BGHZ 82, 227, 235.

[185] Vgl. *Lieb* S. 127 f., der den Gedanken aber verwirft.

Dies wird allgemein als untragbare Benachteiligung empfunden[186], könnte aber eher hinzunehmen sein, als demjenigen, dessen gesamter Zugewinn Gegenstand der Zuwendung war[187], jeglichen güterrechtlichen Ausgleich zu versagen.

Auch bei echten Schenkungen wären die Auswirkungen unbefriedigend: liegen sie unter der hypothetischen Ausgleichsforderung, wirkt sich die Anrechnung wegen § 1374 II nicht zu Ungunsten des Beschenkten aus. Die ratio des § 1374 II wird aber durch die Anrechnung durchbrochen. Sie kommt erst bei Zuvielleistungen zum Tragen, dann allerdings zu Lasten des Schenkers und auf Kosten einer gleichmäßigen Verteilung des Zugewinns.

Letztendlich verbietet aber der gegenüber § 1374 II bewußt weitere Anwendungsbereich des § 1380 I diese Differenzierung, die zu Ergebnissen führen würde, für deren Verschiedenheit kein innerer Grund ersichtlich ist[188].

5. § 1374 II als problematischer Ausgangspunkt der herrschenden Meinung. Möglichkeit einer teleologischen Reduktion anstelle einer analogen Anwendung

a) Die hM steht vor dem Dilemma, daß im Normalfall für unbenannte Zuwendungen eine Bestimmung, die den Zuwendungswert im Empfängerzugewinn neutralisiert, zu fehlen scheint, während bei der Zuvielleistung ein güterrechtlicher Ausgleichsanspruch vermisst wird. Die erste Lücke wird durch die analoge Anwendung des § 1374 II geschlossen, was allerdings die Probleme bei der Zuvielleistung erst herbeiführt.

Die hM orientiert sich bei der Anrechnung von unbenannten Zuwendungen an dem Anrechnungsmodus, der für echte Schenkungen gelten soll.

b) Der umgekehrte Weg ist allerdings genauso gangbar: der gegenüber § 1374 II weitere Anwendungsbereich des § 1380 I deutet darauf hin, daß eine befriedigende Anrechnung von Zuwendungen unabhängig von § 1374 II möglich sein muß. Die Anrechnung von Schenkungen als einer besonderen Art von Zuwendungen müßte demnach auf dieselbe Art und Weise erfolgen, wie die von Zuwendungen, die keine Schenkung sind.

Wie bereits gezeigt wurde, führt § 1380 bei entsprechender Auslegung auch im Normalfall keineswegs zu einer Verschlechterung der Lage des Empfängers. Im Fall der Anrechnung ist der Wert der unbenannten Zuwendung vom Endvermögen des Empfängers abzuziehen: nur so ergibt sich die fiktive Aus-

---

[186] *Lieb* S. 128; aA – für eine Differenzierung – nur *Staudinger-Felgentraeger* § 1380 Rz 31.

[187] Etwa bei der Finanzierung des Hausbaus auf dem Grundstück des anderen Ehegatten, vgl. *Lieb* S. 129; *Henrich,* FamR § 12 I 3 b (S. 73 f.).

[188] Ganz hM; anders nur *Staudinger-Felgentraeger* § 1380 Rz 31.

gleichsforderung, wie sie ohne die Zuwendung bestehen würde[189]. Die von der hM konstatierte Lücke im Zusammenhang mit dem Abzug unbenannter Zuwendungen vom Zugewinn des Empfängers besteht also im Normalfall bei entsprechend sinngemäßer Auslegung des § 1380 überhaupt nicht[190].

Die angebliche Notwendigkeit einer analogen Anwendung des § 1374 II verkehrt sich zudem in den problematischen Fällen der Zuvielleistung in ihr Gegenteil, da sie eine gleichmäßige Verteilung des Zugewinns verhindert anstatt sie herbeizuführen. Eine Analogie ist nur dann zulässig, wenn das Gesetz eine offene Regelungslücke enthält, also eine Vorschrift dort vermissen läßt, wo sie zu erwarten wäre[191]. Bei zu hohen Zuwendungen treffen aber die Gründe für die analoge Anwendung des § 1374 II nicht mehr zu, weil keine Benachteiligung des Zuwendungsempfängers zu befürchten ist. Selbst im Normalfall ist mit Blick auf § 1380 ein Widerspruch zur ratio des § 1374 II zu konstatieren[192], der den Analogieschluß nur noch fragwürdiger macht.

c) Echte Schenkungen dürfen dann aber nicht gemäß § 1374 II zum Anfangsvermögen des Beschenkten hinzugerechnet werden, da der Schenkungswert nicht zweimal, nämlich durch den in § 1380 II S. 1 angelegten Abzug und durch § 1374 II aus dem Zugewinn des Empfängers herausgerechnet werden kann[193]. Dadurch würde sich der Zugewinn des Zuwendungsempfängers zusätzlich um den Wert der Zuwendung verringern, so daß sich seine Ausgleichsforderung gegenüber der Situation ohne Zuwendung um deren halben Wert erhöhen würde. Entweder wäre also das erhöhte Anfangsvermögen – wie beim Schenkungswiderruf – zu reduzieren, oder aber § 1374 II von vornherein nicht anzuwenden. Beide Möglichkeiten laufen auf dasselbe hinaus. Nur die letztgenannte harmonisiert aber mit der Behandlung von unbenannten Zuwendungen. Dagegen spricht allenfalls der Wortlaut des § 1374 II.

Wie sich gezeigt hat, liegt die ratio des § 1374 II in der Privilegierung des Erwerbs von dritter Seite. Daß für Schenkungen des Ehegatten das Gegenteil gilt, zeigt § 1380. Daß ein Geschenk, das im Wert unter der fiktiven Ausgleichsforderung liegt, voll zur Anrechnung kommt, während im Wert darüberliegende Geschenke nicht einmal zu einer Ausgleichspflicht des Empfängers führen, ist nicht einzusehen. Damit besteht im Anwendungsbereich des § 1374 II eine verdeckte Regelungslücke, da der „Normsinn" einen „geringeren Bedeutungsinhalt ergibt als der Sprachsinn des verwendeten Gesetzeswortlauts"[194], oder, anders ausgedrückt, da das Gesetz eine Einschränkung

189 S.o. A V 2.
190 *Reinicke / Tiedtke* WM 1982, 946, 950.
191 *Larenz,* Methodenlehre S. 362 f., 365 f.
192 Ebenso *Reinicke / Tiedtke* WM 1982, 946, 951.
193 *Schwab,* Hdb Rz 786 bei Fn 4.
194 *Fikentscher,* Methoden S. 311.

(auf Schenkungen von Dritten) vermissen läßt[195]. Diese Lücke kann im Wege der teleologischen Reduktion geschlossen werden[196]. Die teleologische Reduktion führt nicht nur zu einem in sich stimmigeren Anwendungsbereich des § 1374 II, sondern vermeidet gerade im Hinblick auf § 1380 die genannten Wertungswidersprüche und unbilligen Konsequenzen.

d) Ist also § 1374 II sinnvoll nur auf Zuwendungen Dritter anwendbar, ist eine Erweiterung des Anwendungsbereiches des § 1374 II auf unbenannte Zuwendungen unter Ehegatten nicht möglich. § 1374 II ist nach ganz hM ein Ausnahmetatbestand, der die Arten möglichen privilegierten Erwerbes enumerativ und abschließend enthält[197]. Zwar ist eine Ausnahmevorschrift nicht generell der analogen Anwendung unzugänglich[198], die Analogie muß sich aber im Rahmen des „engeren Prinzips" der Ausnahmenorm halten[199]. Dieses engere Prinzip besteht im Fall des § 1374 II in der Erfassung eheneutralen Zuerwerbs von dritter Seite, so daß eine Erweiterung des Schenkungsbegriffs auf unbenannte Zuwendungen unter Ehegatten ausscheiden muß. Die teleologische Reduktion des § 1374 II auf den Erwerb von Dritten ist demgegenüber der geringere und plausibler begründbare Eingriff in das „System" der §§ 1374 II, 1380, das bei Anwendung von § 1374 II eben nie zu befriedigenden Ergebnissen im Hinblick auf die Anrechnung von Zuwendungen führt.

Nur die einschränkende, nicht aber die ausdehnende Interpretation des § 1374 II harmonisiert mit der weitgehend einhelligen Ansicht, daß etwa Schmerzensgelder[200] und Lotteriegewinne[201] nicht unter § 1374 II subsumierbar sein sollen, auch wenn der andere Ehegatte zu ihrem Erwerb strenggenommen nicht beigetragen hat. Es wäre nicht einzusehen, warum der scheidungswillige Ehegatte hieran im Zugewinnausgleich teilhaben soll, während er andererseits zu hohe Vorwegleistungen des Zuwendenden ausgleichslos behalten könnte.

---

[195] *Larenz,* Methodenlehre S. 362 f.

[196] *Larenz,* Methodenlehre S. 375 f.; *Fikentscher,* Methoden S. 311, bevorzugt den Begriff der Restriktion.

[197] BGHZ 68, 43, 45 = NJW 1977, 377 = FamRZ 1977, 124 = JR 1977, 508 m zust Anm *Kühne* = LM § 1374 Nr. 3 m zust Anm *Hoegen;* BGH FamRZ 1981, 239, 240; BGH FamRZ 1981, 755, 756; *Johannsen* WM 1978, 654, 658; *Erman-Heckelmann* § 1374 Rz 7 aE; MünchKomm-*Gernhuber* § 1374 Rz 14; RGRK-*Finke § 1374 Rz 25; Staudinger-Thiele* § 1374 Rz 22 u. 30; *Gernhuber,* FamR § 36 III 4 (S. 503); *Schwab,* Hdb Rz 766.

[198] *Larenz,* Methodenlehre S. 339 f.

[199] BAG 1, 328, 329; ebenso *Larenz,* Methodenlehre, 2. Aufl. 1969, S. 329.

[200] BGH FamRZ 1981, 755 = NJW 1981, 1836 = JR 1981, 506 m abl Anm *Gamp;* aA *Schwab,* Hdb Rz 748.

[201] BGHZ 68, 43 = NJW 1977, 377 = FamRZ 1977, 124 = JR 1977, 508 m zust Anm *Kühne* = LM § 1374 Nr. 3 m zust Anm *Hoegen.*

IV. Zuwendungen des Ausgleichsberechtigten

Die unbilligen Konsequenzen der hM zeigen sich besonders auffällig auch dann, wenn die Zuwendung vom – letztlich – Ausgleichsberechtigten stammt. Für diesen Fall enthält § 1380 keine Regelung[202]. Daraus kann aber nur geschlossen werden, daß demjenigen, der am Ende, unter Umständen wider Erwarten[203], nicht Schuldner eines Zugewinnausgleichsanspruchs geworden ist, die „Wohltat" der Anrechnung entgeht, nicht aber, daß er für seine Freigebigkeit zu büßen hätte.

1. Problemstellung: Fall 4

Zur Verdeutlichung der Differenzen, die aus der Anwendung des § 1374 II resultieren, dient das folgende Beispiel:

Fall 4

Anfangsvermögen	0	0
Zuerwerb	80	30
Zuwendung	+ 20	– 20
Endvermögen	100	10
Zugewinn		
mit § 1374 II	80	10
ohne § 1374 II	100	10 TDM

a) Nach der neueren Ansicht ergibt sich eine gleichmäßige Verteilung der Zugewinne von je 55 TDM, da die Zuwendung des finanziell Schwächeren dessen Zugewinn verringert und den des anderen erhöht.

b) Bei Anwendung des § 1374 II begegnet die bekannte Schlechterstellung des Zuwendenden: da die Zuwendung als Anfangsvermögen des Empfängers nicht am Zugewinnausgleich teilhat, stellt sich der Zuwender um die Hälfte ihres Wertes schlechter. Er erhält nur einen Ausgleichsanspruch in Höhe von 35 TDM, das Ergebnis gerät mit einer Vermögensaufteilung von 65 : 45 TDM zu seinen Lasten aus dem erstrebten Gleichgewicht.

2. Lösungsversuche

Diese Fallgruppe wird in der Literatur nur selten angesprochen[204], obwohl sie wegen der kaum prognostizierbaren Vermögensentwicklungen strenggenommen nur einen Unterfall der Zuvielleistung darstellt.

202 So bereits *Staudinger-Felgentraeger* § 1380 Rz 3.

203 *Staudinger-Felgentraeger* § 1380 Rz 3 aE.

204 S. dazu *Seutemann* S. 125 ff.; *Kralemann* S. 83; *Hülsheger* S. 129 ff.; *Gernhuber,* FamR § 36 VII 2 (S. 515); *Schwab,* Hdb Rz 789, 790.

a) *Gernhuber* und *Schwab*[205] dient sie als Bestätigung ihrer Auffassung, daß § 1374 II auf Zuwendungen unter Ehegatten nicht anzuwenden ist. Unter dieser Prämisse vermindert die Zuwendung das Endvermögen des zuwendenden Ehegatten und erhöht das des anderen[206]. Entsprechend vermindert bzw. erhöht sich der jeweilige Zugewinn.

b) *Seutemann* will § 1374 II in diesem Fall nicht anwenden, da nicht einzusehen sei, warum der zuwendende Ehegatte „dafür bestraft werden soll, daß – entgegen seiner Annahme – nicht er, sondern der Partner der ausgleichspflichtige Teil geworden ist"[207]. Vom Boden der hM aus ist diese Ansicht nicht vertretbar. Entweder ist § 1374 II auf Schenkungen unter Ehegatten anwendbar oder nicht[208]. Zudem ist *Seutemann* inkonsequent, weil er bei Zuvielleistungen § 1374 II trotz der negativen Auswirkungen für anwendbar hält[209]. Dort soll die „Bestrafung", sprich Schlechterstellung des Zuwendenden um „allenfalls die Hälfte der Zuwendung"[210] tragbar sein, weil immerhin eine Anrechnung möglich ist, wenn auch nicht in vollem Umfang. Gerade weil er auf die Unvorhersehbarkeit der Rollenverteilung im Zugewinnausgleich abhebt, ist seine Differenzierung nicht überzeugend. Wäre *Seutemann* zu folgen, hätte § 1374 II jeden materiellen Inhalt verloren und würde nur noch bei passend erscheinenden Fallgestaltungen zur Neutralisierung des Zuwendungswertes instrumentalisiert, womit § 1374 II, nach hM immerhin die Grundlage des § 1380 II S. 1[211], endgültig von den Füßen auf den Kopf gestellt wäre.

c) Die oben schon angesprochene Differenzierung von Schenkung und unbenannter Zuwendung ist auch hier wenig sinnvoll. Es mag zwar sein, daß der Schenkgeber nicht damit rechnet, im Zugewinnausgleich am Schenkungswert beteiligt zu werden. Wird er aber, ebenfalls wider Erwarten, doch ausgleichspflichtig, steht einer Anrechnung und damit Neutralisierung der Schen-

---

205 *Gernhuber, Schwab* aaO Fn 204.

206 *Hülsheger* S. 131 f. sieht darin eine erhebliche Verkomplizierung der Ermittlung des Zugewinnausgleichs, weil nach Schwab Zuwendungen des Ausgleichspflichtigen weder dem Anfangs- noch Endvermögen des Empfängers zuzurechnen seien. Dabei übersieht er, daß „unterschiedliche Berechnungsmethoden" gar nicht existieren, weil die von Schwab vorgeschlagene Berechnung nur im Fall einer Anrechnung eingreift und lediglich rechnerisch die Zuwendung neutralisiert.

207 S. 127 mit Hinweis auf *Staudinger-Felgentraeger* § 1380 Rz 3; ähnlich OLG Karlsruhe FamRZ 1981, 556, 557 aE, mit unklarer Begründung, die darauf hinausläuft, daß aus § 1380 nicht folge, daß die Zuwendung auch dann – wegen § 1374 II – unberücksichtigt bleiben solle, wenn „dem Schenkgeber keine Zugewinnausgleichsforderung" zustehe, womit wohl gemeint ist, daß eine gegen ihn gerichtete Forderung, auf die angerechnet werden könnte, fehlt. Da das OLG wie die hM § 1374 II als Basis der Anrechnungsvorschrift ansieht, ist ihm derselbe Vorwurf zu machen.

208 Konsequent für die Anwendung des § 1374 II *Hülsheger* S. 131 f.; *Kralemann* S. 83

209 S. 128 f., 132 f.

210 *Seutemann* S. 133 Fn 87.

211 Vgl. *Lieb* S. 126 f.

kung nichts im Wege[212]. Nicht einzusehen wäre auch, warum derjenige, der via unbenannter Zuwendung den Hausbau auf dem Grundstück seines Ehegatten finanziert, einen vollen Ausgleichsanspruch hätte, wohingegen der, der ein Grundstück mittels notariell beurkundeter Schenkung übereignet, insoweit die nachteiligen Auswirkungen des § 1374 II tragen sollte.

d) *v. Olshausen*[213] will die Auswirkungen des § 1374 II damit erklären, daß es Grundsatz des Gesetzes sei, einen höheren Ausgleichsanspruch nicht durch die Erhöhung des Empfängerzugewinns, sondern nur durch die Verminderung des Zugewinns des Zuwendenden zu begründen. Dies harmoniere mit der Regelung, daß der Ausgleichspflichtige auch sonstige Zugewinnminderungen des anderen hinnehmen und ausgleichen müsse. Für Vermögensverluste und Zuwendungen an Dritte, die nicht in den Anwendungsbereich des § 1375 II fallen, stimmt das zwar, doch gilt nach § 1380 I S. 1 für Zuwendungen an den Ehegatten und dadurch verursachte Zugewinnminderungen genau das Gegenteil[214].

e) Rechtfertigen ließe sich das Ergebnis der hM allenfalls noch mit der Überlegung, daß eine Zuwendung des Ausgleichsberechtigten keine vorweggenommene Erfüllung einer Zugewinnausgleichsforderung sein könne[215]. Das Gesetz selbst prägt diesen Stempel aber nur der Zuwendung auf, die vom letztlich (immer noch) Ausgleichspflichtigen stammt. Weil eine Anrechnung nur eventuell, eben im von § 1380 I S. 1 genannten Fall, in Betracht kommt und während bestehender Ehe die spätere „Rollenverteilung" alles andere als gewiß ist[216], läßt sich daraus keine Begründung für die Benachteiligung des letztlich Ausgleichsberechtigten herleiten.

f) Zu der erstrebten gleichmäßigen Verteilung des Zugewinns führt daher nur der Weg der neueren Ansicht. Daß der Zuwender wegen der Verringerung seines Zugewinns und der Erhöhung des Empfängervermögens den vollen Wert der Zuwendung zurückverlangen kann, ist unbedenklich[217]. Kommt eine Anrechnung in Betracht, gilt sinngemäß nichts anderes: der Zuwender erhält zwar nichts zurück, aber er behält den Wert der Zuwendung. Da § 1380 durch die Werterhaltungsfunktion nur den Ausgleichspflichtigen privilegiert, kommt eben nur dieses Privileg bei Zuwendungen des Ausgleichsberechtigten

---

212 *Reinicke/Tiedtke* WM 1982, 946, 951.

213 FamRZ 1978, 755, 757 Beispiel 2; dagegen *Holzhauer,* FamR S. 119 und – wie gezeigt, wenig überzeugend – *Seutemann* S. 126 f.

214 Ebenso *Reinicke/Tiedtke* WM 1982, 946, 951.

215 So *Johannsen LM § 1374 Nr. 1; Kralemann* S. 85.

216 *Lieb* S. 128; *Staudinger-Felgentraeger* § 1380 Rz 3, aE, weist zu Recht darauf hin, daß „je geringer ... der Unterschied zwischen den beiderseits erzielten Zugewinnen wird, desto niedriger wird die Ausgleichsforderung, auf die eine Zuwendung angerechnet werden kann".

217 AA *Soergel-Herm. Lange* Nachtrag § 1374 Rz 14 mit Hinweis auf *Kühne* JR 1982, 237, 239. Dazu unten V 2 b.

in Wegfall. Warum aber ein möglicherweise erheblicher Vermögenswert aus dem Zugewinnausgleich herausfallen soll, nur weil er Gegenstand einer Zuwendung des Ausgleichsberechtigten war, ist nicht ersichtlich. Dies gilt besonders dann, wenn während funktionierender Ehe der Alleinverdiener getreu dem Leitbild des § 1380 I seinen Ehegatten am Zugewinn beteiligt hat, er aber zufällig doch nur (!) Ausgleichsberechtigter wird, weil der Zuwendungsempfänger kurz vor dem Stichtag des § 1384 zum Lottomillionär avanciert.

3. Stellungnahme

Diese Versuche, die teilweise „merkwürdigen Ergebnisse"[218] der hM rechtzufertigen, vermögen nicht zu überzeugen.

Wenn die Zuwendung vom letztlich (doch) Ausgleichsberechtigten gemacht wurde, besteht kein Bedürfnis für eine analoge Anwendung des § 1374 II auf unbenannte Zuwendungen. Bei „echten" Schenkungen ist wiederum die teleologische Reduktion des § 1374 II auf Schenkungen von Dritten Voraussetzung dafür, daß eine gleichmäßige Verteilung des Zugewinns erfolgt. Weil wenigstens im Ansatz niemals vorhersehbar ist, wer Gläubiger oder Schuldner eines Zugewinnausgleichsanspruchs ist, geht es nicht an, den Zuwender, dem eine Anrechnung möglich ist, über § 1380 I zu privilegieren, den anderen aber zu benachteiligen. Durch die neuere Ansicht wird § 1374 II als Störfaktor in der Mehrzahl der Problemfälle eliminiert. Die gerechteren Ergebnisse allein geben aber nicht den Ausschlag für diese Meinung[219]. Der Abzug des Zuwendungswertes vom Endvermögen des Empfängers ist nicht einfach eine andere Berechnungsmöglichkeit[220], sondern das Ergebnis einer sachgerechten Auslegung des § 1380, also ein vom Gesetz selbst vorgegebener Berechnungsschritt. Die teleologische Reduktion des § 1374 II auf Schenkungen von Dritten wird schon durch den Normzweck nahegelegt und für anzurechnende Schenkungen durch § 1380 zusätzlich bestätigt. Das von *Lieb* angenommene Verhältnis von § 1380 zu § 1374 II existiert nicht. Vielmehr ist in § 1380 allein die Anrechnung von Zuwendungen mitsamt dem dazugehörigen Berechnungsmodus angelegt. Die neuere Ansicht ist gegenüber der hM auch methodisch überlegen.

Wäre der hM zu folgen, würde insbesondere die zweite Funktion des § 1380 unterlaufen, durch die Werterhaltung zu Zuwendungen unter Ehegatten anzuregen. Vielmehr müßte zuwendungswilligen Ehegatten angesichts der möglichen Benachteiligungen entschieden von Zuwendungen abgeraten werden. Denn: „Welcher Mann ... wäre bereit, seinen Nacken unter das Joch der Ehe

---

218 So *Henrich,* FamR § 12 I 3 b (S. 73).

219 *Reinicke/Tiedtke* WM 1982, 946, 950.

220 So aber *Schwab,* Hdb Rz 786 und FamRZ 1984, 525, 526 f.

zu beugen, wenn er, wie es sonst kluge Männer zu tun pflegen, vorher überschlagen hätte, welche Lasten ihm der Ehestand aufbürdet"[221].

V. Die Kritik Kühnes an der Entscheidung BGHZ 82, 227

Obwohl nicht nur die gerechteren Ergebnisse des Zugewinnausgleichs für die durch das o.g. Urteil eingeleitete Rechtsprechungsänderung sprechen und eine Ausdehnung auf echte Schenkungen im hier vertretenen Sinn wünschenswert ist[222], hat insbesondere *Kühne*[223] der Entscheidung vehement widersprochen. Seine Ausführungen verdienen eine gesonderte, zusammengefaßte Würdigung, da sie soweit ersichtlich die fundamentalsten Einwendungen gegen die neuere Ansicht enthalten.

1. Zugewinnausgleich mit zwei Ausgleichsforderungen? Erfordernis einer „doppelten" Rechnung?

a) Den schärfsten Vorwurf erhebt *Kühne*, wenn er konstatiert, die Ausführungen des IX. Zivilsenats zur Berechnung des Zugewinnausgleichs erweckten den Eindruck, als habe die ganz herrschende Auffassung, die güterrechtliche Ausgleichsansprüche bei zu hohen Vorwegleistungen ablehnt, „den Zugewinnausgleichsmechanismus nicht richtig begriffen"[224]. Nach *Kühne* arbeitet der Senat mit einem contra legem entwickelten „Zugewinnausgleich mit zwei Ausgleichsforderungen"[225]. Diese sieht er darin, daß bei Zuvielleistungen neben die i.S. der hM berechnete Ausgleichsforderung des Empfängers eine zweite Ausgleichsforderung „in umgekehrter Richtung in Höhe der Hälfte des überschießenden Wertes der Zuwendung"[226] gestellt wird.

b) Ähnliches klingt bei *Schwab*[227] an, der die Rechtsprechung des IX. Zivilsenats so beschreibt, daß in Zweifelsfällen eine doppelte Rechnung aufgemacht werden müsse. Zunächst sei unter Anwendung des § 1380 (ohne

---

[221] *Erasmus von Rotterdam,* Lob der Torheit S. 22.

[222] In BGHZ 82, 227, 234 ist ausdrücklich offengelassen, ob § 1374 II überhaupt Schenkungen von Ehegatten untereinander erfaßt; anders versteht ihn offenbar *Seutemann* S. 129 f. Fn 80 und S. 132 nach Fn 85.

[223] JR 1982, 237 ff. (Anmerkung zu BGHZ 82, 227 = JR 1982, 234); der Kritik *Kühnes* haben sich *Hülsheger* S. 125 ff. und *Seutemann* S. 133 ff. im wesentlichen angeschlossen.

[224] AaO S. 238 unter 3.

[225] AaO S. 238; ebenso *Seutemann* S. 133; *Hülsheger* S. 127; dagegen *Lang* LM § 1380 Nr. 5; *Friedrich* JR 1985, 1, 5; *Rauscher* AcP 186 (1986), 529, 570.

[226] AaO S. 238.

[227] FamRZ 1984, 525, 528; ähnlich *Göppinger* Rz 519 b: doppelte Rechnung kann notwendig werden.

§ 1374 II[228], aber mit Abzug des Zuwendungswertes vom Empfängervermögen) zu prüfen, „ob der Zuwendungsempfänger (darüber hinaus noch) einen Zugewinnausgleichsanspruch hat“. Ergebe sich dann, daß der Zuwender zuviel geleistet habe, sei umgekehrt ohne Anwendung des § 1380 zu prüfen, ob der Zuwender selbst einen Ausgleichsanspruch habe.

c) Diese Beschreibung der neueren Rechtsprechung ist so angreifbar wie *Kühnes* These von der „zweiten Ausgleichsforderung in umgekehrter Richtung“. Nach der Prämisse des BGH war im zu entscheidenden Fall § 1374 II von vornherein nicht anwendbar[229]. Ist der Wert der Zuwendung gem. § 1380 II S. 2 höher als die fiktive Ausgleichsforderung (ohne Zuwendung), wird der Empfänger zum Ausgleichsschuldner, da ab Überschreiten des Betrages, bei dem eine gleichmäßige Verteilung der Zugewinne eintreten würde, der Empfänger den höheren Zugewinn hat. Es bedarf also nicht zweier Rechenschritte, sondern der „zweite Schritt“ ergibt sich im Fall der Zuvielleistung von selbst. Vielmehr ist der erste Schritt überflüssig, da die Voraussetzungen des § 1380 I nicht erfüllt sind[230]. Unterstellt ist dabei, daß der Zuwendungswert am Stichtag noch erhalten ist[231].

d) Der nach *Schwab* erforderliche „erste Rechenschritt“ vermag aber etwas anderes zu leisten: verbraucht der Empfänger den Mehrempfang, fällt dies in der Zugewinnberechnung so lange nicht auf, bis der durch die Zuwendung geschaffene Zugewinnüberschuß abgebaut ist. Dann aber ist § 1380 ohnehin anwendbar, so daß die Zuvielleistung wieder sichtbar wird.

Güterrechtlich ist es aber nicht zu korrigieren, wenn der „Mehrzugewinn“ des Empfängers vermindert wird: damit verringert sich eben der insgesamt vorhandene Zugewinn und realisiert sich das vom Zuwender zu tragende Risiko, daß er Vermögenswerte aus seiner Einflußsphäre in die des Empfängers übertragen hat.

Interessant ist die Kontrollrechnung aber dann, wenn der Empfänger trotz Verlusten immer noch ausgleichspflichtig ist und schuldrechtliche Rückforderungsansprüche erhoben werden, etwa weil der Empfänger ein hohes Anfangsvermögen hat, aus dem er das zuviel Geleistete zurückerstatten könnte. Wer sich eines solchen Anspruchs berühmt, kann ihn anhand einer eigens durchgeführten „Kontrollrechnung“ beziffern.

---

228 *Schwab* aaO S. 527, lehnt die Anwendung des § 1374 II als „Schönheitsfehler“ ab, weil „der Wert der Zuwendung, der gemäß § 1380 II S. 1 den Zugewinn des Zuwendenden erhöht, gleichzeitig auch im Endvermögen des Zuwendungsempfängers sich befindet und somit auch dessen Zugewinn steigert“. Wäre § 1374 II anwendbar, wäre die letzte Aussage nicht zutreffend.

229 Ebenso *Schwab* aaO S. 528

230 *Holzhauer* JuS 1983, 830, 835; *Friedrich* JR 1986, 1, 4.

231 Ebenso bei *Schwab* FamRZ 1984, 525, 528 vor 3.

Für den rein güterrechtlichen Zugewinnausgleich ist sie aber nach der neueren Auffassung nicht erforderlich.

2. Neue Schwierigkeiten als Konsequenz der neueren Ansicht?

a) Entgegen der Ansicht *Kühnes* arbeitet der BGH in der Zusammenfassung seiner Gedanken nicht mit einer „zweiten" gegenläufigen Ausgleichsforderung, sondern schildert den bei Nichtanwendung des § 1374 II stattfindenden Prozeß des „Umkippens" der Gläubiger/Schuldnerrolle im Fall der Zuvielleistung. Da die Zuwendung den Zugewinn des Empfängers erhöht und den des Zuwendenden verringert, sind auch die Begriffe des Zugewinns und Zugewinnüberschusses vom BGH richtig gebraucht, die §§ 1373, 1378 I nicht verletzt. Vielmehr irrt *Kühne*, wenn er dem BGH vorwirft, er gewähre eine zweite Ausgleichsforderung „in Höhe der Hälfte des überschießenden Wertes der Zuwendung", dieser „Überschußwert" sei aber nicht „die Differenz aus den Zugewinnen der Ehegatten, wie § 1378 I dies vorsieht"[232]. Der BGH selbst gebraucht Kühnes Begriff vom Überschußwert nicht, sondern stellt nur fest, daß der Ehegatte, der „im Vorgriff" mehr erhalten hat, „seinen – dank der Zuwendung – höheren Zugewinn nach § 1378 I zur Hälfte an den anderen zurückerstatten[233] muß. Dann aber erhält der Zuwendende den vollen „Überschußwert" und nicht etwa, wie *Kühne* meint, nur die Hälfte zurück, weil der Überschuß, d. h. der Betrag der zuviel geleistet wurde und um den die „Mittellinie" der gleichmäßigen Zugewinnverteilung überschritten wird, den Zugewinn auf der einen Seite vermindert und auf der anderen erhöht. *Kühne* muß sich also verrechnet haben, denn hätte er § 1374 II angewendet, wäre überhaupt keine Ausgleichspflicht des Empfängers zu konstatieren.

b) Auf diesem Rechenfehler basieren auch die „neuen Schwierigkeiten", die nach seiner Ansicht aus der Lösung des BGH resultieren[234]. Er vergleicht den Fall, daß der Ausgleichsberechtigte eine Zuwendung macht mit dem der Zuvielleistung und stellt dabei die angebliche Diskrepanz fest, daß im ersten Fall, weil § 1380 „von vornherein nicht eingreift"[235], der Zuwender den vollen Wert der Zuwendung (ohne § 1374 II) zurückerhalte, während er bei der Zuvielleistung nur die Hälfte des Überschußwertes zurückverlangen könne. Er schlägt deshalb die Anwendung des § 1374 II in beiden Fällen vor, die zu einem „Gleichklang der Ergebnisse"[236] führen würde: „Rückfluß nur der Hälfte des Wertes der Zuwendung bzw. des Überschußwertes". Nun stimmt allerdings bereits die Vergleichsbasis nicht. Die Ansicht des BGH führt in bei-

[232] AaO S. 238 unter 3., ebenso *Seutemann* S. 133; *Hülsheger* S. 128.
[233] BGHZ 82, 227, 235 = JR 1982, 234, 237.
[234] AaO S. 239.
[235] AaO S. 239 li Sp; *Seutemann* S. 134.
[236] AaO S. 239 r Sp.

den Fällen zu einer gleichmäßigen Zugewinnverteilung, unabhängig von Höhe und Richtung der Zuwendung.

Die Rechtslage bei Zuwendungen des Ausgleichsberechtigten beurteilt *Kühne* richtig. Im Fall der Zuvielleistung aber erhält der Zuwender nicht etwa die Hälfte des Überschußwertes zurück (!), sondern gar nichts, weil § 1374 II das Entstehen eines entsprechend erhöhten Empfängerzugewinns verhindert[237]. Kein Gleichklang also, vielmehr eine Dissonanz ist das Resultat von *Kühnes* Vorschlag.

c) Seine Kritik hätte daher bei der Nichtanwendung des § 1374 II auf unbenannte Zuwendungen ansetzen müssen. Zu dieser Problematik stellt er lediglich fest, daß die von § 1380 bezweckte „hypothetische Neutralisierung"[238] der Zuwendung sowohl durch analoge Anwendung des § 1374 II, als auch durch deren Abzug vom Endvermögen des Empfängers bewerkstelligt werden kann. Daß aber nur auf dem zweiten Weg im Fall der Zuvielleistung ein ungeschmälerter Ausgleichsanspruch des Zuwenders entstehen kann, übersieht er offensichtlich. Anders läßt sich seine Äußerung, „die Bedeutung der Ausführungen zu § 1374 II für den Begründungszusammenhang der §§ 1378, 1380" sei nicht ersichtlich, und der IX. Zivilsenat hätte besser auf die Erörterung dieser Streitfrage verzichtet, nicht erklären[239].

d) Nicht stichhaltig ist auch die weitere Kritik *Kühnes*, es sei mit den im Einzelfall zu berücksichtigenden Umständen nicht vereinbar, daß der zuwendende Ehegatte „u.U. noch nach jahrzehntelanger Ehe"[240] Teile seiner, gemeint ist wohl zu hohen, Zuwendung wieder zurückverlangen könne. Nichts anderes ermöglicht auch die Anrechnungsvorschrift des § 1380, die mangels einer „Verfallklausel" nicht verhindert, daß der Ausgleichspflichtige, aus welchen Gründen auch immer, anrechenbare Zuwendungen aus der Vergessenheit erweckt. Angesichts der Wertung des Gesetzgebers, daß diese einen vorweggenommenen Ausgleich des Zugewinns darstellen, ist darin auch keine Benachteiligung des Empfängers zu sehen.

e) Soweit *Kühne* die These des BGH vom Vorrang der güterrechtlichen Vorschriften vor anderen Ausgleichsansprüchen, insbesondere wegen Wegfalls der Geschäftsgrundlage angreift, ist ihm eher zuzustimmen. Darauf ist aber erst später einzugehen.

---

[237] Zu den Voraussetzungen, unter denen der Zuwender am bereits vorhandenen Zugewinn des Empfängers teilhaben kann s.o. B II 5 c.

[238] AaO S. 239, 3. Abs unter 4.

[239] AaO S. 239 r Sp.

[240] AaO S. 239, 2. Abs unter 4.

3. Ergebnis: Ablehnung der herrschenden Meinung

Die Kritik Kühnes an der Rechtsprechung des IX. Zivilsenats überzeugt daher nicht. Sie vermag die seit der angegriffenen Entscheidung auf immer unsichererem Boden stehende herrschende Meinung nicht mehr abzustützen. Die neuere Ansicht liefert demgegenüber nicht nur überzeugendere Ergebnisse, sondern ist auch dogmatisch überzeugender begründet. Die hM ist deshalb abzulehnen.

Eine Anrechnung von Zuwendungen kommt somit nur dann in Betracht, wenn der Zuwender tatsächlich Schuldner eines Zugewinnausgleichsanspruchs ist. Der Wert der Zuwendung ist gem. § 1380 II S. 1 seinem Zugewinn hinzuzurechnen und in derselben Höhe vom Zugewinn des Ausgleichsberechtigten abzuziehen. Da dessen Anfangsvermögen als Berechnungsposten feststeht, ist es im Ergebnis ohne Bedeutung, ob der Abzug des Zuwendungswertes vom Endvermögen oder vom vorher bereits errechneten Zugewinn erfolgt.

Nach *Langenfeld*[241] soll in den Fällen, in denen das Endvermögen des Zuwendungsempfängers den Wert der Zuwendung nicht erreicht, die Zuwendung nur insoweit abgezogen werden, als ein Aktivsaldo besteht. Damit wird zwar dasselbe Ergebnis erzielt, wie wenn der volle Wert der Zuwendung zum Zuwendungszeitpunkt abgezogen wird, eine solche Differenzierung ist aber unnötig, da es gem. § 1373 ohnehin keinen negativen Zugewinn geben kann[242]. Ein rechnerisches Ergebnis mit negativem Vorzeichen braucht deshalb nicht zu schrecken.

Die folgenden Ausführungen stützen sich also auf die neuere Ansicht. Auch nach ihr verbleiben Problemfälle, in denen die güterrechtliche Regelung nicht voll zu überzeugen vermag, zumindest aber anfänglich Unbehagen erzeugt.

Zuvor werden jedoch zwei ebenfalls mit Ehegattenzuwendungen zusammenhängende Fragen behandelt, nämlich die Auswirkungen gegenseitiger Zuwendungen und solcher, die nicht anzurechnen sind.

VI. Gegenseitige Zuwendungen

Zuwendungen unter Ehegatten, die gem. § 1380 I S. 2 anzurechnen sind, müssen nicht notwendig nur von einem Ehegatten stammen. Selbst eine kraft ausdrücklicher Bestimmung anzurechnende Zuwendung des letztlich Ausgleichsberechtigten ist nicht unvorstellbar, da während der Ehe die Rollenverteilung im Zugewinnausgleich noch offen ist.

---

241 Hdb Rz 304.

242 HM, vgl. *Schwab*, Hdb Rz 737 mwN. Damit dürften auch die Bedenken von *Soergel-Herm. Lange* Nachtrag § 1374 Rz 14 aE ausgeräumt sein.

1. Problematik und Lösungsmöglichkeit nach der herrschenden Meinung

a) Die hM steht hier vor ganz erheblichen Schwierigkeiten. Wenn jede Zuwendung zum Anfangsvermögen des Empfängers hinzugerechnet wird, verringert sich der zu verteilende Gesamtzugewinn um den Wert aller Zuwendungen. Davon profitiert derjenige, der durch die höhere Zuwendung das höhere Anfangsvermögen hat, das nicht am Zugewinnausgleich teilnimmt.

Eine eventuelle Anrechnung zugunsten des Verpflichteten kann entweder einen gerechtfertigt verminderten Anspruch, oder aber eine Übererfüllung ohne Rückforderungsmöglichkeit zeitigen. Der Störungsfaktor § 1374 II multipliziert sich in diesen Fällen; im Extremfall ist es sogar möglich, daß wechselseitige Zuwendungen ohne wirkliches Vermögenswachstum dazu führen, daß am Ende wegen der durch jede Zuwendung erhöhten Anfangsvermögen überhaupt kein Zugewinn mehr vorhanden ist.

b) Richtigerweise ist deshalb dem Vorschlag von *v. Olshausen*[243] zu folgen, wonach die gegenseitigen Zuwendungen saldiert werden müssen, bis sich eine verbleibende, anrechenbare Zuwendung ergibt. *V. Olshausen* begründet dies damit, daß die Anrechnungsbestimmung dahin gehe, die Zuwendung solle primär auf die des anderen angerechnet werden[244]. Das ist zwar anfechtbar[245], hat aber dogmatisch den Vorteil, daß die mehrfache Anwendung des § 1374 II gegenüber der einmaligen des § 1380 vermieden wird. Hierzu Beispielsfälle anzuführen, verbietet die Vielzahl der Variationsmöglichkeiten[246].

2. Die neuere Ansicht: der Vorschlag von Langenfeld

Auch den Vertretern der neueren Ansicht erscheint eine Saldierung sachgerecht[247].

Sind die Zuwendungswerte noch erhalten, ist die Anrechnung eigentlich überflüssig, da sie an der gleichmäßigen Verteilung des Zugewinns nichts ändert. Daran ändert sich aber auch nichts, wenn nur die Zuwendung des Ausgleichspflichtigen angerechnet wird, sei sie nun höher- oder geringwertiger als die des Berechtigten ausgefallen. Weil die Zuwendungen in den jeweiligen Zugewinnen enthalten sind, ist die Rück- und Verrechnung im Ergebnis

---

[243] *v. Olshausen FamRZ 1978, 755, 757 f.; ebenso Langenfeld*, Hdb Rz 310; *Göppinger* Rz 521.

[244] AaO S. 758.

[245] Vgl. *Kralemann* S. 84 f.

[246] Vgl. stattdessen das Beispiel bei *v. Olshausen* aaO; dagegen *Kralemann* S. 84; ein weiteres Beispiel bei *Langenfeld*, Hdb Rz 310.

[247] So *Langenfeld,* Hdb Rz 310; ihm folgend *Göppinger* Rz 521. Andere Stellungnahmen hierzu sind nicht ersichtlich.

unschädlich. Das gilt auch dann, wenn umgekehrt der „per saldo Zuwendende“ Ausgleichsberechtigter ist.

3. Die Gefahr der Reduzierung oder des Verlustes der Anrechnungsmöglichkeit bei Saldierung der Zuwendungen

a) Die Anrechnung bringt dem Zuwender nur dann Vorteile, wenn und soweit der Empfängerzugewinn am Ende des Güterstandes geringer als mit dem Wert der Zuwendung im Zuwendungszeitpunkt ist. Nur dann kommt die eigentliche (Werterhaltungs-)Funktion des § 1380 zum Tragen.

Die so einfach sich anbietende Saldierung wirft daher zwei Fragen auf: erstens, wird der Ausgleichspflichtige, der die höherwertige Zuwendung gemacht hat, nicht benachteiligt, wenn der Empfänger die Zuwendung „verloren“ hat, weil durch die Saldierung der Werterhaltungsfunktion ein geringerer Spielraum eingeräumt würde?, und zweitens, darf dem Ausgleichsverpflichteten, der die geringere Zuwendung gemacht hat, die Anrechnungsmöglichkeit genommen werden, weil per saldo eine Zuwendung fehlt?

b) Die Antwort wird durch eine Rückbesinnung auf die Auswirkungen von Zuwendungen des Berechtigten und des Verpflichteten erleichtert.

Ist der Zuwender ausgleichsberechtigt, besteht sein Risiko darin, daß der Zuwendungsempfänger die volle Dispositionsmöglichkeit hat, Wertverluste der Zuwendung also die Ausgleichsforderung mindern können. Dieses Risiko trägt er so lange, bis der Empfänger zum Zugewinnausgleichsgläubiger wird, danach kommt für den zuvor potentiell (nur) Berechtigten die Anrechnung und Werterhaltung in Betracht. Wie sich letztlich die Zuwendung bei der Berechnung der Ausgleichsforderung auswirkt, ist Risiko und Chance jedes Zuwendenden zugleich. Die Chance einer möglichen Anrechnung sollte daher auch dem Ehegatten, der die kleinere Zuwendung gemacht hat, erhalten bleiben. Für den Ausgleichspflichtigen, der die höherwertige Zuwendung gemacht hat, gilt dies ohnehin, allerdings stellt sich die Frage, ob er den vollen Wert seiner Zuwendung oder nur den geringeren Saldo zur Anrechnung bringen kann.

c) Dazu ein Beispiel[248], in dem der Ehegatte, der die geringere Zuwendung gemacht hat, seinen gesamten Zugewinn verliert, so daß für den Ausgleichspflichtigen die Werterhaltungsfunktion akut wird.

Beide Ehegatten haben kein Anfangsvermögen. Der letztlich ausgleichsverpflichtete Mann hat eine Zuwendung im Wert von 20 TDM gemacht und ein Endvermögen von 60 TDM, die Frau hat ihm eine Zuwendung von 10 TDM gemacht, aber kein Endvermögen mehr.

---

248 In Anlehnung an *Langenfeld,* Hdb Rz 310.

Anfangsvermögen	0	0
Zuerwerb	70	30
Zuwendung 1	− 20	+ 20
Zuwendung 2	+ 10	− 10
Verlust		− 40
Endvermögen = Zugewinn	60	0 TDM

aa) Erste Berechnungsmöglichkeit: die Saldierung ergibt eine Zuwendung von links nach rechts in Höhe von 10 TDM:

Zugewinn	60		0
§ 1380II (+10)	70	:	0
Ausgleichsforderung:	(70 : 2) = 35	− 10 =	25
Ergebnis:	35	:	25 TDM

bb) Zweite Berechnungsmöglichkeit: keine Saldierung, anrechenbare Zuwendung von 20 TDM:

Zugewinn	60		0
§ 1380II (+20)	80	:	0
Ausgleichsforderung:	(80 : 2) = 40	− 20 =	20
Ergebnis:	40	:	20 TDM

cc) Die gleichmäßigere Verteilung des Zugewinns scheint für die Saldierungsmethode unter aa) zu sprechen.

Hätte aber die Ehefrau keine Zuwendung gemacht und wäre sie am Stichtag des § 1384 wieder vermögenslos, könnte der Mann die volle Zuwendung in Höhe von 20 TDM anrechnen. Er hätte ohne die Zuwendung seiner Frau ein Endvermögen von 50 TDM, ihr Ausgleichsanspruch würde sich gem. § 1380 auf (70:2) − 20 = 15 TDM belaufen.

Sie hat aber eine Zuwendung gemacht und kann deshalb erwarten, an dem entsprechend erhöhten Zugewinn des Mannes im Zugewinnausgleich teilzuhaben. Wenn sie ihr gesamtes Vermögen – so oder so – verliert, kann sich ihr Ausgleichsanspruch nur durch die Erhöhung des Empfängerzugewinns, nicht aber durch die Verringerung ihres eigenen Zugewinns, der nicht negativ sein kann, erhöhen. Sie kann also nicht erwarten, den vollen Wert der Zuwendung „zurückzuerhalten“, sondern nur die Hälfte. Von den in das Vermögen des Mannes hinübergeretteten 10 TDM erhält sie 5 TDM zurück, sie hat im Ergebnis 20 TDM, dem Mann verbleiben 40 TDM. Dies entspricht der Berechnungsweise bb) ohne Saldierung, die deshalb zutreffend sein dürfte.

d) Bestätigt wird dies durch den umgekehrten Fall, daß der Mann sein gesamtes Vermögen verliert, für die Frau also die Werterhaltungsfunktion ihrer Zuwendung akut wird.

aa) Unterbleibt eine Saldierung, kann die Frau ihre Zuwendung von 10 TDM anrechnen:

Anfangsvermögen	0		0	
Zuerwerb	70		30	
Zuwendung 1	− 20		+ 20	
Zuwendung 2	+ 10		− 10	
Verlust	− 60			
Endvermögen = Zugewinn	0		40	
§ 1380II (+10)	0		50	
Ausgleichsforderung:	(50 : 2) = 25 −	10 =	15	
Ergebnis:	15	:	25	TDM

bb) Zweite Möglichkeit: Die Saldierung der Zuwendungen ergibt, daß nur der Mann eine Zuwendung von 10 TDM gemacht hat. Eine Anrechnung kommt für die ausgleichsverpflichtete Frau nicht in Betracht. Die Ausgleichsforderung des Mannes errechnet sich aus dem effektiven Zugewinn der Frau (40 TDM), beträgt also 20 TDM. Ergebnis: *20:20 TDM*.

cc) Hätte nur die Frau eine Zuwendung gemacht, der Mann aber wiederum alles verloren, würde das Endvermögen der Frau nur 20 TDM betragen. Die Ausgleichsforderung errechnet sich gem. § 1380 wie folgt:

(20+10):2 = 15−10 = 5 TDM
Ergebnis: *5:15 TDM*

Wiederum kann der Mann aber erwarten, an der tatsächlich gemachten Zuwendung teilzuhaben. Ist sie noch vorhanden, erhält er die Hälfte seiner Zuwendung als Zugewinnausgleich zurück. Ergebnis also: *15:25 TDM*.

4. Stellungnahme: Eigener Lösungsvorschlag

Der Vergleich dieser Situationen zeigt, daß die Saldierung der Zuwendungen verschiedene Auswirkungen hat. Ist der Ehegatte mit dem positiven Saldo ausgleichspflichtig, muß er wegen der geringeren Anrechnungsmöglichkeit mehr Zugewinnausgleich auskehren als ohne Saldierung; sie ist für ihn die ungünstigere Möglichkeit. Ist er umgekehrt ausgleichsberechtigt, wird er auf der Saldierung bestehen, da damit dem Ausgleichspflichtigen die Anrechnungsmöglichkeit entzogen wird. Dasselbe gilt für den Ehegatten, der die geringere Zuwendung gemacht hat. Ist er ausgleichspflichtig, kann er nur ohne Saldierung anrechnen, ist er ausgleichsberechtigt, verringert die Saldierung die Anrechnungsmöglichkeit des Schuldners.

a) Eine anzurechnende Zuwendung ist nach dem Sinn des Gesetzes als vorweggenommene Zahlung auf die Ausgleichsforderung anzusehen. Die Anrechnung bewirkt, daß die Zuwendung die Ausgleichsforderung verringert, wie wenn sie erst nach deren Entstehen als Leistung an Erfüllungs Statt erbracht worden wäre[249]. Während bestehender Ehe aber kann die Zuwendung nur als Vorausleistung auf eine potentielle Ausgleichsforderung begriffen werden; ist bei Beendigung des Güterstandes eine Anrechnung möglich, darf sie dem durch die Anrechnung Begünstigten nicht durch eine Saldierung von mehreren Zuwendungen, die i.S.d. § 1380 I S. 1 alle denselben – „unsicheren" – Leistungszweck verfolgen, entzogen werden. Umgekehrt kann der Ausgleichsberechtigte nur erwarten, aus dem noch vorhandenen Wert seiner Zuwendung im Empfängervermögen durch die Erhöhung seiner Ausgleichsforderung Vorteile zu ziehen, nicht aber durch eine verringerte Anrechnungsmöglichkeit des Verpflichteten.

b) Daß ein Saldierungsverlangen bzw. das umgekehrte Begehren einen Rechtsmißbrauch i.S. eines venire contra factum proprium darstellen würde, kann zwar nicht direkt behauptet werden, weil die umgekehrte Situation nicht gegeben ist. Für die objektive Beurteilung der Rechtslage spielt es aber sehr wohl eine Rolle, daß jeder der Zuwendenden je nach der gegebenen Situation einmal durch die Saldierung begünstigt, ein anderes Mal benachteiligt werden kann.

Als Ergebnis ist daher festzuhalten, daß gegenseitige Zuwendungen auf die Berechnung der Ausgleichsforderung keinen Einfluß haben; wer ausgleichsverpflichtet ist, kann seine Zuwendung ungeschmälert zur Anrechnung bringen. Eine Saldierung der Zuwendungen ist angesichts der widerstreitenden Interessenlagen beider Ehegatten abzulehnen. Eine Vereinfachung der Berechnung der Ausgleichsforderung würde sie gegenüber der hier vertretenen Lösung ohnehin nicht bedeuten.

VII. Berechnung der Ausgleichsforderung bei nichtanzurechnender Zuwendung

1. Die Nichtanrechnungsbestimmung

Ein Ehegatte kann bei einer Zuwendung, die gem. § 1380 I S. 1 im Zweifel anzurechnen wäre, bestimmen, daß die Anrechnung ausgeschlossen sein soll. Die Bestimmung kann vor oder bei der Zuwendung als einseitige, empfangs-

---

[249] *Gernhuber*, FamR § 36 VII 2 (S. 515).

bedürftige Willenserklärung formlos getroffen werden[250]; ob eine solche Bestimmung auch nach erfolgter Zuwendung durch einseitige Erklärung getroffen werden kann, oder ob hierzu ein Vertrag, möglicherweise sogar ein Ehevertrag in der Form des § 1410 erforderlich ist, ist in der Rechtslehre umstritten. Die Beantwortung der Frage hängt von den Auswirkungen der Nichtanrechnungsbestimmung auf die Berechnung der Zugewinnausgleichsforderung ab.

2. Lösungsvorschläge

In der Literatur hat diese praktisch sicher wenig bedeutsame Frage nur wenig Aufmerksamkeit erfahren. Fast alle Stellungnahmen folgen den Ausführungen von *Reinicke* und *Tiedtke*[251], die drei denkbare Berechnungsmodelle diskutieren.

a) Der erste Vorschlag entspricht inhaltlich der Anwendung des § 1380 II. Die Ausgleichsforderung soll so berechnet werden, als ob die Zuwendung nicht erfolgt wäre. Hat, so ihr Beispiel, der Mann von insgesamt erzielten 120 TDM Zugewinn eine Zuwendung in Höhe von 30 TDM gemacht, würde die Ausgleichsforderung der Frau (ohne eigenen Zugewinn) noch 60 TDM betragen, sie hätte also im Ergebnis 90 TDM, während dem Zuwender nur 30 TDM verblieben. Diese Berechnungsmethode „stellt die Frau als Empfängerin der nicht anzurechnenden Zuwendung sehr günstig"[252] und, was hinzuzufügen ist, den zuwendenden Mann entsprechend ungünstig.

b) Die zweite Lösung nimmt die jeweiligen Endvermögen, die im genannten Beispiel identisch mit dem Zugewinn sind, als Ausgangspunkt der Berechnung. Ist der Zuwendungswert noch voll im Vermögen der Frau enthalten, kann sie die Hälfte der Zugewinndifferenz von 60 TDM, also 30 TDM verlangen. Sie steht nicht anders, wie wenn die Zuwendung anzurechnen[253] oder unterblieben wäre. Die Nichtanrechnungsbestimmung wirkt sich nur dann aus, wenn sie kein Endvermögen hat, der Zuwendungswert also verloren ist. Dann unterbleibt die im Fall der Anrechnung vorzunehmende fiktive Erhöhung des Zuwenderzugewinns, die Werterhaltungsfunktion der Anrechnung kommt nicht zum Tragen. Der Mann schuldet in diesem Fall die Hälfte seines Zugewinns, also 45 TDM, als Zugewinnausgleich. Er trägt also das Verlustrisiko der Zuwendung mit. Nach *Reinicke/Tiedtke* stellt diese Lösung die Frau „nicht günstig", weil sich die Nichtanrechnungsbestimmung „in vielen Fällen"

---

[250] Näher dazu unten 7.

[251] WM 1982, 946, 953 ff.; angeschlossen haben sich *Langenfeld,* Hdb Rz 311 ff. und *Göppinger* Rz 521 a; *Schwab* FamRZ 1984, 525, 526, unter „Methode a)", bringt ebenfalls ein Beispiel, ohne allerdings die sich aus der Nichtanrechnungsbestimmung ergebenden Probleme näher zu beleuchten.

[252] So *Reinicke/Tiedtke* aaO S. 953.

[253] So *Reinicke/Tiedtke* aaO S. 954.

– wenn der Wert der Zuwendung noch im Endvermögen des Empfängers steckt – nicht zu ihren Gunsten auswirke[254].

c) Der dritte Vorschlag, „eine Mittellösung"[255], geht dahin, zwar den Zugewinn des zuwendenden Mannes nicht um den Wert der Zuwendung zu erhöhen, den Wert der Zuwendung aber vom Endvermögen der Frau abzuziehen. Sie erhält im Beispiel die Hälfte des verbliebenen Manneszugewinns, also 45 TDM, gleichgültig ob der Zuwendungswert noch in ihrem Vermögen steckt oder nicht.

3. Die Lösung von Reinicke/Tiedtke: Herausnahme der Zuwendung aus der Berechnung des Zugewinnausgleichs

a) *Reinicke/Tiedtke* halten die dritte Lösung für richtig, weil sie dem Willen des Zuwenders am besten entspreche. Sein Zugewinn dürfe nicht um den Wert der Zuwendung erhöht werden, da der Empfänger dies nicht erwarten könne, wenn die Anrechnung und damit die Erhöhung gem. § 1380 II ausgeschlossen ist.

Andererseits werde es nicht den Vorstellungen der Ehegatten entsprechen, vom tatsächlich vorhandenen Vermögen des Empfängers auszugehen, da sich „in dem häufig eintretenden Fall, daß der Wert der Zuwendung in dessen Endvermögen steckt"[256] die Nichtanrechnungsbestimmung überhaupt nicht auswirken würde.

b) Dogmatisch ließe sich diese Berechnungsweise so begründen, daß § 1374 II auf nichtanzurechnende Zuwendungen anwendbar wäre[257]. Der Rekurs auf § 1374 II sei aber gar nicht erforderlich, wenn die Nichtanrechnung ausdrücklich bestimmt ist. Die Verringerung des Empfängervermögens um den Wert der Zuwendung folge vielmehr aus der Nichtanrechnungsbestimmung selbst[258].

4. Stellungnahme: Eigene Lösung

a) Der erste Lösungsvorschlag, wonach vom fiktiven Zugewinn des Zuwenders, wie er ohne die Zuwendung bestehen würde, auszugehen ist, ist sicher falsch. Der Rechenschritt des § 1380 II ist nur dann vorzunehmen, wenn die Voraussetzungen des § 1380 I vorliegen[259]. Daran fehlt es aber, wenn der

---

254 AaO S. 954.

255 AaO S. 954.

256 AaO S. 954.

257 *Reinicke/Tiedtke* aaO S. 954 mit Hinweis auf *Gernhuber,* FamR § 36 VII 2 (S. 515) und *Schwab,* Hdb Rz 786 ff. Für diese Lösung *Rauscher* AcP 186 (1986), 529, 568.

258 AaO S. 954; zust *Langenfeld,* Hdb Rz 313; *Göppinger* Rz 521 a.

259 Ebenso *Reinicke/Tiedtke* aaO S. 954.

Zuwender vor oder bei der Zuwendung die Nichtanrechnung angeordnet hat. Dies ist als bloßes Gegenteil der Anrechnungsbestimmung gem. § 1380 I S. 1 formfrei möglich. Ausgangspunkt für die Berechnung der Ausgleichsforderung ist also der tatsächlich beim Zuwendenden am Stichtag gem. § 1384 (noch) vorhandene Zugewinn.

b) Die Berechnung des Empfängerzugewinns unter Außerachtlassung des Zuwendungswertes entspricht im Ergebnis der Ansicht der früher herrschenden Meinung, wonach die Zuwendung gem. § 1374 II dem Anfangsvermögen des Empfängers hinzuzurechnen ist[260]. Auch *Reinicke/Tiedtke* wollen einen „Rückfall" in diese von ihnen abgelehnte Ansicht vermeiden und begründen ihren Lösungsweg als direkte Konsequenz aus der Bestimmung, die Zuwendung sei nicht anzurechnen. So wünschenswert eine Ausgrenzung der nichtanzurechnenden Zuwendung aus den Berechnungsfaktoren für den Ausgleichsanspruch – möglicherweise – auch sein mag, die Begründung von *Reinicke/Tiedtke* trägt sie im Ergebnis nicht.

aa) Weil § 1374 II nicht auf Zuwendungen unter Ehegatten anwendbar ist, stellt die Zuwendung im Empfängervermögen einen Zugewinn dar. Sofern der Zuwendungswert erhalten bleibt, bringt die Anrechnung nach § 1380 gegenüber einer Berechnung, die auf § 1380 verzichtet, keinen Unterschied. Die „Berechnungsschleife", die § 1380 einleitet, zeitigt, wie auch *Reinicke/Tiedtke*[261] richtig sehen, nur dann eine eigenständige Wirkung, wenn die Zuwendung teilweise oder völlig an Wert verloren hat. Der Zuwendungsempfänger muß die als Vorausleistung angesehene Zuwendung als „Anzahlung" unabhängig von dem Wert, den sie am Stichtag noch hat, gegen sich gelten lassen, sonst könnte er „zweimal"[262] am Vermögen des Zuwendenden teilnehmen. Das ist die einzige Konsequenz einer Anrechnungsbestimmung. Ist dagegen keine Anrechnung gewollt, tritt eben diese Wirkung nicht ein, die „Berechnungsschleife" des § 1380 kommt nicht zur Anwendung.

bb) Weitere Konsequenzen lassen sich aus der Nichtanrechnungsbestimmung aber nicht ableiten. Vielmehr bleibt eben die Zuwendung nur in dem Sinne unberücksichtigt, daß ihr Wert zum Zeitpunkt der Zuwendung (§ 1380 II S. 2) keine Rolle mehr spielt. Wohl aber ist ihr Zeitwert am Berechnungsstichtag für die Berechnung des Empfängerzugewinns maßgeblich. Ist der Wert noch voll erhalten, ändert sich zwar im Ergebnis nichts gegenüber einer anzurechnenden Zuwendung. Die Berechnung der Ausgleichsforderung erfolgt aber ohne § 1380. Ist der Zuwendungswert wie im Beispiel von *Reinicke/Tiedtke* untergegangen, wirkt sich das Fehlen der Werterhaltungsfunktion zugunsten des Empfängers aus. Daß dies, wie *Reinicke/Tiedtke* andeuten,

260 Vgl. das Beispiel von *Seutemann* S. 138.

261 AaO S. 949 f.

262 So *Reinicke/Tiedtke* aaO S. 949.

der Ausnahmefall sein soll, vermag kein anderes Ergebnis zu begründen. Wenigstens bei den meisten Zuwendungen, die nicht im Zusammenhang mit der Errichtung eines eigenen Familienheims stehen, dürfte ein absehbarer Wertverlust des Zuwendungsgegenstandes die Regel sein. Der Zuwendungsempfänger ist also nicht selten durch die Nichtanrechnungsbestimmung begünstigt.

Wenn aber die Zuwendung in „vielen Fällen“[263] noch im Wert erhalten ist, legt die Anrechnung dem Empfänger keine Nachteile auf, sie ist schlichtweg verzichtbar. Dann muß aber ein erklärter Verzicht, nämlich die Bestimmung, es solle nicht angerechnet werden, nicht notwendig zum Vorteil des Empfängers ausschlagen, oder, mit den Worten von *Reinicke/Tiedtke*[264], „ungünstig für die Frau“ (als Empfänger) sein.

c) Eine Zuwendung, die schon von Gesetzes wegen nicht anrechenbar ist, bringt dem Empfänger auch keine Vorteile. Dieser Fall ist gegeben, wenn der letztendlich Ausgleichsberechtigte eine anzurechnende Zuwendung gemacht hat, die Anrechnung aber nicht erfolgen kann, da die Voraussetzungen des § 1380 I S. 1 nicht vorliegen. Bleibt der Zuwendungswert erhalten, erhöht sich der Ausgleichsanspruch des Zuwenders um den Wert der Zuwendung. Wertverluste des Zuwendungsgegenstandes trägt er durch den geringeren Ausgleichsanspruch zur Hälfte mit. Auch Zuwendungen,die im Wert unter der Anrechnungsgrenze des § 1380 I S. 2 liegen, bringen dem Empfänger keinen besonderen Vorteil.

Die Rechtslage bei Zuwendungen, die von Gesetzes wegen nicht angerechnet werden können, gibt also einen Hinweis auf die Rechtsfolgen der gewillkürten Nichtanrechnung. Daß der Zuwendungsempfänger trotz gewollter Bevorzugung bei Werterhaltung der Zuwendung keinen Vorteil hat, ist ebenso hinzunehmen, wie wenn dem Zuviel-Zuwendenden der Werterhaltungsvorteil der Anrechnung entgeht.

d) Der Sinn einer Nichtanrechnung liegt damit überwiegend in einer Vereinfachung und Entkrampfung des Zugewinnausgleichs, weil es von vornherein keinen Nutzen verspräche, im Scheidungsfall nach früheren, anrechenbaren Zuwendungen zu suchen.

5. Die besondere Problematik der Lösung von Reinicke/Tiedtke

Soll die Zuwendung i.S.v. *Reinicke/Tiedtke* bei der Berechnung der Ausgleichsforderung außer acht gelassen werden, muß dies auf anderem Wege geschehen. Das angestrebte Ergebnis erfordert entweder eine Erhöhung des

---

[263] So *Reinicke/Tiedtke* aaO S. 954.

[264] AaO S. 954.

Anfangsvermögens des Empfängers[265] oder eine Einigung darüber, daß aus dem Zugewinn des Empfängers ein bestimmter Betrag nicht für die Berechnung des Zugewinnausgleichsanspruches herangezogen werden soll[266]. Dieser Betrag verbliebe ihm in der Auseinandersetzung als Voraus. Eine solche Vereinbarung aber ändert den vom Gesetz vorgesehenen Zugewinnausgleich, selbst wenn sie sich nur auf einen einzigen Vermögensgegenstand bezieht[267]. Es handelt sich dabei um eine zulässige Veränderung des Güterstandes i.S.d. § 1408 durch Ehevertrag, die ohne die Einhaltung der Form des § 1410 oder § 127a[268] nicht wirksam ist (§ 125).

Wollen die Ehegatten die Wirkungen erreichen, die *Reinicke/Tiedtke* der Nichtanrechnungsbestimmung zuschreiben, müssen sie einen wirksamen Ehevertrag schließen. Dabei wird es nicht genügen, nur die Anrechnung einer Zuwendung nach § 1380 auszuschließen, denn dies bedeutet lediglich, daß § 1380 bei der Berechnung des Zugewinnausgleichsanspruchs nicht zur Anwendung kommt, nicht aber, daß der Zuwendungswert von der Berechnung ausgeschlossen ist. Ein entsprechender Wille der Ehegatten muß daher aus ihrer Erklärung hervorgehen.

Der Lösungsvorschlag von *Reinicke/Tiedtke* überzeugt also nicht. Die von ihnen für interessegemäß gehaltenen Rechtsfolgen kann eine Nichtanrechnungsbestimmung nicht herbeiführen. Dem hier gefundenen Ergebnis entspricht stattdessen ihr zweiter Lösungsvorschlag. Nur er zieht die richtigen Konsequenzen aus einer Nichtanrechnungsbestimmung, die, wie eigentlich schon der Name sagt, nur bestimmt, daß eine Rechtsfolge, die normalerweise eintritt, *nicht* eintreten soll. Wer etwas ganz anderes will, muß positiv formulieren.

6. Nichtanzurechnende Zuwendung des Ausgleichsberechtigten

Reinicke/Tiedtke[269] verfolgen in diesem Teil ihre Lösung konsequent weiter, da die Rechtslage bei Zuwendungen des Ausgleichsberechtigten nicht anders sein könne, als bei solchen des Verpflichteten. Der Zuwendungswert soll also wieder aus dem Vermögen des ausgleichspflichtigen Empfängers herausge-

---

[265] *Bärmann* AcP 157 (1958/59), 145, 204; *Schwab,* Hdb Rz 836; *Langenfeld,* Ehevertrag S. 66; *Gernhuber,* FamR § 36 III 6 (S. 504) und § 32 III 5 (S. 443); *Erman-Heckelmann* § 1374 Rz 10; MünchKomm-*Gernhuber* § 1374 Rz 28, § 1372 Rz 9; RGRK-*Finke* § 1374 Rz 26; *Staudinger-Thiele* § 1374 Rz 39.

[266] MünchKomm-*Gernhuber* § 1372 Rz 9; *Soergel-Herm. Lange* § 1372 Rz 6; *Staudinger-Thiele* § 1374 Rz 39; *Langenfeld,* Hdb Rz 155; *Beitzke,* FamR § 14 III 2 (S. 117).

[267] BGH NJW 1978, 1923, 1924; *Soergel-Gaul* § 1408 Rz 7; *Palandt-Diederichsen* § 1408 Anm 3.

[268] MünchKomm-*Gernhuber* § 1372 Rz 9.

[269] AaO S. 954 f.

rechnet werden. *Langenfeld*[270] sieht in der Nichtanrechnungsbestimmung einen Verzicht darauf, „aus dem Wert der Zuwendung eventuell selbst einen Zugewinnausgleichsanspruch geltend zu machen". Dieser Verzicht enthält wiederum einen Eingriff in die Regeln des Güterrechts, erfordert also ebenfalls eine ehevertragliche Regelung.

Die tatsächliche Rechtslage ist nicht anders als wenn der Ausgleichsverpflichtete die Nichtanrechnung einer Zuwendung bestimmt. Da sich erst am Ende des Güterstandes, bzw. am nach § 1384 maßgeblichen Stichtag entscheidet, wer Gläubiger oder Schuldner des Zugewinnausgleichsanspruchs ist, ist die Bestimmung der An- oder Nichtanrechnung auch in diesem Fall zum Zeitpunkt der Zuwendung nicht von vornherein sinnlos. Sie geht aber ins Leere, wenn schon von Gesetzes wegen keine Anrechnung möglich ist. Die vom Gesetz vorgegebenen Rechtsfolgen der Nichtanrechnung müssen auch für die gewillkürte Nichtanrechnung gelten. *Reinicke/Tiedtke* ist also auch hier nicht zu folgen[271].

7. Zeitpunkt und Form der Nichtanrechnungsbestimmung

a) Nach § 1380 I S. 1 wird auf die Ausgleichsforderung eines Ehegatten angerechnet, was ihm vom anderen Ehegatten durch Rechtsgeschäft unter Lebenden mit der Bestimmung zugewendet ist, daß es auf die Ausgleichsforderung angerechnet werden soll. Die Anrechnungsbestimmung ist nach hM einseitige empfangsbedürftige Willenserklärung, die vor oder mit der Zuwendung[272], spätestens aber mit dem Erfüllungsgeschäft[273] vor Beendigung des Güterstandes ausgesprochen werden muß. Aus der Regelung des § 1380 I S. 2 ergibt sich, daß Zweifel an der Anrechenbarkeit aus einer anderslautenden Bestimmung herrühren können. Vor oder bei der Zuwendung kann daher auch durch einseitige empfangsbedürftige Willenserklärung deren Nichtanrechnung bestimmt werden. Darüber herrscht weitgehend Einigkeit[274].

b) Streitig ist nicht, ob, sondern wie die einmal geschaffene Rechtslage, also Anrechnung oder Nichtanrechnung, geändert werden kann.

aa) Eine einseitig erklärte nachträgliche Anrechnungsbestimmung ist unwirksam[275]. Sie enthielte einen nach § 130 I S. 2 unwirksamen verspäteten Widerruf der abgegebenen Nichtanrechnungsbestimmung und würde zudem

---

[270] Hdb Rz 313.

[271] Ebensowenig *Langenfeld,* Hdb Rz 313 und *Göppinger* Rz 521 a.

[272] Statt aller *Soergel-Herm. Lange* § 1380 Rz 11; aA MünchKomm-*Gernhuber* § 1380 Rz 4 f.: Bestandteil des Rechtsgrundgeschäfts, ders., FamR § 36 VII 2 (S. 516).

[273] *Staudiger-Thiele* § 1380 Rz 14.

[274] *Erman-Heckelmann § 1380 Rz 5; RGRK-Finke* § 1380 Rz 3, 6; *Soergel-Herm. Lange* § 1380 Rz 5; *Staudinger-Thiele* § 1380 Rz 17; *Henrich,* FamR § 12 I 3 a, aE (S. 73); aA nur *Brüning* NJW 1971, 922, 924.

[275] *Staudinger-Thiele* § 1380 Rz 15.

die Rechtslage einseitig zu Lasten des Empfängers ändern. Eine spätere Nichtanrechnungsbestimmung wirkt sich zwar zugunsten des Zuwendungsempfängers aus, sie kann aber wegen § 130 I S. 2 nur als Angebot zum Abschluß einer Änderungsvereinbarung verstanden werden.

bb) Nach überwiegender Ansicht des Schrifttums ist für eine nachträgliche Änderungsvereinbarung die Form des Ehevertrages erforderlich[276]. Die Vereinbarung müßte also eine Änderung der güterrechtlichen Regeln beinhalten.

Brüning[277] sieht durch die nachträgliche Vereinbarung der Nichtanrechnung „wesentliche Bestandteile der Zugewinngemeinschaft" berührt und vergleicht sie mit einer von den gesetzlichen Regeln abweichenden Vereinbarung über das Anfangs- oder Endvermögen oder dem Ausschluß einer Ausgleichsforderung. „Das vom Gesetzgeber gewollte Ergebnis, daß der Ehegatte mit dem geringeren Zugewinn auf eine ganz bestimmte Weise (sc. durch Anrechnung der Zuwendung) am Vermögenszuwachs des anderen Ehegatten beteiligt wird", werde verändert, ja „ein Baustein dessen, was die Zugewinngemeinschaft ausmacht, herausgebrochen"[278]. Allgemein steht damit in Frage, ob die durch die Änderungsvereinbarung ausgeschlossene oder angeordnete Anrechnung der Zuwendung als „Modifikation der Ausgleichsforderung"[279] das gesetzliche Güterrecht verändert.

Dem ist entgegenzuhalten, daß das Güterrecht dem Zuwendenden zumindest bei der Zuwendung eine Wahlmöglichkeit[280] offeriert, durch die Bestimmung der An- oder Nichtanrechnung auf die Höhe der Ausgleichsforderung wenigstens tendenziell Einfluß zu nehmen. Er hat es bei der Anrechnungsbestimmung in der Hand, absehbare Wertverluste allein dem Zuwendungsempfänger aufzuerlegen, der allenfalls die Zuwendung insgesamt ablehnen kann[281]. Auch kann er die Vorstellung des Gesetzgebers wie sie in § 1380 I S. 2 Ausdruck gefunden hat, umkehren und hochwertige Zuwendungen anrechnungsfrei erbringen, bei geringwertigen dagegen die Anrechnung

---

276 *Erman-Heckelmann* § 1380 Rz 4 u. 8; RGRK-*Finke* § 1380 Rz 3; *Soergel-Herm. Lange* § 1380 Rz 5; *Dölle,* FamR I S. 823; aA: formlos möglich: MünchKomm-*Gernhuber* § 1380 Rz 6; ders. FamR § 36 VII 2 (S. 516, Fn 3); *Palandt-Diederichsen* § 1380 Anm 2; *Staudinger-Thiele* § 1380 Rz 15. Für notarielle Beurkundung unter Berufung auf § 1378 III S. 2, *Jauernig-Schlechtriem* § 1378 Anm 5 mit Hinweis auf BGHZ 86, 143 = JZ 1983, 455 m krit Anm *Tiedtke.*

277 NJW 1971, 922, 923 r Sp.

278 *Brüning* aaO; nach seinen Ausführungen auf S. 924 ist wohl auch die Nichtanrechnungsbestimmung bei der Zuwendung nur in der Form des Ehevertrags möglich (ebenso versteht ihn *Soergel-Herm. Lange* § 1380 Rz 5).

279 *Jauernig-Schlechtriem* 2. Aufl. 1981 § 1380 Anm 2 c.

280 Nach hM kann auch durch Ehevertrag die Befugnis, die Anrechnung von Zuwendungen anzuordnen, nicht generell ausgeschlossen werden, vgl. MünchKomm-*Gernhuber* § 1380 Rz 24; *Soergel-Herm. Lange* § 1380 Rz 5; *Staudinger-Thiele* § 1380 Rz 30. AA RGRK-*Finke* § 1380 Rz 12 (als hM bezeichnet!).

281 *Erman-Heckelmann* § 1380 Rz 4; *Soergel-Herm. Lange* § 1380 Rz 11; *Staudinger-Thiele* § 1380 Rz 12.

bestimmen. Dies alles ermöglicht ihm das Gesetz durch eine einfache, formfreie Willenserklärung. Die einzige Restriktion, daß die Erklärung zeitlich vor oder bei der Zuwendung abgegeben sein muß, dient dem Schutz des Zuwendungsempfängers, der die Rechtsfolgen abschätzen können soll. Mehr als die einseitige Bestimmung regelt das Gesetz nicht[282].

Wenn aber einer einseitigen formfreien Willenskundgebung so viel Gestaltungsraum gewährt wird, erscheint demgegenüber eine Vereinbarung beider Ehegatten, gleichgültig zu welchem Zeitpunkt, als minus. Der Spielraum, der dem Zuwendenden allein zusteht, muß erst recht beiden Ehegatten offenstehen, so daß eine formfreie einvernehmliche spätere Änderung keinen Bedenken begegnet. Letztlich führt sie nur Änderungen in einem ohnehin flexiblen Bereich des Güterrechts herbei, so daß die Wahl der einen oder anderen Möglichkeit das Güterrecht nicht berührt.

Bestätigt wird dies dadurch, daß eine „Modifizierung" der Ausgleichsforderung auch gegen den Anrechnungswillen des Zuwendenden durch das Gesetz selbst angeordnet werden kann, wenn etwa der letztlich Ausgleichsberechtigte eine Zuwendung gemacht hat. Es ist also durchaus nicht so, daß eine anrechenbare Zuwendung sich stets wie von § 1380 vorgesehen auswirkt. Zudem müßte nach Brünings Argumentation zumindest die Änderung einer Nichtanrechnungsbestimmung[283] formlos möglich sein, da sie den „herausgebrochenen Baustein" wieder in das Güterrecht einfügt. Da der Baustein „Anrechnung" aber schon von Gesetzes wegen flexibel gelagert ist, ist auch die umgekehrte Änderung einer Anrechnungsbestimmung in eine Nichtanrechnungsbestimmung formlos möglich. Sie entspricht sogar eher dem güterrechtlichen System, das Zuwendungen nicht erfordert und dort, wo sie unterblieben, als Verteilungsmasse stets nur den am Ende des Güterstandes noch vorhandenen Zugewinn zur Verfügung hat. Ein Grundprinzip, das eher durch eine Anrechnungsbestimmung mit – allerdings systemimmanenter – Werterhaltungsfunktion „durchbrochen" wird, als durch ihr Gegenteil.

Auf die rechtliche Qualifikation der An- oder Nichtanrechnungsbestimmung als außerhalb des Rechtsgrundgeschäfts der Zuwendung liegend[284] oder ihren Rechtsgrund modifizierender „Eventualcausa"[285], deren Veränderung die Vertragsfreiheit zuläßt[286], kommt es daher nicht an.

---

[282] *Staudinger-Thiele* § 1380 Rz 15.

[283] Mit ihr wird, laut *Brüning* aaO S. 923, „der Boden der Zugewinngemeinschaft verlassen".

[284] *Erman-Heckelmann § 1380 Rz 4; Soergel-Herm. Lange* § 1380 Rz 11; *Staudinger-Thiele* § 1380 Rz 12; aA *Gernhuber,* FamR § 36 VII 2 (S. 516) u. MünchKomm-*Gernhuber* § 1380 Rz 4.

[285] *Gernhuber,* FamR § 36 VII 2 (S. 516); MünchKomm-*Gernhuber* § 1380 Rz 5; zust *Kühne* FamRZ 1978, 221, 223; ders JR 1982, 237, 238; *Johannsen* WM 1978, 654, 657; differenzierend *Staudinger-Thiele* § 1380 Rz 13.

[286] *Staudinger-Thiele* § 1380 Rz 15; *Gernhuber,* FamR § 36 VII 2 (S. 516 Fn 3).

VIII. Schlußbetrachtung

Abschließend ist festzustellen, daß die Anrechnung von Zuwendungen unter Ehegatten nur nach der neueren Ansicht zu befriedigenden Ergebnissen führt. Sie ist zudem der methodisch richtige Weg, der eine Überdehnung des Anwendungsbereiches von § 1380 insbesondere durch die teleologische Reduktion des § 1374 II auf Schenkungen von Dritten vermeidet. Der BGH hat zwar für unbenannte Zuwendungen den bereits in der Literatur vorgezeichneten Weg beschritten, die letzte Konsequenz aber noch nicht gezogen[287]. Dies blieb bis heute dem überwiegenden Teil des Schrifttums vorbehalten, das seit der bahnbrechenden Entscheidung des IX. Zivilsenats vom 26.11.1981 den neuen Weg mitträgt und vervollkommnet.

[287] Zur neuesten Rspr vgl. das Vorwort.

2. Kapitel

Verbleibende Problemfälle und deren Korrektur insbesondere durch die Vorschriften des Bereicherungsrechtes

A. Das Konkurrenzverhältnis von güterrechtlichen und schuldrechtlichen Ansprüchen in bezug auf Ehegattenzuwendungen

I. Verbleibende Problemfälle

Auch wenn nach der neueren Ansicht die Fallgruppen der Zuvielleistung und Zuwendungen des Ausgleichsberechtigten im Gegensatz zur herrschenden Meinung einer befriedigenden güterrechtlichen Lösung zugänglich gemacht werden, bleiben konflikträchtige Fallgestaltungen zurück.

1. Zuwendungen „aus dem Anfangsvermögen"

Zuwendungen, deren Wert höher ist als der Zugewinn, den der Zuwender ansonsten erzielt hätte, stammen teilweise „aus seinem Anfangsvermögen". Anfangs- und Endvermögen sind zwar nur Berechnungsgrößen zur Ermittlung des Zugewinns und nicht etwa getrennte Vermögensmassen[1], so daß es eine „Zuwendung aus dem Anfangsvermögen" strenggenommen nicht gibt. Die Formulierung ist aber weitverbreitet[2] und plastisch und soll deshalb im folgenden ohne weitere Bedenken verwendet werden.

Eine Zuwendung aus dem Anfangsvermögen kann die Zugewinndifferenz nur um den einfachen Wert der Zuwendung erhöhen, da der Zuwender keinen negativen Zugewinn haben kann[3]. Der Zuwender ist notwendigerweise Ausgleichsberechtigter, kann aber, anders als bei Zuwendungen aus dem Zugewinn, deren Wert über den Ausgleichsanspruch nur zur Hälfte zurückverlangen[4].

---

[1] *Gernhuber,* FamR § 36 III 4 (S. 503); *Soergel-Herm. Lange* § 1373 Rz 1.

[2] Vgl. nur BGHZ 82, 227, 235; *Reinicke/Tiedtke* WM 1982, 946, 952; *Kühne* JR 1982, 237, 239.

[3] *Schwab,* Hdb Rz 737; MünchKomm-*Gernhuber* § 1373 Rz 5; *Soergel-Herm. Lange* § 1373 Rz 1.

[4] BGHZ 82, 227, 235.

2. Vermögensverluste des Zuwendungsempfängers nach einer Zuvielleistung

Das „Umkippen" der Gläubiger/Schuldner-Rolle bei Zuvielleistung im Zeitpunkt der Zuwendung kann durch Wertverluste des Zuwendungsgegenstandes oder sonstige Vermögensverluste des Empfängers dazu führen, daß bei der „Endabrechnung" nichts oder weniger zurückgefordert werden kann, als bei statischer Vermögensentwicklung zu erwarten gewesen wäre[5].

Verbleibt dem Empfänger in solchen Fällen ein Vermögen, aus dem er den „Ausfall" des Zuwendenden ersetzen könnte, erhebt sich die Frage nach entsprechenden Anspruchsgrundlagen.

3. Die Auseinandersetzung von Miteigentum

Die dritte und in der Praxis am häufigsten hervortretende Gruppe ist die der „Hausbaufälle", insbesondere wenn ein Ehegatte allein den Bau finanzierte und dem anderen das hälftige Miteigentum daran einräumte. Dann scheint das Miteigentum, bzw. dessen Verschaffung jeden Sinn verloren zu haben, insbesondere wenn es sich um ein Einfamilienhaus oder eine Eigentumswohnung handelt, in dem sich ein Verbleib beider geschiedener Eheleute von selbst verbietet. Ähnliches gilt, wenn der Alleinverdiener auf einem Grundstück des Partners auf seine Kosten ein Haus errichtet und die Aufwendungen hierfür dessen ohne Zuwendung gegebenen Ausgleichsanspruch übersteigen.

II. Korrekturmöglichkeiten durch schuldrechtliche Ansprüche

1. Der Ausschließlichkeitsgrundsatz des BGH

a) Während die Rechtsprechung früher wenig zögerte, „Fehlentwicklungen" über Bereicherungsansprüche[6] des „Benachteiligten" oder wegen Wegfalls der Geschäftsgrundlage[7] zu korrigieren, ist seit der Entscheidung des IV. Zivilsenats des BGH vom 3.12.1975[8] eine deutliche Restriktion eingetreten: durch die güterstandsrechtliche Regelung sollen Ansprüche aus unge-

---

[5] *Reinike/Tiedtke* WM 1982, 946, 952 f. stellen drei Fallgruppen heraus, die aber nur als Ausschnitte aus einem fließenden Bereich verstanden werden können und deshalb nicht weiterführen.

[6] BGHZ 47, 157, 160 = FamRZ 1967, 320 = NJW 1967, 1275; BGH FamRZ 1969, 23 = NJW 1968, 245 = WM 1967, 1241 = LM § 812 Nr. 78 = JZ 1968, 381 m krit Anm *Lorenz;* BGH WM 1972, 564.

[7] Zum gesetzlichen Güterstand: BGH FamRZ 1969, 28; BGH FamRZ 1974, 592 = NJW 1974, 2045; OLG Düsseldorf FamRZ 1976, 344; OLG Schleswig FamRZ 1978, 247. Zur Gütertrennung: BGH FamRZ 1972, 201 = NJW 1972, 580; BGH FamRZ 1974, 526 (LS) = NJW 1974, 1554; BGHZ 84, 361 = FamRZ 1982, 910 = NJW 1982, 2236.

[8] BGHZ 65, 320.

rechtfertigter Bereicherung ausgeschlossen sein, da die untereinander gemachten Zuwendungen nicht rechtsgrundlos seien[9]. Ebenso sollen in der Regel keine Ansprüche wegen Wegfalls der Geschäftsgrundlage gegeben sein, weil die Vorschriften über den Zugewinnausgleich für die Vermögensauseinandersetzung bereits eine Billigkeitsregelung enthielten[10]. In der Entscheidung BGHZ 82, 227 dehnte der IX. Zivilsenat diesen Ausschließlichkeitsgrundsatz auch auf Fälle der Zuvielleistung aus. Immerhin wurde mit diesem Urteil zumindest für unbenannte Zuwendungen[11] der hier vertretenen neueren Ansicht Bahn gebrochen. Andererseits zog der BGH die Schlußfolgerung, daß es nicht „von vornherein unbillig" sei, wenn Zuwendungen aus dem Anfangsvermögen nur zur Hälfte zurückgefordert werden können[12].

b) Durch diese Rechtsprechung hat der BGH den Grundsatz der Spezialität der §§ 1372 ff. vor schuldrechtlichen Ansprüchen, die auf die Ehescheidung gestützt werden, aufgestellt. Die Entscheidung BGHZ 65, 320 ist noch mißverständlich, weil es auf S. 324 heißt, eine Berufung auf den Wegfall der Geschäftsgrundlage entfalle in der Regel (!) jedenfalls für solche Zuwendungen, die den Betrag nicht übersteigen, der dem Empfänger andernfalls als Ausgleichsforderung zustehen würde, während auf S. 325 für eben diesen Fall apodiktisch gesagt wird, die Zugewinnausgleichsregelung „schließt eine Rückgängigmachung ... aus".

Dagegen betont in BGHZ 68, 299, 304 derselbe Senat ausdrücklich, daß die Anwendung des § 242 „in keinem Rechtsbereich ausgeschlossen"[13] sei. Konkret hat er einen Anspruch des (wider-)klagenden geschiedenen Mannes auf Rückübereignung des der Ehefrau am Hausgrundstück eingeräumten Miteigentumsanteils wegen Wegfalls der Geschäftsgrundlage für möglich gehalten, wenn die Beibehaltung der Bruchteilsgemeinschaft ausnahmsweise für die Ehegatten oder einen von ihnen schlechthin unzumutbar ist[14].

Damit wird aber die These vom Vorrang des Zugewinnausgleichs selbst in Frage gestellt[15], zumal der BGH ausdrücklich darauf hinweist, daß es sich

---

[9] BGH aaO S. 323 f.; BGHZ 84, 361, 364.

[10] BGHZ 65, 320, 325.

[11] Daraus schließt *Sandweg* BWNotZ 1985, 34, 37 u. 40 (unter IV 1 b), daß bei Schenkungen andere Ansprüche nicht verdrängt würden. Die vom BGH vorgenommene Differenzierung zwischen unbenannten Zuwendungen und echten Schenkungen diente aber nur dazu, eine Entscheidung darüber zu vermeiden, ob § 1374II überhaupt auf Schenkungen unter Ehegatten anwendbar ist, vgl. BGHZ 82, 227, 234 und BGH FamRZ 1982, 778, 779. Der „Ausschließlichkeitsgrundsatz" gilt also für alle Zuwendungen.

[12] AaO S. 235; fortgesetzt in BGH FamRZ 1982, 778, 779.

[13] Zu eng deshalb *Kühne* FamRZ 1978, 221, 222, der diese Aussage auf „besondere Fallgestaltungen bei hälftig geteiltem Grundstückserwerb der Ehegatten" beschränkt sieht.

[14] BGHZ 68, 299, 304.

nicht um den von BGHZ 65, 320 offengelassenen Ausnahmefall der Zuvielleistung handele, sondern um „die andere, dem Zugewinnausgleich vorausgehende Frage, ob Ehegatten nach Scheidung ihrer Ehe ausnahmsweise zur Rückgewähr bestimmter Vermögensgegenstände verpflichtet sind“[16].

c) Auf dieser Linie ist auch der IX. Zivilsenat geblieben, wenn er in späteren Entscheidungen zwar betont, die §§ 1372 ff. verdrängten als für das Scheitern der Ehe getroffene Regelung im allgemeinen Ansprüche wegen Wegfalls der Geschäftsgrundlage, aber doch jedesmal einschränkt, für solche Ansprüche sei ausnahmsweise Raum[17].

Da zumindest für die Rechtsprechung eine Voraussetzung für Ansprüche wegen Wegfalls der Geschäftsgrundlage die ist, daß der betroffenen Partei ein Festhalten an der entstandenen Situation schlechthin nicht zumutbar ist[18], enthält der Spezialitätsgrundsatz in seiner nicht absolut gesetzten Form im Grunde nichts Neues.

2. Die Kritik am Ausschließlichkeitsgrundsatz

a) Ansprüche wegen Wegfalls der Geschäftsgrundlage sind seit Jahrzehnten durch Rechtsprechung und Literatur anerkannt[19] und haben den Status von Gewohnheitsrecht erlangt[20]. Daß sie auch und gerade im Fall der Ehescheidung gegeben sein können, muß selbst die neuere Rechtsprechung konzedieren.

Bereicherungsansprüche sind gesetzlich geregelt. Wenn aber Ehegatten untereinander unbeschränkt Rechtsgeschäfte abschließen können, können diese im Einzelfall durchaus fehlerhaft und damit die §§ 812 ff. anwendbar sein. Nur – mehr sagt der BGH dazu nicht - können Zuwendungen nicht als rechtsgrundlos angesehen werden und ein Wegfall des Rechtsgrundes kann nicht auf die Scheidung der Ehe gestützt werden[21]. Im Regelfall wird diese Ansicht zutreffen; die Begründung des BGH, die Zuwendung werde im Falle der Auflösung der Ehe von der Zugewinnausgleichsregelung erfaßt und

---

15 So ausdrücklich *Göppinger* 4. Aufl 1982 Rz 520; in der 5. Aufl. 1985, Rz 518 ersetzt durch ein Ausrufungszeichen nach „in aller Regel“; s. auch *Kühne* JR 1982, 237, 238: „im Grunde widerlegt der BGH seine Spezialitäts-These ... selbst“.

16 BGHZ 68, 299, 304 f.

17 BGHZ 82, 227, 235 f.; BGH FamRZ 1982, 778, 779; BGHZ 84, 361, 365.

18 St. Rspr., vgl. BGH NJW 1959, 2203; BGH WM 1967, 561; 1969, 496, 499; BGH FamRZ 1985, 150, 152; *Erman-W. Sirp* § 242 Rz 178; MünchKomm-*Roth* § 242 Rz 503; RGRK-*Alff* § 242 Rz 74.

19 *Wieacker* S. 241; *Reuter/Martinek* § 5 III 2a (S. 157); *Esser/Weyers* SchR II § 49 II (S. 393).

20 *Reuter/Martinek; Esser/Weyers* aaO Fn 19.

21 BGHZ 84, 361, 364 in bewußter Abkehr von BGH FamRZ 1968, 23; s. dazu oben 1. Kap. A I 5 d.

dadurch den allgemeinen schuldrechtlichen Vorschriften über die Rückgängigmachung von Leistungen entzogen[22], überzeugt allerdings nicht[23].

b) Ob und gegebenenfalls wie die Ehescheidung die Zuwendungscausa berührt, hängt nicht vom gewählten Güterstand, sondern von der causa selbst ab[24]. Ist etwa die Übereignung unbedingt, die Zuwendungscausa aber unter die auflösende Bedingung der Ehescheidung gestellt, kann die Rückgabe der Zuwendung unter Umständen nach Bereicherungsrecht verlangt werden[25]. Ebenso kann die zur Begründung eines Schenkungsvertrages abgegebene Willenserklärung nach den Vorschriften des allgemeinen Teiles des BGB anfechtbar sein, was wiederum zur Kondiktion des Schenkungsgegenstandes führt.

c) Schenkungen können auch nach der neueren Rechtsprechung unabhängig von den §§ 1372 ff. unter den Voraussetzungen des § 530 widerrufen werden und sind dann gem. §§ 531, 812 ff. kondizierbar[26]. Der BGH hat dazu zutreffend ausgeführt, daß der „grobe Undank" gem. § 530 anders als die §§ 1372 ff. nicht an die Ehe und deren Scheitern anknüpft[27].

Der „Spezialitätsgrundsatz", der so strikt, wie er gern gesehen und kritisiert[28] wird, gar nicht ist, macht nur deutlich, daß es im Normalfall, dem es regelmäßig an „untragbaren Härten" mangelt, bei der güterrechtlichen Regelung bleiben muß.

d) Im Sonderfall gilt dies gerade nicht. Schenkt ein Ehegatte dem anderen unter der auflösenden Bedingung der Scheidung das hälftige Miteigentum am Hausgrundstück[29], ist dieses – wegen § 925 II – bei Bedingungseintritt zurückzuübertragen.

---

22 BGHZ 65, 320, 323 f.

23 Krit. dazu *Kühne* JZ 1976, 487 f.; JR 1977, 23; JZ 1977, 138; FamRZ 1978, 221 ff.; JR 1982, 237, 238; *Olzen* JR 1982, 495 f.; *Joost* JZ 1985, 10, 13 mwN; *Erman-Heckelmann* § 1363 Rz 4; *Erman-Westermann* § 812 Rz 49; MünchKomm-*Gernhuber* § 1363 Rz 20-22; *Soergel-Herm. Lange* § 1372 Rz 7; § 1380 Rz 6; *Staudinger-Thiele* § 1363 Rz 14 (im Erg zustimmend); *Gernhuber,* FamR § 34 I 9 (S. 460). Differenzierend *Holzhauer* JuS 1983, 830, 835 f.; *Hülsheger* S. 152 ff. Im wesentlichen zustimmend *Reinicke/Tiedtke* WM 1982, 946, 953 ff.; *Tiedtke* DNotZ 1983, 161; *Langenfeld,* Hdb Rz 322 ff.; *Jauernig-Schlechtriem* § 1374 Anm 4d und § 1380 Anm 3b; *Palandt-Diederichsen* § 1372 Anm 1b und Einf. vor § 1363 Anm 4a bb; *Medicus,* AT Rz 873.

24 *Joost* JZ 1985, 10, 13.

25 *Erman-Hefermehl* § 158 Rz 9; RGRK-*Steffen* § 158 Rz 7; vgl. auch BGH FamRZ 1985, 48; näher dazu unten c).

26 Die hM nimmt eine condictio ob causam finitam gem. § 812 I S. 2, 1. Alt. an, vgl. *Erman-H.H. Seiler* § 531 Rz 3; MünchKomm-*Kollhosser* § 531 Rz 3; *Staudinger-W. Reuss* § 531 Rz 2; aA offenbar BGHZ 87, 145, 147: Anspruch aus § 812 I S. 1.

27 BGHZ 87, 145, 148 = NJW 1983, 1611 = FamRZ 1983, 668 m abl Anm *Seutemann* S. 990.

28 Vgl. *Kühne* JR 1982, 237, 238, der andererseits in FamRZ 1978, 221, 222 eine Einschränkung des „Spezialitätsgrundsatzes" konstatiert.

29 Vgl. BGH FamRZ 1985, 48 = NJW 1985, 189; zur Umdeutung einer unwirksamen bedingten Auflassung s. RGRK-*Augustin* §§ 925, 925a Rz 76. Ein vertraglich vereinbartes Rücktrittsrecht unter Ehegatten behandelt BGH FamRZ 1982, 571.

Dann soll nach der Rechtsprechung der Wert der zurückzuübereignenden Zuwendung das Endvermögen des Zuwenders erhöhen und das des Empfängers entsprechend vermindern[30]. Problematisch daran ist, daß nach § 1564 S. 2 die Ehe erst mit der Rechtskraft des Scheidungsurteils aufgelöst ist. Würde die Bedingung erst zu diesem Zeitpunkt eintreten, könnten wegen des gem. § 1384 vorverlegten Berechnungsstichtages neue Schwierigkeiten auftreten, da zu diesem Zeitpunkt die Zugewinne der Ehegatten, soweit sie von den Miteigentumsanteilen gebildet werden, gleich hoch sind. Die erst später fällige Rückübereignung würde sich nicht mehr auf die Berechnung des Zugewinnausgleichs auswirken.

Dogmatisch läßt sich dagegen einwenden, daß dem durch die Bedingung Begünstigten eine gesicherte Anwartschaft auf den Erwerb der Auflassungsforderung bereits am Berechnungsstichtag zusteht[31]. Auf der Seite des durch die Bedingung Belasteten müßte dann aber die absehbare Vermögensminderung als „negative Anwartschaft" ebenfalls berücksichtigt werden.

Dieser komplizierte Weg entspricht allerdings kaum der Ansicht der Rechtsprechung. Die Auslegung einer solchen Scheidungsklausel wird bei Berücksichtigung der gegenseitigen Interessen nur ergeben, daß die Ehegatten die Eigentumsverhältnisse am gemeinsamen Haus vorab klären wollten. Der Zugewinnausgleich soll so errechnet werden, wie wenn die Schenkung unterblieben wäre. Ohne ausdrückliche Erklärungen wird nicht anzunehmen sein, daß die geschenkte Haushälfte aus dem Zugewinnausgleich ganz oder teilweise herausfallen soll. Hierfür wäre nicht nur die bei Grundstücksübertragungen zwar oft gegebene Form des Ehevertrags nach § 1410 einzuhalten, sondern es bedürfte einer gewollten Veränderung des Güterstandes[32]. Vereinbarungen, die nur einzelne Vermögensgegenstände betreffen, genügen dem i.d.R. auch dann nicht, wenn diese im wesentlichen das ganze Vermögen der Ehegatten darstellen[33].

Die Vereinbarung einer auflösenden oder aufschiebenden Bedingung bedeutet also, daß der Bedingungseintritt (§ 158 II) spätestens mit Eintritt der Rechtshängigkeit des Scheidungsantrages erfolgt. Der Rückübertragungsanspruch entsteht zu dem Zeitpunkt, der nach § 1384 für die Berechnung des

---

[30] BGH FamRZ 1985, 48, 50 = NJW 1985, 189, 190 r Sp.

[31] *Larenz* AT § 25 II b (S. 493). Zu den Voraussetzungen für eine Anwartschaft s. *Staudinger-Dilcher* Vorbem. zu §§ 158 ff. Rz 48 mwN. Da die Realisierung dieser Anwartschaft bei eingeleiteter Ehescheidung nicht unsicher ist, ist für die von der hM bei sonstigen unsicheren Rechten befürwortete analoge Anwendung des § 2313 (vgl. MünchKomm-*Gernhuber* § 1376 Rz 15 mwN) kein Raum. Die Anwartschaft auf den aufschiebend bedingten Rückauflassungsanspruch kann durch eine Vormerkung gesichert werden, vgl. MünchKomm-*Westermann* § 162 Rz 21; MünchKomm-*Wacke* § 883 Rz 24 mwN.

[32] BGH NJW 1978, 1923, 1924; *Soergel-Gaul* § 1408 Rz 7; *Staudinger-Thiele/Thiele* § 1408 Rz 6.

[33] *Staudinger-Thiele/Thiele* § 1408 Rz 23 mwN.

Zugewinns maßgeblich ist und wird damit als Vorfrage[34] für die Berechnung des Ausgleichsanspruchs relevant.

3. Ergebnis: kein genereller Ausschluß von schuldrechtlichen Ansprüchen

Festzuhalten bleibt daher: die §§ 1372 ff. gewähren den Zugewinnausgleich im Prinzip nur als Wertausgleich durch eine Geldforderung[35]. Lediglich die Ausnahmevorschrift des § 1383 sieht die Übertragung von bestimmten Vermögensgegenständen vor. Dies gilt aber nur unter besonderen Voraussetzungen zugunsten des Gläubigers[36]. Eine analoge Anwendung auf Übereignungsangebote des Schuldners ist nicht zulässig[37].

Ob und welche Rückabwicklungsansprüche bei Eheauflösung bestehen, regeln die §§ 1372 ff. nicht[38]. Sie sind vielmehr den gesetzlichen Bestimmungen oder den Vereinbarungen der Parteien zu entnehmen, was allerdings zu großen praktischen Schwierigkeiten führen kann, wenn die Zuwendung lange zurückliegt und jede Partei die ihr günstigere Abrede vorbringt[39].

III. Die Rechtslage vor der Aufstellung des Ausschließlichkeitsgrundsatzes

Der BGH hat sich bei der Entwicklung der Lehre vom Vorrang der §§ 1372 ff. vor schuldrechtlichen Rückabwicklungsansprüchen hauptsächlich mit Ansprüchen wegen Wegfalls der Geschäftsgrundlage auseinandergesetzt. Er folgte damit einer in der Literatur vorherrschenden Tendenz, die das Bereicherungsrecht zunehmend als zur Korrektur von Vermögensbewegungen unter Ehegatten ungeeignet ansah und stattdessen die flexibleren Anpassungsmöglichkeiten wegen Wegfalls der Geschäftsgrundlage favorisierte[40].

---

[34] *Kühne* FamRZ 1978, 221, 222; *Langenfeld,* Hdb Rz 175.

[35] *Erman-Heckelmann* § 1378 Rz 3; MünchKomm-*Gernhuber* § 1383 Rz 1, 2, *Soergel-Herm. Lange* § 1378 Rz 2; *Staudinger-Thiele* § 1383 Rz 1.

[36] BGHZ 68, 299, 304.

[37] HM; *Erman-Heckelmann* § 1383 Rz 1; MünchKomm-*Gernhuber* § 1383 Rz 2; *Soergel-Herm. Lange* § 1383 Rz 2; *Staudinger-Thiele* § 1383 Rz 2.

[38] Vgl. nur *Soergel-Herm. Lange* § 1380 Rz 6.

[39] *Joost* JZ 1985, 10, 17; als bezeichnender Fall s. BGH FamRZ 1967, 450, 451, 3. Abs unter II.

[40] *Lorenz* JZ 1968, 382 f.; *Hernrich* FamRZ 1975, 533, 537; *Kühne* JR 1977, 23; *v. Olshausen* FamRZ 1978, 755, 757 Fn 11; *Lieb* S. 121 ff.; *Hülsheger* S. 164 f.; *Maus* S. 150 f.; *Reuter/Martinek* § 5 II 3 (S. 144 f.); *Larenz,* Geschäftsgrundlage S. 135 ff., 177; MünchKomm-*Lieb* § 812 Rz 157 u. 177; RGRK-*Heimann-Trosien* § 812 Rz 86; *Staudinger-Lorenz* § 812 Rz 99. Eher kritisch zu dieser Tendenz *Olzen* JR 1982, 495 f.; *Joost* JZ 1985, 10, 12 ff.; *Soergel-Mühl* § 812 Rz 209.

1. Ansprüche aus dem Bereicherungsrecht und Wegfall der Geschäftsgrundlage

Für die Rechtsprechung vor dem Urteil vom 3.12.1975[41] läßt sich keine klare Linie finden[42]. Teils wurden Ansprüche wegen Wegfalls der Geschäftsgrundlage, teils Ansprüche aus § 812 I S. 2, 1. Alt. oder § 812 I S. 2, 2. Alt. für gegeben erachtet.

Symptomatisch für die Verwirrung ist ein Urteil des OLG Schleswig[43] auf die Klage eines Mannes, der zum Ausbau des seiner Ehefrau gehörenden Hauses Mittel aus seinem Anfangsvermögen (insbesondere eine Entschädigung für erlittene KZ-Haft) verwendet hatte und diese zurückverlangte, weil er keinen eigenen Zugewinn erzielt hatte. Da in der zuvor ergangenen Entscheidung BGHZ 65, 320 ein Vorrang der Zugewinnausgleichsregelung nur insoweit postuliert wurde, als die Zuwendung den Betrag nicht übersteigt, der dem Empfänger andernfalls als Ausgleichsanspruch zustehen würde[44], sah sich das OLG an einem zusprechenden Urteil nicht gehindert[45]. Schließlich hatte nicht der später Ausgleichsverpflichtete, sondern der Berechtigte eine Zuwendung gemacht, von der er wegen § 1374 II nicht einmal die Hälfte zurückerhalten hätte.

Nach ausführlicher Darstellung der bisherigen Rechtsprechung und des Streitstandes in der Literatur bejaht das Gericht einen Anspruch aus § 812 I S. 2, 2. Alt., da der Zweck der Zuwendung kraft der „gesetzlichen Vermutung“ des § 1380 in der Anzahlung auf einen späteren Zugewinnausgleichsanspruch bestehe und dieser Zweck nicht erreicht werden konnte[46]. Zusätzlich begründet es den Anspruch mit den Grundsätzen über den Wegfall der Geschäftsgrundlage, da es grob unbillig wäre, dem Kläger eine Anpassung an die veränderten Umstände zu verweigern.

Damit ist die grundsätzliche Frage nach dem Verhältnis von Bereicherungsansprüchen zu solchen wegen Wegfalls der Geschäftsgrundlage gestellt.

2. Konkurrenzen

a) Fällt der rechtliche Grund einer Leistung später weg, führt nur der Bereicherungsanspruch zur Rückabwicklung. Nicht Umstände, die im Vorfeld

---

41 BGHZ 65, 320.

42 *Lieb* S. 118.

43 FamRZ 1978, 247; siehe auch BGH WM 1972, 564, wo sowohl die condictio ob causam finitam als auch die condictio ob rem für anwendbar gehalten wurde. Dasselbe klingt an in RGZ 169, 249, 252.

44 BGH aaO S. 324.

45 OLG Schleswig FamRZ 1978, 247.

46 AaO S. 248.

von Willenserklärungen verblieben, ändern sich, sondern der durch übereinstimmende Erklärungen geschaffene Rechtsgrund selbst ist betroffen.

b) Schwieriger ist die Abgrenzung der condictio ob rem nach § 812 I S. 2, 2. Alt. von Ansprüchen wegen Wegfalls der Geschäftsgrundlage.

Schon der Anwendungsbereich des § 812 I S. 2, 2. Alt. ist umstritten[47]. Während es nach der einen Ansicht genügt, daß der „bezweckte Erfolg" zu einer bestehenden schuldrechtlichen Verpflichtung hinzutritt, also über die Erlangung der Gegenleistung hinausgeht[48], verlangt ein großer Teil der Literatur[49], daß die Hauptleistung ohne schuldrechtliche Verpflichtung erbracht sein muß. Für die Vertreter der letztgenannten Ansicht ist der Anwendungsbereich der condictio ob rem naturgemäß eingeschränkt. Darüberhinaus sollen nach der Rechtsprechung Ansprüche wegen Wegfalls der Geschäftsgrundlage als vertragliche Ansprüche gegenüber der Kondiktion vorrangig sein[50]. Die wirklichen Schwierigkeiten liegen aber nicht in der theoretischen sondern in der praktischen Abgrenzung[51], da zumindest „weitere" verfolgte Zwecke immer auch im Vorfeld der nach § 812 I S. 2, 2. Alt. erforderlichen Rechtsgrundabrede präsent sein werden.

Die theoretische Abgrenzung ist dagegen darin zu sehen, daß Vorstellungen, die im Vorfeld von Willenserklärungen verblieben sind, also gerade nicht Inhalt des Rechtsgeschäfts geworden sind, nur nach der Geschäftsgrundlagenlehre berücksichtigt werden können. Die Abrede über den „bezweckten Erfolg" i.S.d. condictio ob rem muß dagegen Inhalt des Rechtsgeschäfts geworden sein[52]. Die Abgrenzung ist besonders bei Ehegattenzuwendungen nicht leicht, da dezidierte Parteierklärungen in aller Regel fehlen.

Grundsätzlich aber gilt, daß auch unter Ehegatten Ansprüche aus § 812 I S. 2, 2. Alt. bestehen können. Ein Vorrang der Geschäftsgrundlagenlehre besteht dann nicht mehr, denn diese erfaßt in ihrem Kern eben nur die Vorstellungen, die nicht Vertragsinhalt sind.

---

47 Näher dazu unten D I 2.

48 Sog. „Zweckstaffelungstheorie", vgl. *Reuter/Martinek* § 5 III 2a (S. 155 ff.) mwN Fn 168.

49 Vgl. nur *Reuter/Martinek* § 5 III 2 c (S. 161 ff.) mwN; *Esser/Weyers,* SchR II § 49 II (S. 393).

50 BGH NJW 1975, 776 = JZ 1975, 330; zust. *Reuter/Martinek* § 5 III 2 a (S. 158) und *Esser/Weyers* aaO Fn 49 soweit es um den Kern der Geschäftsgrundlagenlehre geht.

51 *Liebs* JZ 1978, 697, 702; *Esser/Schmidt,* SchR I § 5 IV 4 (S. 79).

52 *Liebs* JZ 1978, 697, 702; *Reuter/Martinek* § 5 III 2 a, aE (S. 158); *Welker* S. 75 mwN; *Hepting* § 30 II 1 (S. 363). Unverständlich deshalb BGH NJW 1975, 776, wonach die Vertragsklausel „der Erwerb erfolgt zum Zwecke der Errichtung einer Minigolfanlage" lediglich Geschäftsgrundlage sein soll. Abl. dazu *Liebs* JZ 1978, 697, 702 f.; *Erman-Westermann* § 812 Rz 52.

B. Bereicherungsansprüche wegen Fehlen des Rechtsgrundes gem. § 812 I S. 1

I. Benannte Zuwendungen

Ein Rechtsgrund fehlt sicher nicht bei benannten Zuwendungen, etwa im Hauptanwendungsfall der Schenkung. Rechtsgrund ist die Schenkung selbst; bei der Handschenkung fallen Vertrag[53] und abstraktes Verfügungsgeschäft zusammen, das Schenkungsversprechen (§ 518) ist als einseitig verpflichtendes Rechtsgeschäft selbst Rechtsgrund.

Ein möglicher Widerruf nach § 530 führt zu einem nachträglichen Wegfall der Rechtsgrundlage, läßt aber die Tatsache, daß die Schenkung bis dahin einen sie tragenden Rechtsgrund hatte, unberührt[54].

II. Unbenannte Zuwendungen als causa-lose Zuwendungen?

1. Bei den unbenannten Zuwendungen ist die condictio indebiti im Fall der Scheidung eher anwendbar, weil zumindest theoretisch der Rechtsgrund der Zuwendung so gestaltet sein könnte, daß er im Fall der Scheidung mit Wirkung ex tunc entfallen soll[55].

a) Nach Ansicht *Gernhubers*[56] sind unter Ehegatten, einen entsprechenden Willen vorausgesetzt, Zuwendungen denkbar, die ohne Bezug auf ein sie rechtfertigendes Rechtsverhältnis erfolgen, also bewußt ohne stabilisierenden Rechtsgrund bleiben. Sie sollen allein mit der condictio indebiti zurückgefordert werden können, wobei dies während der Ehe wegen der Schrankenfunktion des § 1353 ausgeschlossen sein kann.

b) Im Grunde dieselbe Definition liefert *Lieb*, wonach unbenannte Zuwendungen causa-lose Ausgestaltungen der ehelichen Lebensgemeinschaft sind, die „bereits wesensgemäß mit dem Bestand der Ehe verknüpft sind und daher im Sinne eines 'Behaltendürfens' nur so lange legitimieren, als die Ehe besteht“[57].

2. Der Unterschied zwischen beiden Autoren liegt darin, daß *Lieb* sämtliche ehebedingten Zuwendungen so beschreibt, während *Gernhuber* nur eine mögliche, vom Parteiwillen abhängige Qualifizierung gibt.

---

[53] *Erman-H.H. Seiler* § 516 Rz 13; MünchKomm-*Kollhosser* § 516 Rz 1, 9; *Soergel-Mühl* § 516 Rz 6.

[54] *Seutemann* S. 118 mwN.

[55] *Seutemann* FamRZ 1983, 990, 991; für condictio indebiti in diesem Fall: *Reuter/Martinek* § 5 I 3 (S. 132) mwN; aA (condictio ob causam finitam): *Erman-Westermann* § 812 Rz 47.

[56] FamR § 19 V 5 (S. 211).

[57] *Lieb* S. 124.

a) Gegen *Liebs* positive Beschreibung der unbenannten Zuwendung bestehen starke Bedenken[58]. Daß tatsächliche Schwierigkeiten in der Benennung einer causa bestehen, weil es den Ehegatten, um mit *Lieb* zu sprechen, „angesichts des Ehebandes“[59] gar nicht so sehr darauf ankommt, wem bestimmte Vermögenswerte gehören, heißt noch lange nicht, daß jede (!) unbenannte Zuwendung rechtsgrundlos sein muß. Sonst wäre sie – mit der condictio ob causam finitam (§ 812 I S. 2, 1. Alt.) – wenigstens bei Beendigung der Ehe kondizierbar[60], eine Konsequenz, die selbst *Lieb* scheut, wenn er ausführt, daß die Zuwendung dann von selbst ihre rechtfertigende Kraft wegen des Wegfalls der Geschäftsgrundlage (!) verliere und nur noch abzuwägen sei, ob volle Rückforderbarkeit oder eine Anpassung an die Umstände des Einzelfalls eintrete[61]. Außerdem übersieht *Lieb*, daß seine positive Inhaltsangabe wenigstens während der Ehe eine causa im schuldrechtlichen Sinn ergibt, seiner unbenannten Zuwendung also doch eine, wenn auch nur während der Ehe wirksame causa zugrundeliegt[62]. Wieso die Rückforderung wegen Wegfalls der Geschäftsgrundlage erfolgen soll, wenn die causa qua definitione bei Eheauflösung wegfällt, ist eine weitere Ungereimtheit von *Liebs* Vorschlag, die auch durch seinen Verzicht auf die „sonst üblichen strengen Voraussetzungen für die Berücksichtigung des Wegfalls der Geschäftsgrundlage“[63] nicht erklärt wird.

Zuzugeben ist also allenfalls *Gernhuber*, daß Ehegatten die Möglichkeit zu causa-losen Zuwendungen haben[64]. Damit ist aber noch lange nicht gesagt, wann eine solche Konstruktion vorliegen soll. Schließlich bedarf eine solche Vereinbarung des Einverständnisses beider Beteiligter und ohne ausdrückliche Einigung wird etwa der Übertragung eines Miteigentumsanteils am Wohnhaus an die Nur-Hausfrau eine für sie derart benachteiligende Abrede nicht zu entnehmen sein.

b) Viel näher liegt es nach alledem, der unbenannten Zuwendung eine unbenannte causa zugrundezulegen. Der BGH nennt sie neuerdings einen „besonderen familienrechtlichen Vertrag“[65], womit allerdings nicht mehr als der familienrechtliche Bezug zum Ausdruck kommt. Weil die Ehegatten aber

---

[58] Vgl. *Henrich* FamRZ 1975, 533, 537; *Hepting* § 30 IV 3 (S. 373 f.): „eine ‚causalose‘ Zuwendung schüttet das Kind mit dem Bade aus“.

[59] *Lieb* S. 123.

[60] Ebenso *Henrich* FamRZ 1975, 533, 537; weitergehend *Hepting* § 30 IV 3 (S. 374) und *Hülsheger* S. 97: Kondiktion jederzeit möglich.

[61] *Lieb* S. 124 f.

[62] *Hepting* § 30 IV 3 (S. 374) spricht von der „Konkretisierungscausa“; dazu unten C III 1 b.

[63] *Lieb* S. 124 f.

[64] Krit. dazu *Holzhauer,* FamR S. 115, wonach das Fehlen des Rechtsgrundes gerade seine Intention voraussetzt.

[65] BGHZ 84, 361, 367 = FamRZ 1982, 910 = NJW 1982, 2236; ähnlich *Hülsheger* S. 110: familienrechtliche causa.

bei höherwertigen Zuwendungen nicht an eine Scheidung denken, und das läßt sich in diesem Bereich wohl als Einziges mit einiger Sicherheit behaupten[66], weil sonst die Zuwendung unterblieben wäre, ist dieser causa weder ein ex tunc noch ex nunc wirkender Auflösungsmechanismus aninterpretierbar. Ein Mehr an Inhaltsbestimmung ist für die Frage einer Kondizierbarkeit nach § 812 I S. 1 nicht erforderlich.

III. Die Ehescheidung als Anfechtungsgrund nach § 119?

Als theoretische Möglichkeit zu einer condictio indebiti zu gelangen, steht die Anfechtung der Willenserklärung des Zuwendenden nach § 119 I offen, da gem. § 142 die causa mit Wirkung ex tunc entfällt[67]. Vorstellbare Willensmängel sind der Irrtum über den weiteren Bestand der Ehe oder über das Vorhandensein von Rückforderungsansprüchen bei der Scheidung. Letzteres wäre als Irrtum über nicht erkannte Rechtsfolgen, die nicht das Grundgeschäft als solches betreffen, unbeachtlich[68]. Ersteres ist vor allem im Bereich des nach § 119 unbeachtlichen Motivirrtums anzusiedeln. Wer seinem Ehegatten Zuwendungen macht, wird zumindest bei größeren Werten in aller Regel die Erwartung hegen, daß die Ehe Bestand hat[69]. Zum einen denkt er nicht an eine mögliche Scheidung[70], zum anderen liegt insbesondere in den Hausbaufällen eine deutliche Zukunftsorientierung auf der Hand[71]. Zumeist dürfte diese Vorstellung im Vorfeld der eigentlichen Willenserklärung verbleiben und damit nicht zur Anfechtung berechtigen. Ein Eigenschaftsirrtum gem. § 119 II liegt ebenfalls nicht vor, da zur Zeit der Zuwendung der Empfänger noch Ehegatte ist.

Selbst wenn die Erwartung Bestandteil der Erklärung ist, liegt kein nach § 119 I beachtlicher Inhaltsirrtum vor, da sich Wille und Erklärung decken. Stattdessen wird lediglich die Vorstellung über die weitere tatsächliche Entwicklung enttäuscht. Dadurch wird aber die Wirksamkeit der Erklärung nicht in Frage gestellt[72].

---

[66] Ebenso BGHZ 84, 361, 367 f.

[67] Ebenso *Staudinger-Lorenz* § 812 Rz 87; *Soergel-Mühl* § 812 Rz 184, 195; aA RGRK-*Heimann-Trosien* § 812 Rz 82 (für condictio ob causam finitam).

[68] RGZ 134, 195, 197; MünchKomm-*Kramer* § 119 Rz 70; *Larenz,* AT § 20 II a (S. 365).

[69] BGH FamRZ 1982, 778.

[70] Statt vieler: *Kühne* FamRZ 1968, 356, 358.

[71] Dazu *Joost* JZ 1985, 10, 17.

[72] *Larenz,* AT § 20 II a, III; *Medicus,* Bürgerl. Recht RdNr 162.

IV. Zuwendungen als Anzahlung auf die noch nicht entstandene Ausgleichsforderung

1. Leistungszweckbestimmung

Die condictio indebiti kommt in Betracht, wenn ein Ehegatte dem anderen mit der Zuwendung eine Vorausleistung auf dessen zukünftigen Zugewinnausgleichsanspruch erbringen will. In einer funktionierenden Ehe ist eine solche Leistungszweckbestimmung aber unwahrscheinlich. Plausibel erscheint nur der Fall, wenn die Partner in einer Ehekrise eine vorübergehende Trennung beschließen und der Besserverdienende den Neubeginn des anderen durch eine Vorwegleistung auf den nach § 1378 III S. 1 erst mit der Beendigung des Güterstandes entstehenden Zugewinnausgleichsanspruch finanziert.

Dann handelt es sich um eine Leistung auf eine noch gar nicht entstandene, befristete Schuld, die, soweit die Schuld nicht entsteht, mit der condictio indebiti zurückgefordert werden kann[73]. Dieser Anspruch kommt aber für die typische unbenannte Zuwendung nicht in Betracht.

2. § 1380 I S. 2 als Leistungszweckbestimmung?

Überlegenswert ist in diesem Zusammenhang, ob nicht aus § 1380 I S. 2 eine solche Leistungszweckbestimmung für alle Zuwendungen zu entnehmen ist[74].

a) Eindeutig abzulehnen ist dies für die Vertreter der Ansicht, die in § 1380 I S. 2 lediglich eine zum eigentlichen Leistungszweck hinzutretende Eventualcausa sieht, die sich erst bei der Scheidung aktualisiert[75].

b) Überwiegend wird in § 1380 I S. 2 dagegen eine Auslegungsregel[76] oder eine gesetzliche Vermutung gesehen[77]. Da es um die Inhaltsbestimmung einer Willenserklärung geht, besteht im Ergebnis kein Unterschied[78]. Aber auch bei diesem Verständnis wird kein Anspruch aus § 812 I S. 1 gegeben sein: die bewußte Leistung auf eine noch nicht existierende Forderung kann vor deren

---

[73] *Kühne* FamRZ 1978, 221, 224; *Reuter/Martinek* § 5 I 4 bei Fn 38 (S. 133); aA MünchKomm-*Gernhuber* § 1380 Rz 7: condictio ob rem.

[74] In diese Richtung OLG Schleswig FamRZ 1978, 247, 249.

[75] MünchKomm-*Gernhuber* § 1380 Rz 8; ders., FamR § 36 VII 2 (S. 515); zust *Kühne* FamRZ 1978, 221, 223 und JR 1982, 237, 238; *Johannsen* WM 1978, 654, 657.

[76] So ausdrücklich *Brüning* NJW 1971, 922; *v. Olshausen* FamRZ 1978, 755; *Beitzke,* FamR § 14 III 2 (S. 117); *Dölle,* FamR I S. 823; *Seutemann* S. 115; *Staudinger-Thiele* § 1380 Rz 17; wohl auch RGRK-*Finke* § 1380 Rz 4; *Soergel-Herm. Lange* § 1380 Rz 11, 12 und *Schwab,* Hdb Rz 787; ders., FamR Rz 234.

[77] So ausdrücklich *Jauernig-Schlechtriem* § 1380 Anm 2 b; wohl auch *Erman-Heckelmann* § 1380 Rz 5 und *Schlüter,* FamR S. 79: Vermutung.

[78] Vgl. *Larenz,* AT § 19 II e.

Entstehen zurückgefordert werden[79]. § 1380 setzt aber gerade eine rechtsbeständige Leistung voraus. Fehlt die Rechtsbeständigkeit, kann die Auslegungsregel nicht greifen. Außerdem bestimmt § 1380 nur innerhalb seines Anwendungsbereiches eine Anrechnung, die gerade dann nicht in Betracht kommt, wenn zuviel oder vom Berechtigten geleistet wurde[80]. Wenn die Zuwendung also nur auf eine spätere Ausgleichsforderung angerechnet werden soll, aber keine bewußte Vorausleistung hierauf darstellt, ist eine Rückforderung mit der condictio indebiti gem. § 812 I S. 1 nicht möglich.

C. Bereicherungsansprüche wegen Wegfall des rechtlichen Grundes gem. § 812 I S. 2, 1. Alternative (condictio ob causam finitam)

I. Gewillkürter Wegfall des Rechtsgrundes

Auch hier ist denkbar, daß die Parteien mit der Zuwendung verabreden, daß deren Rechtsgrund als Grund für das Behaltendürfen im Fall der Eheauflösung durch die Scheidung wegfallen soll[81]. In aller Regel wird aber eine solche, die benannte Zuwendung modifizierende, die „unbenannte" prägende – also benennende – Abrede fehlen[82].

II. Wegfall des Rechtsgrundes Ehe

In seinem Urteil vom 5.10.1967[83] hat der VII. Zivilsenat des BGH entschieden, daß die eheliche Lebensgemeinschaft als Rechtsgrund für Geldzuwendungen zum Hausbau auf dem Grundstück des anderen Ehegatten „zwar nicht für die Vergangenheit, wohl aber in gewissem Umfang für die Zukunft" entfalle, wenn die Ehe geschieden wird. Die Ehescheidung sei insoweit der Beendigung von Dauerschuldverhältnissen vergleichbar, die rechtsgrundlos erbrachten Leistungen könnten gem. § 812 I S. 2, 1. Alt. mit der condictio ob causam finitam zurückgefordert werden[84].

Rechtsgrund der Zuwendung wäre demnach die Ehe selbst gewesen.

---

[79] Argumentum e contrario aus § 813 II; vgl. *Erman-Westermann* § 813 Rz 5 mwN; MünchKomm-*Lieb* § 813 Rz 9.

[80] Ähnlich *Johannsen* Anm zu BGHZ 65, 320 in LM § 1374 Nr. 1; *Kühne* JZ 1976, 487, 488; *Holzhauer* JuS 1983, 830, 835; *Hülsheger* S. 160 (zur condictio ob rem).

[81] RGRK-*Heimann-Trosien* § 812 Rz 84.

[82] *Seutemann* FamRZ 1983, 990, 991; RGRK *Heimann-Trosien* § 812 Rz 84.

[83] BGH FamRZ 1968, 23 = NJW 1968, 245 = WM 1967, 1241 = LM § 812 Nr. 78 = JZ 1968, 381 m Anm *Lorenz*.

[84] Ebenso BGHZ 47, 157, 160 (IV. ZS); BGH FamRZ 1972, 362 = WM 1972, 661 (II. ZS); BGH WM 1972, 564 (V. ZS). Ebenfalls eine condictio ob causam finitam bejaht der Österreichische OGH FamRZ 1976, 153 (Nr. 119).

Diese Ansicht stieß alsbald auf heftige Kritik, da aus der Ehe gem. §§ 1360, 1360 a zwar die Verpflichtung erwächst, familiengerechten Wohnraum zur Verfügung zu stellen, nicht aber ein Eigenheim zu errichten oder hierzu entsprechende Beiträge zu leisten[85]. Wegen der – cum grano salis –[86] freien Verwaltung des eigenen Vermögens (§ 1364) während der Ehe gilt dies selbst bei großzügigen finanziellen Verhältnissen, in denen das Wohnen im eigenen Heim die Regel ist[87]. Der BGH hat die im oben genannten Urteil geäußerte Ansicht inzwischen ausdrücklich aufgegeben[88], so daß dieser Streitpunkt als erledigt gelten kann[89].

Die Zuwendung bedarf also stets einer eigenen, „zwischengeschalteten"[90] causa, da die Ehe selbst außer den eigentlichen Unterhaltsansprüchen keinen Rechtsgrund abgibt.

III. Die Ansicht von Hepting

1. Die Ehe als Sekundärcausa der Zuwendung; Wegfall des Rechtsgrundes bei Ehescheidung

Einen gänzlich anderen Weg geht neuerdings *Hepting*[91]. Er baut auf dem von *Westermann* entwickelten, am Gesamtgeschäftszweck orientierten causa-Begriff auf, wonach innerhalb des Gesamtgeschäfts das Grundgeschäft – die Verpflichtung – und an dessen Zweck orientierte Hilfsgeschäfte – Verfügungen – enthalten sind[92]. Die auf historischer Betrachtungsweise beruhende Trennung von Verpflichtungs- und Verfügungsgeschäft wird durch eine am Gesamtgeschäftszweck orientierte Typologisierung überwunden.

a) Nach *Hepting* sind unbenannte Zuwendungen unter Ehegatten vom „Geschäftszweck Ehe" geprägt[93], weil sie der Ausgestaltung der ehelichen Gemeinschaft dienen. Er erzielt dieses Ergebnis aufgrund einer am typischen Zweck von Ehevereinbarungen ausgerichteten Untersuchung: gerade weil gegenständliche Zuwendungen sich der Einordnung in schuldvertragliche

---

[85] *Deubner* FamRZ 1968, 351; *Kühne* FamRZ 1968, 356, 357; *Henrich* FamRZ 1975, 533, 536; *Olzen* JR 1982, 495, 496; *Lieb* S. 119 f.; *Chiotellis* S. 171, Fn 56; *Hepting* § 30 IV 3 (S. 375 f.); MünchKomm-*Lieb* § 812 Rz 157.

[86] S. §§ 1365, 1369.

[87] HM, vgl. BGH FamRZ 1966, 630; BGHZ 71, 61, 67; MünchKomm-*Wacke* § 1360a Rz 5; RGRK-*Wenz* § 1360a Rz 9; *Soergel-Herm. Lange* § 1360a Rz 5; *Gernhuber*, FamR § 21 I 11 (S. 228); aA *Erman-Heckelmann* § 1360a Rz 3; *Rolland* § 1360a Rz 3.

[88] BGHZ 84, 361, 363 f. = FamRZ 1982, 910 = NJW 1982, 2236.

[89] *Reuter/Martinek* § 5 II 3 (S. 144 f.).

[90] *Hepting* § 30 IV 3 (S. 375).

[91] *Reinhold Hepting*, Ehevereinbarungen, München 1984.

[92] *Westermann* S. 78 ff.; *Hepting* § 28 IV 2a (S. 340 ff.).

[93] § 29 I, II (S. 343 ff.); § 30 IV 3 (S. 373 ff.).

Kategorien widersetzen[94], insbesondere weil weder Rechtsbindungs- noch Zweckwille ausdrücklich geäußert werden[95], ist der einzig gangbare Weg zu einer Inhalts- und damit Rechtsfolgenbestimmung der der Herausbildung von empirisch fundierten Zwecktypen. Der typische Zweck begründet eine „Vermutung für den im Rahmen der Vertragsfreiheit grundsätzlich maßgebenden vereinbarten Zweck“[96]. An die Stelle der Auslegung von feststellbaren Willenserklärungen tritt die normativ typisierende Ermittlung der Parteizwecke und damit des Geschäftsinhalts[97].

Den Geschäftsinhalt, respektive die causa der Zuwendung gliedert *Hepting*, den Untersuchungen von *Esser* und *Eike Schmidt*[98] folgend, in Primär- und Sekundärcausa. Als Primärcausa werden die „strukturell-typischen“, „vertragscharakteristischen“ Zwecke bezeichnet, die durch Gesetz oder Verkehrsübung weitgehend der Dispositionsfreiheit entzogen sind.

Weitere Zweckvorstellungen können als Sekundärcausa danebentreten[99], wobei allerdings Voraussetzung ist, daß sie Vertragsinhalt geworden sind. Nur einseitig gebliebene, wenn auch vom Geschäftsgegner erkannte Absichten sind dagegen identisch mit den nicht zum Vertragsinhalt erhobenen Motiven, die lediglich den Anstoß zum Vertragsschluß geben[100].

b) Zuwendungen unter Ehegatten gehören nach *Heptings* System zu den „lebenstypisch“ ehebezogenen Vereinbarungen, die im Gegensatz zu sog. strukturtypischen Vereinbarungen zwar nicht notwendig nur unter Verheirateten abgeschlossen werden können, aber doch typischerweise (auch) eheliche Zwecke verfolgen[101]. In bewußter Ablehnung der Flucht zu causa-losen Zuwendungen[102] legt *Hepting* dar, daß nicht causa-Losigkeit, sondern gerade causa-Abhängigkeit vom Geschäftszweck Ehe die Zuwendung „so mit dem Bestand der ehelichen Lebensgemeinschaft verknüpfen“ kann, „wie es die Literatur im Ergebnis wünscht“[103]. Er entwickelt sodann eine „differenzierte Typologie verschiedener Geschäftszwecke“[104], indem er „mit Hilfe eines 'normativen Realtypus' vom typischen auf den rechtlich relevanten Willen zurück-

---

94 § 30 IV 3 (S. 373).

95 § 31 III 2 (S. 393).

96 *Hepting* § 31 II 2 (S. 382), zit. *Westermann* S. 57; ebenso BGHZ 84, 361, 367 (gestützt auf *Gernhuber,* FamR § 20 III 7 (S. 222)): Sozialtypik als richtiger Maßstab zur Ermittlung des hypothetischen Parteiwillens.

97 *Westermann* S. 78 ff.; ebenso *Hülsheger* S. 103.

98 *Esser/Schmidt,* SchR I § 5 IV (S. 75 ff.) differenzieren zwischen „strukturell typischen“ und „sonstigen Geschäftszwecken“.

99 *Hepting* § 31 II 5 (S. 389 f.).

100 *Hepting* § 28 III 1 u. 2 (S. 324 f.) mwN.

101 § 31 III (S. 390 ff.).

102 § 30 IV 3 (S. 373).

103 § 30 IV 3 (S. 374 bei Fn 423).

104 *Pawlowski* AcP 185 (1985), 396, 398.

schließt"[105]. Leistungen zur Altersvorsorge haben demnach eine die Unterhaltspflicht ausgestaltende „Konkretisierungscausa"[106], eine „Gemeinschafts- und Konkretisierungscausa"[107] passe zu den bislang mit der Ehegatteninnengesellschaft gelösten Fällen, und die Zuwendung von Miteigentum am während der Ehe bebauten Grundstück erfolge auf Grund einer „Gemeinschafts"- eventuell auch „Ausgleichscausa"[108]. Zur letzten Kategoric zählt er insbesondere Zuwendungen i.S.d. § 1380, deren „Zweck vorweggenommener Zugewinnausgleich" ist[109]. Aus der Lebenstypizität, daß solche Zuwendungen gerade unter Ehegatten erfolgen, zieht er den Schluß, daß „alle diese Umstände, insbesondere die eheliche Verbundenheit der Vertragsparteien, einen jeweils sachtypischen Bezug zur Sekundärcausa Ehe"[110] herstellen. Es bedürfe also keiner ausdrücklichen Zweckabrede, sondern die Sekundärcausa Ehe gehöre zum „apriorischen Inhalt" der Willenserklärung[111]. Das Scheitern der Ehe stellt sich als Zweckverfehlung dar, die das zugrundeliegende Gesamtgeschäft zum Erlöschen bringt. So wie ein noch nicht erfüllter Anspruch nach §§ 275, 323 erlösche, entfalle bei bereits erbrachter Leistung der zum äußeren Rechtsgrund des Behaltendürfens gewandelte Anspruch[112] und damit der rechtliche Grund der Leistung. Dafür genügt die Verfehlung des Sekundärzwecks, da der Wegfall der „Sekundärcausa Ehe" wegen der einheitlichen causa des Gesamtgeschäfts auch die Primärcausa erfasse[113].

c) Die Folge dieses Wegfalls des rechtlichen Grundes wegen Zweckverfehlung ist grundsätzlich die Kondizierbarkeit der Leistung mit der condictio ob causam finitam[114].

Hinsichtlich des Zuwendungsobjektes will *Hepting* allerdings differenzieren, da der Sekundärzweck „Ausgestaltung der Ehe" nicht in jedem Fall durch die Scheidung berührt wird. Noch nicht erbrachte Leistungen müssen nicht mehr erfolgen; der zugewendete Anspruch erlischt[115]. Zuwendungen, die die Ausgestaltung der Ehe in der Vergangenheit bezweckten, etwa teure Urlaubsreisen, sind nicht rechtsgrundlos erfolgt, da sie ihren Zweck bereits erfüllt haben[116].

---

[105] *Hepting* § 31 III 2a (S. 394).

[106] § 31 III 2a, aE (S. 396).

[107] S.o. Fn 106.

[108] S.o. Fn 106.

[109] § 31 III 1b, Fn 543 (S. 392); § 31 III 2a, Fn 575 (S. 396); § 33 II 3d, aE (S. 424).

[110] § 31 III 1b (S. 392).

[111] Begriff von *van den Daele* S. 22; *Hepting* aaO Fn 110.

[112] § 30 IV 3 (S. 375): sog. Doppelfunktion der causa als Verpflichtungsgeschäft (innere causa) und dem Leistungsgeschäft zugeordnete Behaltensberechtigung (äußere causa); Nachweise bei *Hepting* § 28 III (S. 323 ff.).

[113] § 30 III (S. 367 ff.).

[114] *Hepting* § 30 III (S. 368 f.) mit Hinweis auf *U. Huber* JuS 1972, 57, 64.

[115] § 32 I 1 (S. 401).

[116] S.o. Fn 115 u. § 29 IV 3 (S. 351).

Lediglich Zuwendungen, die der Ausgestaltung der Ehe in der Zukunft dienen sollten, haben ihren Rechtsgrund verloren[117]. Sie sind nach *Hepting* mit der condictio ob causam finitam kondizierbar, jedenfalls soweit der Rechtsgrund für die Zukunft entfallen ist[118].

2. Dogmatische Begründung

a) Angelpunkt des Systems von *Hepting* ist die These, daß die Ausgestaltung der ehelichen Lebensgemeinschaft „a priori" Inhalt jeder Zuwendungscausa ist. Der Autor vermeidet damit zu Recht die einst vom BGH vertretene Auffassung, Rechtsgrund von Zuwendungen sei die Ehe selbst. Im Ergebnis ist aber die Abhängigkeit der „zwischengeschalteten" Zuwendungscausa vom Bestand der Ehe dieselbe.

Richtig ist sicherlich der Ansatz, daß Zuwendungen unter Ehegatten nicht losgelöst vom „ehelichen Band" gesehen werden können. Damit ist aber noch nicht gesichert, daß die bezweckte „Konkretisierung der Ehe"[119] die Hürde vom Motiv zum Vertragsinhalt generell überspringt. Daß der „Anlaß" Ehe zum Rechtsgrund der Zuwendung als „innerer Rechtsgrund des Grundgeschäfts" gehören kann, ist nur eine Möglichkeit von vielen[120].

b) Die nächste Frage ist, ob die Ehescheidung die von *Hepting* genannten Rechtsfolgen auszulösen vermag.

Eine Leistung erfolgt nicht zweckfrei, sondern zur Erfüllung des ihr zugrundeliegenden Schuldverhältnisses, das wiederum von den Zweckvorstellungen der Parteien geprägt ist[121]. Von den typischen Zwecken der gängigen Vertragstypen, die wegen des entsprechend größeren Regelungsbedürfnisses durch Verkehrsübung, Gesetz oder Rechtsprechung festgelegt sind, lassen sich atypische, individuelle Zwecksetzungen abgrenzen[122]. Ausfluß der Vertragsfreiheit[123] ist es, daß auch typische Rechtsgeschäftsinhalte der Modifizierung mit atypischen Zwecken zugänglich sind. Diese können als „Erweiterung des Rechtsgrunds"[124] oder „Mischung"[125] von Zwecken gleichberechtigt nebeneinander angesiedelt, oder im Sinne einer Rangordnung „angestaffelt"[126]

---

[117] § 30 IV 3 (insbes. S. 374 f.); § 32 I 1 (S. 400 f.).

[118] § 34 II (S. 430).

[119] *Hepting* § 32 I 1 (S. 401).

[120] Diese Möglichkeit bestreitet soweit ersichtlich allein *Streck* S. 113 f. AA *Gernhuber,* FamR § 19 II 6 (S. 189); *Seutemann* FamRZ 1983, 990, 991; *Hepting* § 1 III 2 c (S. 13 f.).

[121] *Hepting* § 28 II, III (S. 322 ff.) passim mwN.

[122] *Ehmann* S. 172.

[123] *Liebs* JZ 1978, 697, 700.

[124] *U. Huber* JuS 1972, 57, 59.

[125] *Ehmann* S. 176.

sein. Dadurch wird die Leistungspflicht selbst beeinflußt, so daß bei Nichterreichbarkeit[127] des individuellen Leistungszwecks die - an sich noch mögliche – typische Leistung für den konkreten Zweck nicht erbringbar ist, zumindest aber sinnlos wird. Läßt sich z. B. im „Brautmöbelfall“[128] der Verkäufer auf das Angebot des Brautvaters ein, die Möbel ausdrücklich nur für die Ausstattung seiner Tochter „als Braut“ kaufen zu wollen[129], kann dieser Zweck nicht mehr erreicht werden, wenn sich die Hochzeit zerschlägt.

Die Zweckverfehlung an sich ist bis auf wenige Ausnahmen[130] keine eigenständige Leistungsstörungskategorie des Schuldrechts. Ohne auf einen außergesetzlichen Erlöschensgrund der Zweckverfehlung auszuweichen[131], führt die Anwendung der §§ 275, 323 zu plausiblen Lösungen. Durch die Aufnahme atypischer, individueller Zwecke in einen Vertrag wird die durch diesen inneren Rechtsgrund definierte geschuldete Leistung innerhalb des Rahmens der typischen Zwecke auf nur einen einzigen, individuellen Zweck reduziert[132]. Ist dieser Zweck wie im Brautmöbelfall durch Zerschlagung der Heirat nicht erreichbar, ist die eng determinierte Leistung unmöglich geworden. Nach § 275 wird der Schuldner von der Leistung frei[133]. Wurde bereits geleistet, entfällt wegen der später eintretenden Unmöglichkeit der Rechtsgrund ex nunc, die Zuwendung ist mit der condictio ob causam finitam kondizierbar[134]. Darin verwirklicht sich die vom (Sachleistungs-)Schuldner durch die individuelle Leistungskonkretisierung übernommene Gefahr. Bleibt es dagegen beim typischen Vertragsbild, endet das Leistungsrisiko des Schuldners mit der Erfüllung; die weitere Zwecktauglichkeit der Leistung für die Zwecke des Gläubigers fällt in dessen Risikobereich[135].

Übertragen auf Zuwendungen unter Ehegatten bedeutet dies, daß die causa der Zuwendung so ausgestaltet sein kann, daß sie nicht zum generellen Behaltendürfen legitimiert, sondern diese Befugnis lediglich dem Ehegatten als sol-

---

126 *Ehmann* S. 173; ders. NJW 1973, 1035; krit zur Zweckstaffelung *Liebs* JZ 1978, 697, 700. Im Ergebnis kommt es darauf nicht an.

127 Die Fälle der anderweitigen Zweckerreichung spielen bei Ehegattenzuwendungen keine Rolle. Dazu *Beuthien* S. 145 ff.; *Fikentscher,* SchR § 39 VI.

128 Beispiel von *Lenel* AcP 74 (1889), 213, 225; s.a. *Kegel,* Gutachten S. 156, 196; *Larenz,* Geschäftsgrundlage S. 6; *Hepting* § 30 II (S. 360) mwN in Fn 324.

129 Das ist sicher die Ausnahme. Vorstellbar wird der Fall aber, wenn der Verkäufer ein naher Verwandter ist.

130 Z.B. § 726 BGB, s. hierzu *Esser,* SchR 2. Aufl. 1960, § 85, 3b aa (S. 378).

131 Sog. Zweckerreichungstheorie, vgl. *Beuthien* S. 147 bei Fn 6.

132 Vgl. *Beuthien* S. 160 f.: „Verpflichtete sich der Schuldner ... zweckbestimmt, so machte er seine Leistung zweckempfindlich und engte den Bereich der Leistungsmöglichkeit ein“.

133 *Beuthien* S. 160; *U. Huber* JuS 1972, 57, 64. Das Problem, wie sich die Unmöglichkeit der Sachleistung auf die Gegenleistung auswirkt, taucht bei Zuwendungen i.S.d. § 1380 in der Regel nicht auf; dazu *Beuthien* S. 180 f., 196 ff.

134 *U. Huber* JuS 1972, 57, 64; *Westermann* S. 208 f.

135 *Beuthien* S. 160, 180.

chem zustehen soll. Durch die Ehescheidung wird es unmöglich, den Vertragszweck weiterhin zu erreichen. Damit entfällt der Rechtsgrund der Zuwendung und macht diese kondizierbar. Der rechtstechnische Unterschied zur Vereinbarung einer auflösenden Bedingung besteht darin, daß diese jeder nicht bedingungsfeindlichen causa zugeordnet werden kann, während hier die causa von vornherein durch die spezifische Abhängigkeit vom vereinbarten Leistungszweck ihren Auflösungsgrund in sich trägt.

Dogmatisch ist *Heptings* Lösung damit in sich stimmig und jedenfalls nicht generell von der Hand zu weisen[136].

3. Der Geschäftszweck Ehe als typischer Inhalt der causa von Zuwendungen unter Ehegatten?

Mit der theoretischen Möglichkeit einer eheabhängigen Zuwendung ist noch nicht viel gewonnen. Der näheren Nachfrage bedarf die These, daß der wahrscheinliche, hypothetische Wille eines typischen Ehepaares, an dem sich mangels konkreter Abreden die Inhaltsbestimmung der Zuwendungscausa orientieren muß, regelmäßig den engen „Geschäftszweck Ehe" beinhalte[137]. Voraussetzung dafür ist eine gemeinsame, auf die Ehe bezogene Vereinbarung beider Ehegatten[138]. Diese für jede Zuwendung anzunehmen, trifft sicher nicht immer die Intentionen der Beteiligten, die sich wiederum nur aus einer Analyse der typischen Interessenlagen erschließen lassen.

a) „Noch nicht erbrachte" Zuwendungen

Eine Eheabhängigkeit ist am ehesten bei den noch geplanten Zuwendungen anzunehmen. Die gesamte Planungsbasis ist durch die Ehescheidung entfallen. Die Ansicht von *Hepting*, daß „vereinbarte Pflichten" erlöschen[139], ist deshalb auf den ersten Blick bestechend. Andererseits weiß auch *Hepting*, daß eine Zuwendung bereits mit der Begründung eines Anspruchs vorliegt[140]. Eine Differenzierung zwischen „bereits erbrachten Leistungen" und lediglich „vereinbarten Pflichten"[141] ist deshalb im Hinblick auf die Ermittlung der mutmaßlichen Zuwendungscausa fragwürdig.

aa) Voraussetzung für eine Zuwendung ist eine wirksame Verpflichtung. Daran wird es bei einem in Aussicht gestellten Geschenk schon mangels eines

---

136 Kritisch zur „Vermengung von Geschäftszweck und Leistungszweck" aber *Reuter/Martinek* § 4 II 2b (S. 89 ff.) und § 5 III 2c, insbes. S. 165 jeweils mwN.

137 *Hepting* § 31 III 1b (S. 392).

138 *Ehmann* S. 172.

139 *Hepting* § 32 I 1 (S. 401).

140 *Hepting* aaO; *Larenz,* SchR II, 1. Halbbd. § 47 I aE (S. 201).

141 *Hepting* aaO.

formwirksamen Schenkungsversprechens nach § 518 fehlen. Liegt ein solches Versprechen aber in der gehörigen Form vor, besteht im Prinzip kein Grund für eine Differenzierung, da nur der Zufall oder die kühle Berechnung des Scheidungswilligen darüber entscheiden wird, ob das Versprechen bereits erfüllt ist, bevor der Scheidungsantrag rechtshängig wird.

Eine sog. unbenannte Zuwendung kann, da sie qua definitione nicht unentgeltlich erfolgt, theoretisch Gegenstand einer formfreien, verpflichtenden Einigung sein. Die Frage bleibt aber, ob etwa die Erklärung, binnen eines bestimmten Zeitraumes einen „Zweitwagen“ anschaffen zu wollen, überhaupt rechtsgeschäftlich verbindlichen Charakter hat. Im Zweifel wird davon nicht ausgegangen werden können, denn selbst bei weiterbestehender Ehe ist klar, daß Veränderungen der äußeren Umstände wie etwa ein Umzug oder der Verlust des Arbeitsplatzes entsprechende Veränderungen der Lebensplanung erfordern[142]. Letztendlich handelt es sich nur um erklärte Vorstellungen über die weitere „Ausgestaltung“ der Ehe, nicht aber um schuldrechtliche Verpflichtungen.

Gegen eine mehr als nur theoretische Möglichkeit einer wirksamen Verpflichtung zur Vornahme einer unbenannten Zuwendung spricht schließlich schon der Begriff selbst. Es ist ein Wesenszug der unbenannten Zuwendung, daß erst dann, wenn sie tatsächlich erfolgt ist, die Suche nach ihrem Rechtsgrund einsetzt. Wo sie tatsächlich noch nicht erfolgte, wird auch keine Verpflichtung zu finden sein.

bb) Eine „Verpflichtung“ zur Übertragung oder Begründung eines Miteigentumsanteils ist wegen des auch für Miteigentumsanteile geltenden § 313[143] formfrei ohnehin nicht möglich. Wird die Ehe vor der nach § 873 I zum Eigentumsübergang erforderlichen Auflassung und Eintragung des Empfängers geschieden, besteht kein Grund, den Sachverhalt anders als bei bereits erfolgtem Eigentumsübergang zu behandeln. Wenn auch die Enttäuschung des Zuwendenden verständlich ist und beträchtlich sein wird, ist dogmatisch kein anderes Ergebnis zu rechtfertigen. Dazu besteht auch kein Anlaß, denn zumindest die Warn- und Schutzfunktion des § 313[144] macht dem Zuwender klar, daß der wichtigste rechtserhebliche Schritt auf dem Weg zur Übereignung ansteht und er aus der unverbindlichen Lebensplanung zu deren Verwirklichung gelangt ist.

Hepting ist deshalb nicht zuzustimmen, wenn er in einem Beispiel, in dem der Ehemann das von der Frau ererbte Haus kauft, konstatiert, hier sei die Zuwendung – nach dem Vertragsabschluß (!) – „noch nicht über die Stufe des Verpflichtungsgeschäfts hinaus gediehen, eine Leistung also noch nicht

---

[142] Im Ergebnis unstreitig. Nachweise bei *Hepting* § 8 III (S. 70 ff.).

[143] MünchKomm-*Kanzleiter* § 313 Rz 11.

[144] Dazu BGH NJW 1974, 271; BGHZ 87, 150, 153.

erbracht“[145]. In diesem Beispiel kauft der Mann das Haus zudem „zu einem marktgerechten Preis“, damit seine Frau Pflichtteilsberechtigte und Vermächtnisnehmer ausbezahlen kann, ohne daß das Haus, in dem sich die gemeinsame Ehewohnung befindet, an Dritte veräußert werden muß. Der Kauf zum Marktpreis deutet eher auf ein eheneutrales Rechtsgeschäft hin, denn für den einzig ehebezogenen Zweck, die gemeinsame Wohnung zu erhalten, hätte es genügt, der Frau den zur Befriedigung der Gläubiger erforderlichen Geldbetrag zur Verfügung zu stellen.

Festzuhalten ist daher, daß lediglich geplante Vermögensverschiebungen keine Zuwendungen sind. Wo aber eine Zuwendung vorliegt, spielt es für die Beurteilung der Interessenlage keine Rolle, ob die Zuwendung „nur“ in der Begründung eines Anspruchs besteht, oder ob dieser bereits erfüllt ist.

b) Bereits erbrachte Zuwendungen, insbesondere die „Hausbaufälle“

Die größte praktische Bedeutung haben die Fälle, in denen der alleinverdienende Ehegatte den „Hauskauf“ – oder Bau finanziert und der andere sofort oder später das hälftige Miteigentum am Grundstück erwirbt.

Der „Geschäftszweck Ehe“ ist dann schon deshalb anzweifelbar, weil das gemeinsame Wohnen im „eigenen Haus“ unabhängig von der Gestaltung der Eigentumsverhältnisse erreicht werden kann[146]. Andererseits ist offensichtlich, daß die Eigentumsstreuung nicht unabhängig von der bestehenden Ehe gewählt wird. Die „Ausgestaltung“ der Ehe besteht dann in der Beteiligung des nicht oder weniger verdienenden Ehegatten am in der Vorstellung der Beteiligten vorhandenen „Familienvermögen“[147]. Dies ist ein echter, da durch die bloß gemeinsame Benutzung des Eigenheimes nicht erreichbarer Zweck.

aa) Geschäftszweck Vermögensaufteilung

Tragendes Motiv ist beim gemeinsamen Erwerb von Wohnungseigentum sicher das latent vorhandene Bewußtsein, zur Verwirklichung dieses Vorhabens durch gemeinsame Leistungen oder Entbehrungen beigetragen zu haben. Das in diesem Zusammenhang oft gebrauchte und sicher richtige Bild, die Ehegatten handelten in der Vorstellung, „was Mein ist, ist auch Dein“[148], trifft den Kern der Sache allerdings nicht ganz genau. Wer daraus ableiten will, das Bewußtsein für die im gesetzlichen Güterstand geltende Gütertrennung sei

---

[145] § 30 IV 3 (S. 374).

[146] Ebenso BGH FamRZ 1966, 91 = NJW 1966, 542; *Kühne* FamRZ 1969, 371 f.

[147] BGH FamRZ 1966, 91; FamRZ 1972, 201; OLG Karlsruhe FamRZ 1981, 556, 557; *Hülsheger* S. 102 ff. passim.

[148] *Lieb* S. 123; *Hülsheger* S. 94.

nicht sonderlich ausgeprägt[149], die Eheleute lebten vielmehr gefühlsmäßig in einer tatsächlichen „Gütergemeinschaft"[150], hat Schwierigkeiten zu erklären, warum dann überhaupt die Form des Miteigentums gewählt wird. Gerade daran zeigt sich, daß eine wenigstens grobe Kenntnis des Güterstandes nicht die Ausnahme ist; spätestens bei der Beratung durch die Bank oder den Notar wird ihnen die tatsächliche Rechtslage offenbart werden[151].

Als typischer Zweck der Miteigentumsbegründung steht damit die Vermögensaufteilung – *Heptings* „Gemeinschaftscausa" – im Vordergrund. Mit ausschlaggebend wird dabei die Einsicht sein, daß es einer partnerschaftlichen Ehe nicht sonderlich zuträglich ist, wenn ein Partner immer wohlhabender wird und der andere das Nachsehen hat[152]. Dahinter steht aber der ebenfalls nicht volkstümliche, d. h. weitverbreitete Gedanke, den anderen Ehegatten „versorgt" wissen zu wollen. Damit ist nicht nur eine bessere materielle Absicherung für das Alter[153], sondern auch eine verbesserte erbrechtliche Stellung[154] des Zuwendungsempfängers intendiert. Die Vermögenspartizipation ist also nicht Selbstzweck, sondern weist über sich und den „Vollzug" der Ehe hinaus[155].

Vernachlässigbar ist dabei die „Flucht in die Sachwerte"; solange die Ehe intakt ist, kommt es für diesen Schutz vor den Folgen der Geldentwertung nicht darauf an, in wessen Hand sich Sachwerte befinden[156], sondern daß sie überhaupt vorhanden sind. Daß den Gläubigern des Zuwendenden Haftungswerte entzogen werden, ist in der Regel ebenfalls nicht ausschlaggebend.

bb) Gegensätzliche Interessen bei der Vermögensaufteilung

Die „Ausgestaltung der Ehe" oder der „Geschäftszweck Ehe" kann also, ganz im Sinne *Heptings*, allenfalls Sekundärcausa der Zuwendung sein und zwar im Sinne einer Rangordnung der Art, daß es nur in zweiter Linie um die Ausgestaltung der Ehe geht. Weil die konkrete Zuwendung zwar ohne die bestehende Ehe nicht vorstellbar ist, sie aber zur „Ausgestaltung" der Ehe im eigentlichen Sinn nicht erforderlich ist, ist es fragwürdig, von einem typischerweise vorhandenen Teil der Zuwendungscausa auszugehen. Vielmehr wird es angesichts der Primärzwecke wie Altersvorsorge und Verbesserung der erbrechtlichen Stellung an der wesentlichen Voraussetzung für die Vereinbarung

---

149 Angedeutet in BGH FamRZ 1972, 201, 202.

150 *Burckhardt* S. 293; *Hülsheger* S. 94 u. 104 mwN.

151 *Hülsheger* S. 105.

152 *Gernhuber,* FamR § 34 I 8 (S. 460); MünchKomm-*Kanzleiter* vor § 1408 Rz 12.

153 Vgl. BGH NJW 1972, 580 = FamRZ 1972, 201 (Gütertrennung).

154 BGH FamRZ 1982, 1066.

155 *Schwab,* FamR Rz 244 aE; ihm folgend *Hülsheger* S. 162.

156 *Lieb* S. 123.

einer Sekundärcausa fehlen, nämlich am beiderseitigen Willen, diese causa zu begründen. Über die Ehe hinausweisende Zwecke verlören ihren Sinn, wenn sie vom Bestand der Ehe abhängig gemacht würden. Die typische Interessenlage ist nicht durch Altruismus sondern durch verständlichen Egoismus geprägt[157]: die Ehefrau will versorgt sein, der Mann will versorgen – oder umgekehrt. Beide Zwecke sind gegenläufig, so daß schon vom Zuwendenden, wenn es ihm ernst ist, noch viel weniger aber vom „bedürftigen" Empfänger typischerweise erwartet werden kann, er würde den Bestand der Vermögensverschiebung von dem der Ehe abhängig machen wollen.

Nur so löst sich auch ein Wertungswiderspruch in *Heptings* System, der lediglich deshalb dort nicht deutlich wird, weil Hepting nicht auf das güterrechtliche Ausgleichssystem der §§ 1372 ff. eingeht[158]. Zuwendungen, deren Zweck die Vermögensumverteilung ist, liegt nach *Hepting* die „Gemeinschafts- oder Ausgleichscausa" zugrunde. Er nennt als solche Zuwendungen ausdrücklich die, die gem. § 1380 I S. 2 einen vorweggenommenen Ausgleich des Zugewinns darstellen[159]. Eine Zuwendung i.S.d. § 1380 I aber muß, um anrechenbar zu sein, auch und gerade im Fall der Scheidung rechtsbeständig sein. Zwar bildet § 1380 I S. 2 keinen eigenständigen Rechtsgrund für die Zuwendung. Aus der Sicht des Gesetzes aber bleibt der Rechtsgrund dieser Zuwendungen regelmäßig von der Ehescheidung unberührt; anders kann es nur ausnahmsweise sein, sonst würde die Anrechnungsvorschrift weitgehend ins Leere laufen. Gerade das ist bei *Hepting* die Regel: eine Zuwendung mit „Gemeinschaftscausa" i.S.d. § 1380 I S. 2, deren Rechtsgrund im Fall der Ehescheidung ex nunc wegfällt, ist also ein Widerspruch in sich.

c) Sonstige Zuwendungen

Auch andere Zuwendungen, die der Ausgestaltung der Ehe dienen, sollen im Scheidungsfall kondizierbar sein. *Hepting* bringt hierzu das Beispiel eines Ehemannes, der ohne Wissen seiner Frau einen „Zweitwagen" kauft und ihn dieser „schenkt"[160]. Der Zweitwagen soll „zum Unterhalt" gehören. Auch wenn hier nur eine unbenannte Zuwendung vorliegen sollte – bei einem Schmuckstück desselben Wertes wäre eine Schenkung weniger zweifelhaft – handelt es sich doch um eine anrechenbare Zuwendung. Selbst wenn nach den Einkommens- und Lebensverhältnissen ein „Zweitwagen" als Unterhaltsleistung geschuldet wäre, würde es genügen, wenn er der Ehefrau tatsächlich zur Verfügung stünde; eine Übereignung wäre nicht erforderlich[161]. Auch hier

157 Ebenso *Lipp* AcP 180 (1980), 537, 600 zu Zuwendungen in der nichtehelichen Lebensgemeinschaft.

158 *Langenfeld* NJW 1985, 843.

159 S.o. Fn 109.

160 *Hepting* § 30 IV 3 aE (S. 376).

161 Vgl. KG OLG 21, 243.

handelt es sich um eine Zuwendung mit „Gemeinschaftscausa“, da eine bloße „Konkretisierungscausa“[162] zur Ausgestaltung der Unterhaltspflicht schon am fehlenden Zusammenwirken der Eheleute scheitert. Da eine Übereignung des Fahrzeugs nicht hätte erfolgen müssen, ist auch vom mutmaßlichen Willen der Beteiligten her eine Vermögensumverteilung gewollt. Wird § 1380 I S. 2 in die normativ typisierende Ermittlung des Parteiwillens einbezogen, muß dem Ehemann eher an einer von der „Ausgestaltung der Ehe“ unabhängigen Zuwendung gelegen sein, da ihm die Kondiktion die Anrechnungsmöglichkeit mit den Vorteilen der Werterhaltung nimmt. Dies gilt auch für gemeinsam geplante Anschaffungen. Ihnen liegt stets die „Gemeinschaftscausa“ zugrunde. Da die Zuwendung i.S.d. § 1380 I S. 2 auch nach *Hepting* den Zweck hat, den Zugewinnausgleich vorwegzunehmen[163], ergibt sich wie in den Hausbaufällen derselbe Widerspruch, wenn eine so verstandene Zuwendung im Fall der Ehescheidung kondizierbar sein soll. Dabei kann es dahinstehen, ob die Zuwendung mit Mitteln aus dem Zugewinn oder aus dem Anfangsvermögen finanziert wurde. § 1380 I S. 2 kommt in beiden Fällen zur Anwendung und auch eine Zuvielleistung löst keine Kondiktion aus.

d) Finanzierung des Hausbaues auf dem Grundstück des Ehegatten

Stellt ein Ehegatte dem anderen Geld zur Verfügung, um ein diesem gehörendes Grundstück zu bebauen[164], kann eine andere Beurteilung geboten sein.

Wegen der gemeinsamen Nutzung der von beiden Teilen eingebrachten Vermögenswerte dient die Zuwendung tatsächlich dem Zweck, den Rahmen der Ehe auszugestalten. Dabei kann es dahinstehen, ob der Zuwendende ein eigenes Familienheim unabhängig vom Grundbesitz des anderen hätte erwerben können, oder ob dieses Ziel nur durch Verbindung der vorhandenen Vermögenswerte zu erreichen war. Entscheidend ist nur der tatsächliche Einsatz der Mittel.

In den sicher seltenen Fällen, in denen der Zuwendende ein großes Vermögen besitzt oder zu erwerben ansteht[165], wird die Zuwendung wie bei der Begründung von Miteigentum der Vermögensumverteilung und der Absicherung des Empfängers dienen.

aa) Im Normalfall wird allerdings das Haus den größten Teil des „Familienvermögens“ darstellen, so daß es an einer gleichmäßigen Vermögensverteilung gerade fehlt[166]. Hier liegt es durchaus nahe, die „Ausgestaltung der Ehe“

---

[162] *Hepting* § 18 I (S. 167 ff.) passim u. § 31 III 2a (S. 396).
[163] § 31 III 1b Fn 543 (S. 392).
[164] Vgl. BGH FamRZ 1968, 23.
[165] Vgl. *Hülsheger* S. 107 f., der allerdings den letzten Fall für die Regel hält.
[166] *Hülsheger* S. 107.

als Sekundär- oder gar Primärcausa der Zuwendung anzusehen. Da den Beteiligten aber sicher nicht jedes Bewußtsein für die nunmehr eingetretene Vermögenslage fehlen wird[167], hätten sie ebensogut eine ausdrückliche Vereinbarung treffen können. Deren regelmäßiges Fehlen erklärt sich aus dem Vertrauen auf das weitere Bestehen der Ehe, in der die rechtliche Zuordnung gemeinsam genutzter Vermögenswerte belanglos ist[168]. Deshalb ist es problematisch, die Zuwendung so eng mit der Ehe verknüpft zu sehen, daß ihr Rechtsgrund im Falle der Scheidung wegfallen soll. Die Scheidung stellt eben eine Enttäuschung von Erwartungen dar, die in aller Regel im Vorfeld der Willenserklärungen liegen und deshalb zu den für das Bereicherungsrecht unrelevanten Motiven zählen[169].

bb) Was „normalerweise" Motiv einer Vertragspartei ist, kann allerdings zum Vertragsinhalt erhoben werden[170]. Ausdrückliche Vereinbarungen fehlen zumeist. Typischerweise aber, und das entspricht der Ermittlung des Parteiwillens anhand normativ typisierender Kriterien, wird als selbstverständlich Vorausgesetztes keinen Eingang in den rechtsgeschäftlichen Willen einer Partei finden, „weil der psychologische Vorgang am abgeblaßtesten ist"[171]. Wer atypische Zwecke zum Vertragsinhalt erheben will, muß dies mit entsprechender Deutlichkeit[172] tun, damit insbesondere dem Geschäftspartner deren Relevanz bewußt wird. Nach *Beuthien* „müssen beide Teile das Bewußtsein und den Willen haben, daß sich die Verfehlung oder der Wegfall des in Aussicht genommenen Zweckes rechtlich auf den abgeschlossenen Vertrag auswirken soll"[173].

Natürlich weiß der Grundstückseigentümer, daß sein Ehegatte den Hausbau nicht finanziert hätte, wenn er eine baldige Scheidung in Betracht gezogen hätte. Er hätte aber wahrscheinlich selbst den Hausbau abgelehnt, wenn er das Bewußtsein gehabt hätte, den Mehrwert, den sein Grundstück nun erlangt hat, im Fall der Scheidung herausgeben zu müssen, zumal dies regelmäßig den Verkauf des Grundstückes bedeuten würde. Dahinter muß nicht notwendig übertriebener Egoismus zu suchen sein, aber ebenso wie der Zuwendende um des Ehefriedens willen nicht auf eine Miteigentumsübertragung drängt,

---

167 Vgl. *Lieb* S. 123: die Forderung nach Einräumung der Miteigentümerstellung hätte geradezu als Mißtrauen angesehen werden können.

168 OLG Karlsruhe FamRZ 1981, 556, 557; *Lieb* S. 123.

169 *Deubner* FamRZ 1968, 351; *Holzhauer* JuS 1983, 830, 832.

170 *Ehmann* S. 173; *Hepting* § 30 IV 3, aE (S. 375).

171 So *Oertmann* S. 37 zur subjektiven Geschäftsgrundlage; dagegen, aber im hier geg. Zusammenhang mit demselben Ergebnis *Locher* AcP 121 (1923), 1, 14: „je weniger Anlaß zu der Befürchtung einer Störung des normalen Kausalverlaufs gegeben ist, desto weniger wird der Partei die kausale Bedeutung bestimmter Umstände zum Bewußtsein kommen". Ebenso *Ehmann* S. 142.

172 *Ehmann* S. 144, 172.

173 *Beuthien* S. 183.

wird der Zuwendungsempfänger mit einer gewissen Endgültigkeit der Vermögensverteilung rechnen. Mit einer nur „gewissen“ deshalb, weil im Fall der Ehescheidung ohnehin Konsequenzen anstehen, die näher zu bedenken während funktionierender Ehe kein Anlaß besteht. Beide Ehegatten handeln in großem, aber selbstverständlichem Vertrauen auf eine gemeinsame Zukunft. Deshalb ist es auch im hier behandelten Fall nicht „lebenstypisch“, daß sie Zuwendungen vom Bestand der Ehe in der von *Hepting* gemeinten Art und Weise abhängig machen. Typischerweise werden sie stattdessen, wenn sie überhaupt einmal an eine Scheidung denken, auf die Richtigkeit und Angemessenheit der gesetzlichen Scheidungsfolgenregelung vertrauen[174]; die tatsächliche Lage dürfte nicht anders als bei der gesetzlichen Erbfolgeregelung sein, die in der Mehrzahl der Fälle mangels einer Verfügung von Todes wegen hingenommen, wenn nicht gar für richtig gehalten wird[175]. Daß der Grundstückseigentümer und Zuwendungsempfänger möglicherweise jahrzehntelang damit rechnet, die mit dem Hausbau eingetretene Bereicherung ganz oder teilweise[176] (inwieweit wirkt der Hausbau noch in die Zukunft?) herausgeben zu müssen, ist demgegenüber so unrealistisch, daß entgegen der Ansicht von *Hepting* ein dies einbeziehender „typischer“ Wille verneint werden muß.

cc) Darüberhinaus sind Fallgestaltungen möglich, in denen es zumindest dem Willen des Zuwendenden entspricht, daß ein möglichst großer Teil seines Vermögens vollwirksam auf seinen Ehegatten übertragen wird. Entweder will er, aus welchen Gründen auch immer, nach außen nicht als Eigentümer „des Hauses“ in Erscheinung treten[177], oder er hat konkret die Absicht, seine Gläubiger zu benachteiligen[178]. Dies weist als weiterer Zweck jedenfalls über die „Ausgestaltung“ der Ehe hinaus. Erfolgte die Übereignung nachweisbar treuhänderisch, ist eine Rückforderung schon aufgrund des vorliegenden Auftragsverhältnisses möglich[179]. Da genauere Absprachen aber typischerweise fehlen, begegnet die Annahme einer „Treuhand-causa“ in allen Fällen den bereits oben genannten Bedenken, zumal nicht unerhebliche tatsächliche Hindernisse durch gegenteilige Behauptungen des Zuwendungsempfängers zu erwarten sind[180].

---

[174] Vgl. MünchKomm-*Kanzleiter* vor § 1408 Rz 18.

[175] Nur in etwa einem Drittel der Erbfälle liegt eine Verfügung von Todes wegen vor, vgl. *Leipold* AcP 180 (1980), 160, 194; MünchKomm-*Leipold* Einl zu § 1922 Rz 20.

[176] *Hepting* § 34 II d (S. 429 f.).

[177] BGH FamRZ 1969, 409, 410.

[178] Vgl. OLG Karlsruhe FamRZ 1981, 556: „Schenkung“ des Miteigentumsanteils an die Ehefrau, um Ansprüche eines nichtehelichen Kindes auf vorzeitigen Erbausgleich nach § 1934 d zu vereiteln; s. auch BGH FamRZ 1960, 58; 1967, 450 und OLG Stuttgart BWNotZ 1976, 88.

[179] So auch *Hepting* § 31 III 2a, aE (S. 396).

[180] Vgl. BGH FamRZ 1967, 450, 451 und *Joost* JZ 1985, 10, 17 r Sp.

4. Zusammenfassung der Bedenken

Der Vorschlag von *Hepting* überzeugt aus mehreren Gründen nicht.

a) Die nach der Ehescheidung eintretende Rechtsfolge, daß die Zuwendung, soweit sie zukunftsbezogen ist[181], kondizierbar sein soll, führt zu erheblicher Rechtsunsicherheit. Gerade „kleinere" Zuwendungen wie etwa ein „Zweitwagen" werden nicht selten aus den Ersparnissen des Zuwendenden finanziert. Der zukunftsbezogenen Nutzungsmöglichkeit steht also ein in der Vergangenheit abgeschlossener Sparvorgang gegenüber. Bei der Begründung von Miteigentum am Wohngrundstück stellt sich die kaum sicher zu beantwortende Frage, inwieweit die Beteiligung des Zuwendungsempfängers am Vermögen des anderen noch zukunftsbezogen ist – der „Wohnzweck" ist es allemal. Letztendlich schließt sich aber an die Kondiktion des Zuwendungsgegenstandes der Zugewinnausgleich an, der in den meisten Fällen die „Vorteile" der Kondiktion im Ergebnis zunichte machen würde.

b) Der gewichtigste Einwand bleibt aber der, daß *Hepting* bei der Ermittlung der „Sekundärcausa Ehe" zu einseitig auf die Interessenlage des Zuwendenden abstellt. Die schutzwürdigen Belange des Zuwendungsempfängers verbieten es aber, ihm ein Einverständnis mit einer Zuwendungscausa zu unterstellen, die für ihn weitgehend negative Auswirkungen hat. Die von *Hepting* befürwortete Zuwendungscausa kann nur im Konsens der Ehegatten entstehen. Ein dahingehender Wille des Zuwendungsempfängers kann aber allenfalls im Einzelfall konkret nachzuweisen sein, nicht aber für jede Zuwendung im Wege der normativ typisierenden Betrachtung generell unterstellt werden.

IV. Der Schenkungswiderruf

Wie bereits angeschnitten führt auch der Widerruf einer Schenkung wegen groben Undankes nach § 530 zur Rückforderung des Geschenkes nach § 812 I S. 2. Der Schenkungswiderruf wäre allein schon ein Thema für eine erschöpfende Arbeit[182]. Hier sollen dennoch zwei Fragestellungen aufgegriffen und kurz erörtert werden.

1. Voraussetzungen des Widerrufs

In der Literatur ist umstritten, ob der Schenkungswiderruf unter Ehegatten unter denselben Voraussetzungen wie unter Nichtverheirateten zulässig ist oder nur, wenn dem Undankbaren ein „exzessives Fehlverhalten" vorgewor-

---

[181] *Hepting* § 34 II d (S. 430).

[182] Vgl. die Arbeiten von *Seutemann* und *Kralemann*.

fen werden kann[183]. *Bosch* begründet die letztgenannte Ansicht vor allem damit, daß es „abwegig“[184] sei, nach Aufgabe des Verschuldensprinzips im Scheidungsverfahren nunmehr alle Eheverfehlungen im Schenkungswiderrufsprozeß auszubreiten. Der BGH ist dem im Gegensatz zu einigen anderen Gerichten[185] nicht gefolgt, da Scheidungs- und Scheidungsfolgenrecht den Widerruf von Schenkungen nicht regeln[186]. Daran ist richtig, daß Schenkungen, ob unter Ehegatten oder anderen, allein durch die §§ 516 ff. geregelt werden, die in § 530 auch den Schenkungswiderruf enthalten[187]. Da Sonderregeln für Ehegatten fehlen, besteht kein Anlaß, Ehegattenschenkungen gesondert zu behandeln[188]. Zudem enthält das Scheidungsfolgenrecht selbst in den §§ 1381, 1579, 1587 c und h Ausschlußklauseln, die „kaum härtere Anforderungen“[189] stellen als § 530 und somit auch im Scheidungsverfahren selbst genügend Anlaß bieten, die berühmte „schmutzige Wäsche“ zu waschen. Hätte der Gesetzgeber diese Art der gerichtlichen Auseinandersetzung vermeiden wollen, hätte er auf eine Norm wie § 530 verzichten müssen. Da für einen Schenkungswiderruf die gesamten Umstände des Einzelfalles, also auch das Verhalten des Schenkers zu würdigen sind[190], wird jeder Widerrufsprozeß zu unerfreulichen Auseinandersetzungen führen. Ein Grund, den beschenkten Ehegatten zu privilegieren, ist daher nicht anzuerkennen, zumal ein Schenkungswiderruf auch unabhängig von einer Scheidung möglich ist[191].

2. Auswirkungen der §§ 1372 ff. auf den Schenkungswiderruf

Primär hat der Schenkungswiderruf Auswirkungen auf die Berechnung der Zugewinnausgleichsforderung. Selbst wenn der Widerruf wie wohl in den meisten Fällen erst nach dem Berechnungsstichtag des § 1384 erfolgt, hat doch der spätere Wegfall des Rechtsgrundes nach § 812 I S. 2 i.V.m. § 531 II die-

---

[183] So *Bosch,* FS Beitzke S. 128 ff., insbes. S. 131 u. 139; zust. *Seutemann* S. 98 ff.; *Langenfeld* NJW 1986, 2541, 2542.

[184] *Bosch* Anm zu OLG Düsseldorf FamRZ 1980, 446, 447.

[185] LG Bonn FamRZ 1980, 359; LG Essen FamRZ 1980, 791; OLG Frankfurt FamRZ 1981, 778.

[186] BGH FamRZ 1985, 351 m zust Anm *Seutemann;* BGH FamRZ 1983, 349, 350 m abl Anm *Bosch;* BGHZ 87, 145, 147 = FamRZ 1983, 668 m abl Anm *Seutemann* S. 990 = NJW 1983, 1611 = DNotZ 1983, 690 = JR 1983, 453 m zust Anm *Olzen.*

[187] BGHZ 87, 145, 147.

[188] *Kralemann* S. 53; aA *Seutemann* S. 98 ff., insbes. S. 110 und FamRZ 1983, 990, 992 mit dem Argument, wo man sich „so eng auf der Pelle hockt“ müsse jeder mehr Verständnis aufbringen. Schenkungen unter Familienangehörigen dürften aber besonders häufig sein, ohne daß es eine entsprechende Prozeßflut gibt. Für die Ausgrenzung von Lappalien bedarf es keiner Restriktion des § 530.

[189] *Olzen* JR 1983, 455, 456; s. auch BGH FamRZ 1983, 349, 350.

[190] Dazu und näher zu den Anforderungen nach § 530 s. BGHZ 87, 145, 149 mwN und BGH FamRZ 1985, 351 m zust Anm *Seutemann.*

[191] *Kralemann* S. 53 mwN (Fn 59).

selben Auswirkungen wie dessen anfängliches Fehlen. Es kommt daher nicht darauf an, ob der Wegfall ex nunc oder ex tunc wirkt[192]: wie beim Schenkungswiderruf während bestehender Ehe erhöht der Bereicherungsanspruch des Schenkers als Aktivposten dessen nach § 1384 maßgebliches Endvermögen und verringert als Verbindlichkeit das des Beschenkten[193].

Seutemann sieht aber auch umgekehrt eine Beeinflussung des Widerrufsrechts durch die §§ 1372 ff. Ist der Wert des Geschenkes geringer als die – hypothetische – Ausgleichsforderung, bringt die Rückforderung gegenüber der Anrechnung keinen rechnerischen Vorteil. Dies legt nach seiner Auffassung „den Gedanken nahe, in der Mehrzahl der Fälle in der Ausübung des Widerrufs eine unsinnige, den Vorrang des Zugewinnausgleichs störende und gegenüber dem Ehegatten willkürliche Maßnahme zu erblicken“[194]. Er hält deshalb den Schenkungswiderruf für eine unzulässige Rechtsausübung, wenn der Widerrufende nicht darlegt, daß ihm der Schenkungswiderruf im Rahmen des Zugewinnausgleichs Vorteile bringen könne. Diese sah er zunächst nur dann, wenn nach der hM eine nichtanzurechnende oder zu hohe Schenkung vorliegt oder die §§ 1381 oder 1382 anwendbar sind, weil in den sonstigen Fällen die Ergebnisse von Zugewinnausgleich und Schenkungswiderruf wirtschaftlich identisch seien[195]. Später erkannte er auch dann einen Widerruf als zulässig an, wenn es dem Kläger „gerade um die Rückgabe des noch vorhandenen geschenkten Gegenstandes geht“[196].

Diese Ergänzung ist zu begrüßen, enthält sie doch genaugenommen eine Aufgabe der These von der rechtsmißbräuchlichen Ausübung des Widerrufsrechts. Die von *Seutemann* behauptete wirtschaftliche Identität der Ergebnisse ist in Wahrheit nicht gegeben. Nur der Schenkungswiderruf eröffnet dem Zuwender den Zugriff auf das Geschenk selbst[197], während die §§ 1372 ff. nur eine Berücksichtigung des Schenkungswertes erlauben. Der Schenker wird den Widerruf ohnehin nur wählen, wenn er am Schenkungsgegenstand selbst interessiert ist. Das ist aber vom Wert der Zuwendung und ihrer möglichen Anrechnung unabhängig. Der Widerruf einer Schenkung ist also wegen des daraus resultierenden gegenständlichen Rückforderungsanspruchs[198] in jedem Fall zulässig.

---

192 *Westermann* S.208; *Erman-Westermann* § 812 Rz 47; MünchKomm-*Lieb* § 812 Rz 140 mwN; *Staudinger-Lorenz* § 812 Rz 75 u. 92.

193 Im Erg. unstreitig, vgl. die Nachweise oben 1. Kap. Fn 136 u. 137.

194 *Seutemann* S. 143.

195 S. 142 f. und FamRZ 1983, 990, 993; vom Boden der hM aus gehört hierzu auch der Fall, daß die Schenkung vom Ausgleichsberechtigten stammt und § 1374 II anwendbar ist. *Seutemann* S. 127, will dann § 1374 II aber nicht anwenden.

196 *Seutemann* FamRZ 1985, 153, 155.

197 *Olzen* JR 1983, 455, 456 verweist zutreffend auf den Nachteil des Beschenkten, statt des Gegenstandes der Schenkung nur einen Wertausgleich in Geld zu erhalten; ebenso *Rauscher* AcP 186 (1986), 529, 559 f.

198 *Joost* JZ 1985, 10, 13 Fn 45.

D. Bereicherungsansprüche wegen Zweckverfehlung nach § 812 I S. 2, 2. Alternative (condictio causa data causa non secuta oder condictio ob rem[199])

I. Zur generellen Anwendbarkeit der condictio ob rem auf Ehegattenzuwendungen

1. Verdrängung durch die Lehre vom Wegfall der Geschäftsgrundlage?

Auch die condictio ob rem spielte in der Rechtsprechung[200] eine gewisse Rolle, ehe sie wie das gesamte Bereicherungsrecht zugunsten der Lehre vom Wegfall der Geschäftsgrundlage zurückgedrängt wurde. Ausschlaggebend hierfür sind weniger die dogmatischen Unsicherheiten über den Anwendungsbereich der condictio ob rem[201], als das vielgerügte „Alles oder Nichts"[202] des Bereicherungsanspruchs, das, allenfalls gemildert durch § 818 III[203], einer differenzierten, den Besonderheiten des jeweiligen Falles angepaßten Abwicklung entgegenstehe[204].

Uneingeschränkt ist die Ablehnung, die der condictio ob rem entgegenschlägt, jedoch nicht. Jenseits aller dogmatischen Schwierigkeiten ist es nicht ausgeschlossen, daß Rechtsgeschäfte unter Ehegatten derart ausgestaltet sind, daß bei Nichteintritt eines vereinbarten Erfolges die Kondiktion des § 812 I S. 2, 2. Alt. eingreift[205].

2. Der umstrittene Anwendungsbereich

Umstritten ist bereits der Anwendungsbereich der Kondiktion selbst. Die Rechtsprechung geht teilweise[206] davon aus, daß es genüge, wenn zusätzlich zu den in einem zweiseitig verpflichtenden Vertrag begründeten Primärpflichten ein darüberhinausgehender weiterer Zweck vereinbart werde[207].

---

199 Vgl. *Reuter/Martinek* § 5 III 1a (S. 147).

200 Vgl. RG HRR 1931 Nr. 1752; RG SeuffA 78 Nr. 124; BGH FamRZ 1969, 409; OLG Bamberg als Vorinstanz von BGH FamRZ 1968, 23; BGH WM 1972, 564; OLG Stuttgart BWNotZ 1976, 88; OLG Hamm als Vorinstanz von BGHZ 84, 361.

201 *Reuter/Martinek* § 5 III 1a (S. 146): „Die Rückforderung wegen Mißerfolgs ist das Sorgenkind der Leistungkondiktionen".

202 *Chiotellis* S. 64 f.; *Olzen* JR 1982, 495, 496.

203 Vgl. BGH WM 1972, 564 f.; *Reuter/Martinek* § 5 II 3 (S. 145); *Hepting* § 31 II 4b (S. 387); *Rolland* § 1356 Rz 38.

204 *Reuter/Martinek* § 5 II 3 (S. 145).

205 *Olzen* JR 1982, 495, 496 passim; *Hepting* § 30 IV 3 (S. 376 f.); *Erman-Heckelmann* § 1363 Rz 4; *Rolland* § 1356 Rz 38.

206 *Medicus,* Bürgerl. Recht Rz 691 Fn 21.

Ein gewichtiger Teil der Literatur bestreitet demgegenüber die Möglichkeit einer im Rahmen des § 812 I S. 2, 2. Alt. relevanten Zweckstaffelung[208]. Sie widerspreche vor allem dem finalen Leistungsbegriff, da die „rechtlich relevante Finalität“[209] einer Leistung nur in eine Richtung gehen könne[210]: ist eine Leistung geschuldet, könne nur noch zu ihrer Erfüllung, nicht aber auch zur Herbeiführung weiterer Zwecke geleistet werden. Für deren Berücksichtigung stelle das Schuldrecht allgemein die Vereinbarung einer Bedingung zur Verfügung, alles weitere führe zu einer „Perplexität der schuldrechtlichen Grundkategorien von Motiv, Bedingung, Geschäftsgrundlage, Geschäftszweck und Leistungszweck“[211]. Die Finalität der primären Verpflichtung entfaltet danach eine Sperrwirkung[212] für die Berücksichtigung weiterer Zwecke.

Für die Vertreter dieser Ansicht scheitern Ansprüche aus § 812 I S. 2, 2. Alt. daher in aller Regel schon daran, daß der zur „unbenannten causa“ hinzutretende weitere Zweck bereicherungsrechtlich irrelevant ist[213].

Eine Entscheidung, welcher der beiden Lehren zu folgen ist, kann dahingestellt bleiben[214]. Vordringlich ist zu klären, welchen Anforderungen eine Zweckvereinbarung genügen muß und welche möglichen Inhalte bei Zuwendungen unter Ehegatten überhaupt in Betracht kommen.

II. Die Zweckvereinbarung oder Rechtsgrundabrede i.S.d. § 812 I S. 2, 2. Alt.

1. Nichterzwingbarkeit der Gegenleistung

Gem. § 812 I S. 2, 2. Alt. ist eine Leistung herauszugeben, wenn der mit der Leistung nach dem Inhalte des Rechtsgeschäfts bezweckte Erfolg nicht eintritt. Trotz dieses Wortlauts, der die Frage nahelegt, wieso ein rechtsgeschäftlich vereinbarter Erfolg nicht erzwingbar sein soll[215], kommt als „bezweckter Erfolg“ nur eine „Gegenleistung“ in Betracht, zu der der Empfänger nicht

---

207 Sog. „Zweckstaffelungstheorie“, vgl. *Reuter/Martinek* § 5 III 2a (S. 156) und *Soergel-Mühl* § 812 Rz 211 jeweils mwN zur Rechtsprechung.

208 *Söllner AcP 163 (1964), 20, 44 f.; Frotz* AcP 164 (1964), 309, 326; *Reuter/Martinek* § 5 III 2c (S. 161 ff.) mwN; *Larenz,* SchR II § 69 II (S. 555 ff.); MünchKomm-*Lieb* § 812 Rz 165 (für den Regelfall). AA *Kühne* FamRZ 1968, 356, 358 Fn 20; *Liebs* JZ 1978, 697, 700; *Welker* S. 73 f.; *Fikentscher,* SchR § 99 III 2b (S. 677); *Erman-Westermann* § 812 Rz 51; *Soergel-Mühl* § 812 Rz 211 mwN.

209 So *Esser,* SchR II, 4. Aufl. 1971, S. 340.

210 *Reuter/Martinek* § 5 III 2c (S. 163).

211 *Reuter/Martinek* § 5 III 2c (S. 161).

212 *Reuter/Martinek* § 5 III 2c (S. 162, 164) mwN.

213 *Reuter/Martinek* § 5 II 3 (S. 145).

214 Ebenso *Lieb* S. 111, Fn 8 aE.

215 *Esser,* SchR II, 4. Aufl. 1971, S. 355.

ohnehin rechtlich wirksam verpflichtet ist[216]. Dann wäre der bezweckte Erfolg erzwingbar, eine Kondiktion der bereits erbrachten Leistung wäre im Verhältnis zu den Grundsätzen des Vertragsrechts systemwidrig[217]; bei Verzug oder Unmöglichkeit ergeben sich die Rechtsfolgen aus den §§ 320 ff.[218]. Ebensowenig darf sich der bezweckte Erfolg in der Erfüllung einer Verbindlichkeit erschöpfen, da bei Verfehlung dieses Zwecks bereits die condictio indebiti (§ 812 I S. 1, 1. Alt.) oder die condictio ob causam finitam (§ 812 I S. 2, 1. Alt.) eingreift[219]. Was als (weiterer) Zweck vereinbart wird, darf also weder so weit verpflichten, daß ein Anspruch darauf entsteht, noch darf es rechtlich erzwingbar sein. Die condictio ob rem enthält deshalb das ungeschriebene Tatbestandsmerkmal der „Nichterzwingbarkeit der Gegenleistung"[220].

Das als weiterer Zweck Vereinbarte ist dennoch nicht rechtlich bedeutungslos, vielmehr bietet es einen vorläufigen Behaltensgrund für die erbrachte Leistung. Solange der vereinbarte Zweck noch erreicht werden kann, besteht ein „Schwebezustand"[221]. Wird er endgültig nicht erreicht, entfällt die Behaltensberechtigung mit der Folge der Herausgabeverpflichtung[222]. Die condictio ob rem ist deshalb eine „Leistungskondiktion im materiellen Sinn"[223], sie enthält eine eigene „materielle Regelung der Behaltensberechtigung"[224], weshalb die Vereinbarung über den bezweckten Erfolg häufig als „Rechtsgrundabrede"[225] oder „Zweckvereinbarung"[226] bezeichnet wird. Die Rechtsgrundabrede geht über ein gemeinsames Motiv hinaus, ohne die Rechtsfolgen einer schuldrechtlichen Verpflichtung zu zeitigen. Zwischen Leistung und „Gegenleistung" besteht eine finale Beziehung[227] in dem Sinne, daß die Leistung zu dem Zweck erfolgt, die nichterzwingbare Gegenleistung zu erhalten. Es besteht also ein

---

[216] AA *Söllner* AcP 163 (1964), 20, 37: ausreichend, daß Anspruch auf Gegenleistung nicht vollstreckbar; ebenso *Bernhardt* S. 58 f.; dagegen *Welker* S. 84, Fn 22.

[217] *Reuter/Martinek* § 5 III 1b (S. 149); *Erman-Westermann* § 812 Rz 50; *Söllner* AcP 163 (1964), 20, 34.

[218] *Welker* S. 83.

[219] *Reuter/Martinek* § 5 III 1b (S. 149); *Erman-Westermann* § 812 Rz 50.

[220] *Reuter/Martinek* § 5 III 1b (S. 148).

[221] Vgl. BGH FamRZ 1968, 23 = NJW 1968, 245; *Reuter/Martinek* § 5 III 1b (S. 150),; *Hülsheger* S. 158; *Welker* S. 37; RGRK-*Heimann-Trosien* § 812 Rz 81 und 84.

[222] *Welker* S. 38.

[223] Begriff von *Fikentscher,* SchR § 99 III 1 (S. 674 ff.).

[224] *Welker* S. 72 ff.; ihm folgend *Reuter/Martinek* § 5 III 1b (S. 151); *Joost* JZ 1985, 10, 16; MünchKomm-*Lieb* § 812 Rz 160.

[225] *Reuter/Martinek* § 5 III 1b (S. 150); *Lieb* S. 112; MünchKomm-*Lieb* § 812 Rz 164.

[226] Dazu *Reuter/Martinek* § 5 III 1b (S. 150); *Welker* S. 74 u. 79; *Fikentscher,* SchR § 99 III 2b (S. 677); *Liebs* JZ 1978, 697, 700.

[227] KG MDR 1984, 492 mwN; *Welker* S. 84; *Söllner* AcP 163 (1964), 20, 31 ff.; *Palandt-Thomas* § 812 Anm 6 Ad.

„do ut des"-Verhältnis im tatsächlichen Sinne[228], eine Konstruktion, die ihre Rechtfertigung letztlich im Grundsatz der Vertragsfreiheit findet[229].

2. Anforderungen an die Begründung der Rechtsgrundabrede

Die Rechtsgrundabrede kommt nach den Vorschriften des Allgemeinen Teils des BGB durch Einigung über den „bezweckten Erfolg" zustande, also durch ausdrückliche, konkludente oder stillschweigende, übereinstimmende Willenserklärungen[230]. Erforderlich ist zumindest, daß der Empfänger die Erwartung des Leistenden kennt und durch die Annahme zu verstehen gibt, daß er die Zweckbestimmung billigt[231].

Zum Tatbestand einer Willenserklärung als „bestimmendem Akt"[232] gehört normalerweise der Geschäfts- oder Rechtsfolgewille[233], der darauf gerichtet ist, die gewollten Rechtsfolgen herbeizuführen, ohne daß freilich alle mit einem Rechtsgeschäft einhergehenden Rechtsfolgen im einzelnen bedacht werden müßten[234]. Für die Rechtsgrundabrede i.S.d. § 812 I S. 2, 2. Alt. bedeutet dies, daß die Beteiligten die wichtigste Rechtsfolge, die Herausgabe der Leistung bei Nichteintritt oder Verfehlen des „bezweckten Erfolges" kennen und wollen müssen, daß ihnen also der durch die nur vorläufige Behaltensberechtigung geschaffene „Schwebezustand" bewußt sein muß[235]. Fehlt ihnen jede Vorstellung einer rechtlichen Relevanz ihrer Zweckvereinbarung, kann es sich dabei nur um ein ein- oder beiderseitig zutage getretenes Motiv handeln. Wer also eine Zuwendung nur deshalb erbringt, weil er als bezweckten Erfolg eine nichterzwingbare Gegenleistung des Empfängers erwartet, muß ihm dies erkennbar machen und die Zuwendung gegebenenfalls unter entsprechende Vorbehalte stellen[236].

Zumindest die subjektiven Erfordernisse für die Vereinbarung einer Rechtsgrundabrede i.S.d. condictio ob rem machen schon hier deutlich, daß ein allzu großer Anwendungsbereich für Ehegattenzuwendungen nicht zu erwarten ist[237].

---

228 Vgl. *Lipp* AcP 180 (1980), 537, 581 mwN: „Leistungsaustausch nach synallagmatischem Verständnis".

229 *Reuter/Martinek* § 5 III 1b (S. 150); *Welker* S. 76; *Erman-Westermann* § 812 Rz 52.

230 BGHZ 44, 321, 323; BGH NJW 1973, 612, 613; zur Differenzierung zwischen stillschweigender und konkludenter Willenserklärung vgl. *Larenz,* AT § 19 IVa, b (S. 346 ff.).

231 BGHZ 44, 321, 323.

232 *Larenz,* AT § 19 I (S. 323).

233 Vgl. nur *Eisenhardt* JZ 1986, 875, 879 mwN.

234 Münch-Komm-*Kramer,* vor § 116 Rz 13; RGRK-*Krüger-Nieland,* vor § 116 Rz 5.

235 *Reuter/Martinek* § 5 III 1c, bb (S. 154); RGRK-*Heimann-Trosien* § 812 Rz 81 u. 84.

236 KG FamRZ 1972, 93 mwN.

III. Möglicher Inhalt von Zweckvereinbarungen unter Ehegatten

Hauptanwendungsgebiet der condictio ob rem in der Rechtsprechung waren wiederum Fälle, in denen Grundstücke oder Miteigentumsanteile daran Gegenstand der Zuwendung waren. Solche Zuwendungen setzen nicht unbedingt eine intakte Ehe voraus, sondern werden offenbar auch gerne als „Heilmittel" für eine gestörte Ehe eingesetzt.

1. Zuwendungen anläßlich einer Ehekrise

Ist die Ehe gestört oder leben die Ehegatten bereits getrennt, scheidet als Rechtsgrund der Zuwendung die „Ausgestaltung der Ehe" von vornherein aus.

a) Der Hauptzweck der Zuwendung kann darin bestehen, den „untreuen" Ehegatten dazu zu bewegen, daß er wieder an den häuslichen Herd zurückkehrt[238]. Erkennt der Zuwendungsempfänger die Vorstellungen ("Zwecke") des Zuwendenden und gibt er sein Einverständnis zu erkennen[239], ist ein finaler Bezug der Zuwendung zur erwarteten Gegenleistung gegeben.

Gleichzeitig fehlt eine wirksame schuldrechtliche Verpflichtung zur Fortsetzung bzw. Wiederaufnahme der ehelichen Lebensgemeinschaft. Nach § 1353 II ist ein entsprechendes Herstellungsverlangen ausgeschlossen, wenn die Ehe gescheitert ist. Das Fehlen einer gesetzlichen Verpflichtung schließt zwar eine privatautonom begründete Verpflichtung nicht generell aus. Der Wirksamkeit einer solchen Verpflichtung steht aber der damit verbundene Eingriff in die zwingend rechtsfreie Persönlichkeitssphäre entgegen[240]. Hier hat auch die Privatautonomie ihre Grenzen, die zu schützen gerade die Aufgabe des Rechts ist[241]. Es gibt kein „Recht auf ungestörten Fortbestand der Ehe"[242]. Deshalb muß auch einer „freien" vertraglichen Bindung die rechtliche Wirksamkeit versagt werden[243].

---

237 *Hülsheger* S. 158; RGRK-*Heimann-Trosien* § 812 Rz 84.

238 Vgl. RG SeuffA 78, Nr. 124 = RG LZ 1923, 386; RG HRR 1931, Nr. 1752.

239 Richtig deshalb BGH FamRZ 1983, 993 = NJW 1983, 2933 = JZ 1983, 953 = WM 1983, 1086 = MDR 1984, 140 (ohne Tatbestand): die Kondiktion wurde abgelehnt, weil die Beklagte, der das hälftige Miteigentum am Wohngrundstück des Klägers übertragen wurde, einer geplanten Eheschließung widersprochen hatte und der Kläger selbst von dem Risiko, das er eingegangen sei, sprach. § 1301, auf den *Reuter/Martinek* § 5 III 1d (S. 169) verweisen, war unanwendbar, weil später eine kurze Ehe zwischen den Parteien zustandekam.

240 BGH FamRZ 1986, 773, 775 = NJW 1986, 2043, 2045; *Hepting* § 22 II 3d aa (S. 216).

241 *Comes* S. 91.

242 MünchKomm-*Wacke* § 1353 Rz 42; s.a. *Comes* S. 48 ff. mwN.

243 *Hepting* § 22 II passim, insbes. S. 209.

Damit sind, wenn der Zuwendungsempfänger die Fortsetzung der ehelichen Lebensgemeinschaft definitiv verweigert, die Voraussetzungen der condictio ob rem erfüllt, jedenfalls wenn eine Zweckstaffelung für zulässig erachtet wird. Für die Gegner der Zweckstaffelung wird die condictio ob rem dagegen in den Fällen, in denen etwa wegen § 313 eine notariell beurkundete Schenkung nachweisbar[244] ist, ausscheiden[245]. Immerhin besteht aber ein enger Bezug zu den auch von ihnen anerkannten „Veranlassungsfällen"[246], in denen eine nicht geschuldete Leistung erbracht wird, um den Empfänger zu einem Verhalten, zu dem er sich nicht rechtlich wirksam verpflichten kann, zu veranlassen. Mit *Lieb*[247] sollte daher in diesen Fällen die condictio ob rem zumindest analog angewendet werden. Diese Fälle sind wegen der Offenkundigkeit des (weiteren) erstrebten Zweckes mit der Kondiktion sachgerechter zu lösen als über die Geschäftsgrundlagenlehre[248], mag man diese nun für ein „vollwertiges vertragliches Leistungsstörungsinstitut"[249] oder für „vielfach unscharf"[250] halten.

b) Schwieriger wird die Bestimmung einer Zweckvereinbarung schon dann, wenn nicht ein einzelnes Leistungsziel hervortritt, sondern eine Bündelung von Zwecken vorliegt, von denen nur einer nicht erreicht wird[251]. Dann wäre es gewagt, vom Nichteintritt des bezweckten Erfolges auszugehen. Mit Recht hat in einem solchen Fall das Reichsgericht die Anwendung der condictio ob rem abgelehnt und auf die Grundsätze über den Wegfall der Geschäftsgrundlage abgestellt[252].

---

244 So etwa im Fall RG SeuffA 78, Nr. 124.

245 *Reuter/Martinek* § 5 III 2c, insbes. S. 164.

246 *Reuter/Martinek* § 5 III 1c bb (S. 153 f.); *Esser/Weyers,* SchR II § 49 II aE (S. 394).

247 MünchKomm-*Lieb* § 812 Rz 167, 169.

248 Zust. zu den in Fn 238 genannten Entscheidungen: *Kühne* FamRZ 1968, 356, 358; *Söllner* AcP 163 (1964), 20, 37 unter c); *Bernhardt* S. 58; *Hülsheger* S. 159; RGRK-*Heimann-Trosien* § 812 Rz 84; *Soergel-Mühl* § 812 Rz 216; *Staudinger-Lorenz* § 812 Rz 107.

249 *Reuter/Martinek* § 5 III 2a, aE (S. 158).

250 MünchKomm-*Lieb* § 812 Rz 169.

251 Vgl. RGZ 169, 249: Übertragung einer Firma an die Ehefrau, um Gläubigerzugriff zu entgehen. Gleichzeitiger Zweck war nach Feststellung des Berufungsgerichts die Sicherung des Familienunterhalts; einen ähnlichen Fall hat das OLG Stuttgart, BWNotZ 1976, 88 mit der condictio ob rem gelöst.

252 RG aaO S. 253; zust *Larenz,* Geschäftsgrundlage, S. 135 f.; *Lieb* S. 125 Fn 79; *Söllner* AcP 163 (1964), 20, 32; abl *Flume,* FS Dt. Juristentag S. 227. Gegen die vom RG in derselben Sache angestellten Überlegungen zur condictio ob rem (Urteil vom 15.12.1939, VII 134/39 – Aufhebung und Zurückverweisung –, mitgeteilt in RGZ 169, 249 ff.) *Söllner* aaO; *Kühne* FamRZ 1968, 356, 358 Fn 22.

2. Zuwendungen während intakter Ehe

Besonders problematisch ist die Bejahung der condictio ob rem in Bezug auf Zuwendungen, die Ehegatten einander während „funktionierender" Ehe machen. Standardargument des sich geprellt fühlenden Ehegatten ist, die Zuwendung habe der Ausgestaltung der lebenslangen ehelichen Lebensgemeinschaft dienen sollen[253]. Dieser Zweck sei durch die Scheidung vereitelt worden. Faßt man die behauptete Zweckabrede genauer, müßte sie so lauten, daß der Empfänger als Gegenleistung die Ehe weiterhin aufrechterhalten oder, negativ formuliert, nicht die Scheidung betreiben solle.

a) Zuwendungen zum überwiegend persönlichen Gebrauch

Für nach § 1380 anzurechnende Zuwendungen, die das übliche Maß nicht erheblich übersteigen, also etwa für Schmuck, wertvolle Bekleidungsstücke (Pelzmantel) und ähnliches wird es mangels besonderer Vereinbarungen typischerweise an einer solchen Zweckabrede fehlen[254], insbesondere weil solche Zuwendungsgegenstände überwiegend dem persönlichen Gebrauch des Empfängers dienen werden. Fehlt aber eine gemeinsame Nutzbarkeit ist ein Bezug zur Ehe ohnehin kaum feststellbar. Angesichts der Interessenlage ist auch nicht anzunehmen, der Empfänger würde einer für ihn nachteiligen Zweckbestimmung zustimmen, ebenso wie es vom Zuwendenden eine Zumutung wäre, ein entsprechendes Ansinnen zu hegen[255].

Letztendlich wird es sich in diesen Fällen zumeist um echte Schenkungen handeln, so daß irgendeine Gegenleistung des Empfängers typischerweise nicht erwartet wird.

b) Die „Hausbaufälle"

Bereicherungsrechtliche Relevanz besitzen allenfalls Zuwendungen von weit höherem Wert, insbesondere also solche, die mit der Errichtung oder Erweiterung des Familienheimes einhergehen.

Da die Zweckvereinbarung oder Rechtsgrundabrede mit der Zuwendung erfolgen muß, wird von einer stillschweigenden Begrenzung der Behaltensberechtigung auf die Dauer der Ehe nie ausgegangen werden können, da die Beteiligten „in guten Zeiten" überhaupt nicht an ein Scheitern der Ehe denken werden[256].

---

[253] Vgl. BGH FamRZ 1966, 91; BGHZ 84, 361, 363; *Kühne* FamRZ 1968, 356, 358 und FamRZ 1969, 371, 372: Fortbestand der Ehe als Geschäftszweck ist möglich, aber regelmäßig nicht vereinbart.

[254] *Joost* JZ 1985, 10, 16.

[255] Vgl. *Lieb* S. 123; MünchKomm-*Kanzleiter* vor § 1408 Rz 18.

Mit der Leistung „bezweckter Erfolg" kann aber die Errichtung des Familienheimes auf Dauer (!) sein. Dem steht allerdings der schon oben geäußerte Einwand entgegen, daß dieser Erfolg auch dann eintritt, wenn das Haus im Alleineigentum eines Ehegatten steht[257]. Allenfalls läßt sich ein weiterer Zweck darin sehen, daß der Empfänger als Gegenleistung seine Miteigentumshälfte zur gemeinsamen Benutzung bereitstellen soll. Die Gebrauchsüberlassung ist aber während bestehender Ehe ohnehin geschuldet, kann also nicht Inhalt einer Rechtsgrundabrede i.S.d. condictio ob rem sein. Auf jeden Fall bedürfte eine solche Zweckvereinbarung einer ausdrücklichen Regelung und darf nicht etwa als stillschweigend abgeschlossen unterstellt werden[258].

c) Der „Zweck Familienheim"

Auf eine Ablehnung der condictio ob rem zielt auch das Argument, der „Zweck Familienheim" sei bereits mit dessen Fertigstellung erreicht, eine spätere Scheidung könne ihn also nicht mehr vereiteln[259]. Damit wird aber die Perspektive unter der die Beteiligten wie auch der „außenstehende Beobachter" den Erwerb von Wohneigentum begreifen, unrealistisch verengt. Schon die in aller Regel auf lange Jahre hinaus übernommenen Darlehensverpflichtungen und die auf Dauer geplante Nutzung weisen realtypisch einen so deutlichen Zukunftsbezug auf, daß eine eventuelle Zweckabrede ebenfalls auf die Zukunft bezogen sein muß[260]. So unrealistisch wie es ist, dient das Argument in Wahrheit weniger der Beschäftigung mit dem Inhalt einer Vereinbarung als der Ablehnung der condictio ob rem, um so dem „Alles oder Nichts" des Bereicherungsanspruchs zu entgehen[261].

---

256 Vgl. nur OLG Düsseldorf OLGZ 66, 283 = FamRZ 1968, 31 (LS); *Kühne* FamRZ 1968, 356, 358; *Diederichsen,* Vermögensauseinandersetzung S. 112.

257 Am wenigsten überzeugt diese „Zweckabrede", wenn die Eigentumsverhältnisse erst nach mehreren Ehejahren geändert werden. Vgl. die Sachverhalte von BGH FamRZ 1969, 78; OLG Stuttgart BWNotZ 1976, 88; OLG Düsseldorf FamRZ 1980, 446.

258 *Kühne* FamRZ 1968, 356, 358; aA *Deubner* FamRZ 1968, 351, 355, der eine Zweckschenkung annimmt. Dagegen bereits *Kühne* aaO Fn 22.

259 BGH FamRZ 1966, 91 = NJW 1966, 542; BGH FamRZ 1968, 23 = JZ 1968, 381 m Anm *Lorenz;* OLG Hamm FamRZ 1983, 494, 495; bezeichnend OLG Hamm als Vorinstanz zu BGHZ 84, 361, 362, das die Kondiktion gewährte, da sich die Parteien noch vor der Fertigstellung getrennt hatten, während der BGH aaO S. 363 konstatiert, das Haus sei „offensichtlich als Familienwohnheim geeignet", auch wenn es der Kläger nicht bewohnt.

260 *Lipp* AcP 180 (1980), 537, 586 Fn 171 aE; *Olzen* JR 1982, 495, 496; *Joost* JZ 1985, 10, 16 f. Realistischer als BGHZ 84, 361, 363 (oben Fn 259) die Sicht des OLG Stuttgart BWNotZ 1976, 88: Zweck sei die Erhaltung des Hauses für die gesamte Familie einschließlich des Zuwendenden.

261 Ebenso *Olzen,* Anm zu BGHZ 84, 361 in JR 1982, 495, 496; *Staudinger-Lorenz* § 812 Rz 99.

Hält man sich das Ziel vor Augen, die Zuwendung, bestehe sie in Geld oder der Verschaffung von Miteigentum, rückgängig zu machen, kann sie nur auf eine Behaltensberechtigung während bestehender Ehe gerichtet sein.

Voraussetzung für eine Vereinbarung ist aber die Einigung der Parteien hierüber. Da neben dem zukünftigen Wohnen zumeist auch eine Vermögensbeteiligung gewollt ist, ist schon wegen der Vielfalt der verfolgten Zwecke eine Zweckabrede im obengenannten Sinn unwahrscheinlich[262]. Sie würde außerdem erfordern, daß den Beteiligten der Eintritt eines Schwebezustands bewußt ist. Gerade daran fehlt es aber wegen der entgegenstehenden Interessenlagen regelmäßig.

E. Zusammenfassung der Ergebnisse

1. Da Zuwendungen unter Ehegatten während intakter Ehe nicht rechtsgrundlos sind und regelmäßig nicht deswegen erfolgen, um einen weiteren, nicht geschuldeten Erfolg zu erzielen, sind sie bei Scheidung weder mit der condictio indebiti noch mit der condictio ob rem rückforderbar. Ebensowenig hat die Scheidung einen nachträglichen Wegfall des Rechtsgrundes zur Folge, so daß regelmäßig auch die condictio ob causam finitam nicht gegeben ist.

2. Generell sind drei Ausnahmen möglich:

a) Diente die Zuwendung bewußt als Vorausleistung auf die erst in Zukunft entstehende Ausgleichsforderung, kann, was sich im nachhinein als zuviel geleistet herausstellt, mit der condictio indebiti zurückgefordert werden[263].

b) Hat ein Ehegatte eine Schenkung wegen groben Undanks des Beschenkten (§ 530) widerrufen, kann er das Geschenk gem. §§ 531 II, 812 I S. 2, 1. Alt. mit der condictio ob causam finitam herausverlangen.

c) Ist die Ehe zur Zeit der Zuwendung gestört, oder leben die Ehegatten schon getrennt, kann die Zuwendung den Zweck haben, den Partner zur Rückkehr bzw. zum Weiterführen der Ehe zu bewegen. Ist diese Zwecksetzung dem Empfänger erkennbar und billigt er sie, kann die Zuwendung mit der condictio ob rem zurückgefordert werden, wenn der Erfolg nicht eintritt. Der Empfänger ist in diesen Fällen nicht schutzwürdig, da er um den Zweck der Zuwendung und damit um die Vorläufigkeit der Güterbewegung weiß. Ist allerdings ein entgegenstehender Wille zum Ausdruck gekommen, scheidet die Kondiktion aus[264].

---

262 *Lieb* S. 119, Fn 51 spricht von einer den Ehegatten unterlegten Zweckabrede, die rein fiktiv ist. Vgl. auch *Kühne* FamRZ 1968, 356, 358.

263 S.o. B IV 1.

264 Vgl. BGH FamRZ 1983, 993 = NJW 1983, 2933 = MDR 1984, 140 = JurBüro 1984, 522.

3. Kapitel

Die Ehescheidung als Wegfall der Geschäftsgrundlage von Zuwendungen unter Ehegatten

Da das Bereicherungsrecht in den typischen Fällen der Zuwendungen unter Ehegatten keinen Anspruch auf Rückgewähr zu begründen vermag, kommen hierfür hauptsächlich die Grundsätze über den Wegfall der Geschäftsgrundlage in Betracht. In Rechtsprechung[1] und Literatur[2] findet sich allerdings selten mehr als die formelhafte Feststellung, die Ehe, der Fortbestand der Ehe oder die gemeinsame Vorstellung vom Fortbestand einer Ehe könne nach Lage des Einzelfalls als Geschäftsgrundlage anzusehen sein.

A. Zur Dogmatik der Geschäftsgrundlagenlehre und ihren Auswirkungen auf die „Geschäftsgrundlage Ehe"

I. Die Entwicklung der Geschäftsgrundlagenlehre

Von einem dogmatisch abgesicherten Terrain kann trotz oder gerade wegen der jahrzehntelangen Beschäftigung von Literatur und Rechtsprechung mit diesem Institut nicht ausgegangen werden[3]. Historisch basiert die Lehre von der Geschäftsgrundlage auf der gemeinrechtlichen Lehre von der clausula rebus sic stantibus. Sie hat sich über Windscheids Voraussetzungslehre aus dem 19. Jahrhundert in unseres fortentwickelt, wobei der „wegweisende Durchbruch"[4] Oertmanns Schrift „Die Geschäftsgrundlage" zuzuschreiben ist.

1. Die „Oertmann'sche Formel"

Oertmann prägte mit seiner berühmten „Formel" einen subjektiven Begriff der Geschäftsgrundlage, der primär auf die Vorstellungen der Beteiligten beim Vertragsschluß abstellt: „Geschäftsgrundlage ist die beim Geschäftsschluß zutage tretende und vom etwaigen Gegner in ihrer Bedeutsamkeit

---

1 Vgl. nur BGH FamRZ 1985, 150, 152 mwN (unter 4 c).

2 Vgl. die oben, 2. Kap. A III, Fn 40 Genannten.

3 *Staudinger-J. Schmidt* § 242 Rz 843.

4 MünchKomm-*Roth* § 242 Rz 466.

erkannte und nicht beanstandete Vorstellung eines Beteiligten oder die gemeinsame Vorstellung der mehreren Beteiligten vom Sein oder vom Eintritt gewisser Umstände, auf deren Grundlage der Geschäftswille sich aufbaut"[5].

Die Bedenken gegen diesen „psychologischen" Ansatz seien hier nur kurz skizziert: was sollte den Geschäftspartner, der die maßgeblichen Vorstellungen, die weder unbeachtliches Motiv noch stillschweigende Bedingung sein können – auch das wegen der Abgrenzungsschwierigkeiten ein kritischer Punkt[6] – erkennt, zu einer Beanstandung veranlassen, wenn er entweder sie für ein offen zutage getretenes Motiv hält oder aber von derselben Voraussetzung ausgeht[7]. Wie sollen tatsächliche Veränderungen in der Zukunft, insbesondere die „Massenkalamitäten"[8], Sozialkatastrophen wie Krieg oder „galoppierende" Inflation in die Vorstellung der Beteiligten, die damit, außer in akuten Krisenzeiten, nicht rechnen, implantiert werden?[9] *Oertmann* begegnet diesen Bedenken mit der Behauptung einer „abgeblaßten" Vorstellung über den Fortbestand gewisser Umstände[10], die aber selbst wenig mehr als blaß ist und verdeutlicht, daß der psychologische Ansatz besser als psychologistischer charakterisiert würde.

Verwunderlich ist es deshalb nicht, daß die Entwicklung der Geschäftsgrundlagenlehre diesen subjektiven Ansatz überwand, ohne freilich die Vorstellungen der Beteiligten ganz außer acht lassen zu können. Denn sowohl Fehlvorstellungen über gegenwärtige als auch zukünftige Rahmenbedingungen, wie deren nichtbedachte Änderung[11] können die zentrale Frage aufwerfen, ob einer der Parteien das Festhalten an einer einmal geschaffenen Rechtslage unter den geänderten Umständen noch zuzumuten ist.

2. Objektive und subjektive Geschäftsgrundlage bei Larenz

Larenz unterscheidet zwischen subjektiver und objektiver Geschäftsgrundlage. Die subjektive Geschäftsgrundlage wird gebildet von „einer bestimmten gemeinsamen Vorstellung oder Erwartung beider Vertragsparteien, von der sie sich bei Vertragsschluß in der Weise leiten ließen, daß sie bei Kenntnis der Unrichtigkeit den Vertrag so nicht geschlossen hätten, oder doch der eine Vertragspartner ihn so nicht dem anderen zugesonnen hätte"[12]. Systematisch

---

[5] *Oertmann* S. 37.

[6] *Larenz,* Geschäftsgrundlage S. 8 f.

[7] *Locher* AcP 121 (1923), 1, 67; *Wieacker* S. 237; *Larenz,* Geschäftsgrundlage S. 8; *Emmerich* § 27 I 4 a (S. 277 f.).

[8] So der Begriff von *Wieacker* S. 242.

[9] *Larenz,* Geschäftsgrundlage S. 9; *Kegel,* Gutachten S. 148; *Wieacker* S. 238; *Emmerich* § 27 I 4 a (S. 277).

[10] AaO S. 37.

[11] *Braun* JuS 1979, 692, 694.

[12] *Larenz,* Geschäftsgrundlage S. 20, 50 f., 184.

ordnet er diese Fälle der Irrtumslehre und somit dem Allgemeinen Teil des BGB zu[13].

Im Gegensatz dazu besteht die objektive Geschäftsgrundlage aus den Umständen, „deren Vorhandensein oder Fortdauer objektiv erforderlich ist, damit der Vertrag – im Sinne der Intentionen beider Vertragsparteien – noch als eine sinnvolle Regelung bestehen kann"[14], gleichgültig, ob sich die Vertragsparteien dessen bewußt waren oder nicht[15]. Hauptanwendungsfälle sind nach *Larenz* das Eintreten einer regelmäßig nicht vorhergesehenen, bzw. nicht vorhersehbaren „schweren Äquivalenzstörung" sowie die endgültige „Zweckvereitelung", die voraussetzt, daß der beiden gemeinsame Vertragszweck unerreichbar geworden ist[16].

Gegen eine radikale Trennung ist der Einwand erhoben worden, daß der „tiefe Schnitt" zwischen objektiver und subjektiver Geschäftsgrundlage auf der im tatsächlichen kaum nachprüfbaren Unterscheidung beruht, ob sich die Parteien etwas Falsches oder das Richtige nicht vorgestellt haben[17]. In der Tat hängt die Unterscheidung in diesem Sinn nur davon ab, ob die Vorstellung über den Eintritt oder das Ausbleiben von Veränderungen positiv oder negativ formuliert wird[18]. Auch sind nach der Definition der objektiven Geschäftsgrundlage Überschneidungen möglich, wenn sich die Parteien über die Umstände, die die objektive Geschäftsgrundlage bilden, bewußt waren. Dann liegt gleichzeitig ein Fall der subjektiven Geschäftsgrundlage vor[19].

3. Die Ehe als subjektive oder objektive Geschäftsgrundlage

Entsprechend schwierig ist die Behandlung der Ehe als Geschäftsgrundlage für Zuwendungen unter Ehegatten. Nach *Larenz*[20] handelt es sich um einen Fall der objektiven Geschäftsgrundlage, da die Ehepartner das Scheitern der Ehe nicht bedacht hätten. Nimmt man umgekehrt an, die Beteiligten waren vom Fortbestehen der Ehe stillschweigend ausgegangen[21], läge eine gemeinsame Vorstellung i.S. der subjektiven Geschäftsgrundlage vor. Beide Betrachtungsweisen sind gleichermaßen möglich und gleich lebensnah. Das Vertrauen auf den Fortbestand der Ehe als willensbestimmende Vorstellung ist etwas

---

[13] *Larenz,* SchR I § 21 II; AT § 20 III; Geschäftsgrundlage S. 20 ff., 142 ff., 170 ff.
[14] *Larenz,* Geschäftsgrundlage S. 185; ähnlich *Locher* AcP 121 (1923), 1, 72.
[15] *Larenz,* Geschäftsgrundlage S. 17.
[16] Geschäftsgrundlage S. 185.
[17] *Kegel,* Gutachten S. 196.
[18] *Fikentscher,* Geschäftsgrundlage S. 10 f.
[19] *Medicus,* Bürgerl. Recht Rz 165; *Larenz,* Geschäftsgrundlage S. 171.
[20] *Larenz,* Geschäftsgrundlage S. 135 f. zu RGZ 169, 249; ihm folgend *Hülsheger* S. 170.
[21] Vgl. nur *Kühne* FamRZ 1968, 356, 358.

anderes als wenn im Sinne von Oertmann beispielsweise das bloße Nichtvorstellen eines Krieges in die „abgeblaßte" Vorstellung umformuliert wird, man handle in der „Nichterwartung einer zukünftigen Änderung der Verhältnisse"[22], rechne also mit der Fortdauer des Friedens oder mit dem Nichteintritt des Krieges[23]. Das Bild mag zwar auf manche Ehe passen, doch ist diese anders als der Frieden ein viel bewußter erlebtes Teilstück der Lebensumstände, das insbesondere beim „gemeinsamen" Hausbau die Vorstellung der Beteiligten prägt[24]. Das bedarf keiner näheren Erläuterung.

Die Undurchführbarkeit und die darauf beruhende Aufgabe einer scharfen Trennung von objektiver und subjektiver Geschäftsgrundlage[25] erspart aber das „tiefenpsychologische"[26] Schürfen nach Vorstellungen, die im Normalfall das Handeln der Ehegatten bestimmen.

4. Die „Lehmann'sche Vereinigungsformel"

a) Einen Versuch zur Zusammenführung der beiden Formen hat *Lehmann* mit der sog. „Vereinigungsformel" unternommen. Die Geschäftsgrundlage wird danach durch die Umstände gebildet, die für eine Vertragspartei beim Vertragsschluß oder für beide nach dem objektiven Vertragszweck von so grundlegender Bedeutung sind, daß wenigstens eine Partei, wäre der Wegfall oder das Fehlen dieser Umstände von ihr für möglich gehalten worden, ihre Aufnahme als Bedingung verlangt hätte und die andere sich redlicherweise darauf hätte einlassen müssen[27].

b) Die letzte Voraussetzung weist allerdings einen hohen Unsicherheitsgrad auf, da sie normative und hypothetische Kriterien kumuliert. Daraus resultieren nicht nur Bedenken gegen die Praktikabilität der Vereinigungsformel[28], sondern es stellt sich auch die Frage, ob die Prinzipien der Privatautonomie und der Vertragstreue durch die Meßlatte des „richtigen" oder „redlichen"[29] Vertrags jederzeit in Frage gestellt werden können. Angesprochen ist damit die Eingrenzung der Privatautonomie durch das Gebot der „immanenten Ver-

---

22 Diese Vorstellung genügt nach *Larenz,* Geschäftsgrundlage S. 184 nicht für die Annahme einer subjektiven Geschäftsgrundlage. AA *Oertmann* S. 37; dagegen *Wieakker S. 239 ("Oertmannsches Phantom") und Stötter* AcP 166 (1966), 149, 157 ("leere Fiktion").

23 So *Kegel,* Gutachten S. 196.

24 Insofern lebensfremd LG Essen FamRZ 1980, 791 (n rkr), wonach der Kläger nicht dargelegt habe, „daß er sich bei Hingabe der Schenkung (sc. von Sparbriefen) konkrete Vorstellungen über den Bestand der Ehe und ihre Dauer gemacht ... hat".

25 *Medicus,* Bürgerl. Recht Rz 165; *Larenz,* Geschäftsgrundlage S. 171.

26 So *Beuthien* S. 55.

27 *Heinr. Lehmann,* Allg. Teil des BGB, 14. Aufl. 1963 § 35 A VII, jetzt: *Lehmann/Hübner* § 35 A VII 4; ebenso *Medicus,* Bürgerl. Recht Rz 165 a.

28 Vgl. *Fikentscher,* Geschäftsgrundlage S. 13.

29 So *Fikentscher,* Geschäftsgrundlage S. 12.

tragsgerechtigkeit“[30], das im Gesetz etwa im Verbot sittenwidriger Rechtsgeschäfte (§ 138) oder in der Orientierung der Vertragsauslegung an der – objektiven – Verkehrssitte (§ 157) seinen Niederschlag gefunden hat[31]. Daraus ergibt sich zumindest, daß bei der Bewertung des hypothetischen Verhaltens des Geschäftsgegners eine „redliche Denkweise“[32] zu unterstellen ist, da ihm in der Krise die Berufung auf ein unredliches Verhalten, das er sich selbst gegenüber auch nicht gelten lassen wollte, versagt ist, wenn er „seinen eigenen Wertungsgrundsätzen treu bleibt“[33].

Freilich ist jeder Vertragsschluß wegen der ständig gegebenen Möglichkeit einer Änderung der Verhältnisse ein „Würfelspiel“[34], das eine Reaktion auf unwesentliche, d. h. auch regelmäßig absehbare Änderungen verbietet. So muß auch i.S. der Lehmann'schen Vereinigungsformel die Störung von erheblicher Bedeutung sein[35], um Rechtsfolgen auslösen zu können. Umgekehrt wird dann anhand der Erheblichkeit der eingetretenen Änderung der Verhältnisse die hypothetische Frage, ob sich der Vertragspartner auf eine Bedingung redlicherweise hätte einlassen müssen, beantwortet werden können: je unzumutbarer die Verhältnisse sich ändern, desto weniger wäre es redlich, die Bedingung abzulehnen.

II. Der Standort der Rechtsprechung

Die Rechtsprechung des Reichsgerichts hat sich vielfach der „*Oertmannschen* Formel“ bedient[36], der BGH ist dem gefolgt[37]. Auch die Definitionen von *Larenz*[38] und *Lehmann*[39] sind in der Rechtsprechung des BGH zu finden, die zudem, wenn etwa vom Vertrags- oder Geschäftszweck die Rede ist, auch den Begriff der objektiven Geschäftsgrundlage verwendet. Damit wird jedoch nicht viel mehr als eine formelhafte Umschreibung geliefert, was zu dem Vorwurf geführt hat, die Rechtsprechung bediene sich insbesondere der *Oertmann'schen* Formel als reines „Ornament“[40] oder „Verzierung“[41], ohne das Vorliegen der tatbestandlichen Voraussetzungen im Einzelfall „ernstlich zu prüfen“[42].

[30] *Larenz,* Geschäftsgrundlage S. 161.
[31] *Larenz,* Geschäftsgrundlage S. 162.
[32] So *Larenz,* Geschäftsgrundlage S. 165.
[33] So *Schmidt-Rimpler* S. 15; zust *Larenz,* Geschäftsgrundlage S. 164
[34] *Fikentscher,* Geschäftsgrundlage S. 33
[35] *Lehmann/Hübner* § 35 A VII 5 a; *Schmidt-Rimpler* S. 18.
[36] Vgl. RGZ 103, 328, 332; *Fikentscher,* Geschäftsgrundlage S. 15 mwN.
[37] *Fikentscher* aaO Fn 36.
[38] Vgl. BGHZ 61, 153, 161.
[39] Zuletzt in BGH FamRZ 1985, 150, 152 = NJW 1985, 313, 314.
[40] *Kegel,* Gutachten S. 157 u. 161.
[41] *Braun* JuS 1979, 692, 695.
[42] *Fikentscher,* Geschäftsgrundlage S. 15.

Einen *Wegfall* der Geschäftsgrundlage bejaht auch die Rechtsprechung erst dann, wenn die veränderten Umstände zu einer für einen der Beteiligten unzumutbaren Belastung geführt haben[43]. An diese Unzumutbarkeitsschwelle wird ein „strenger Maßstab" angelegt[44], wonach der Wegfall der Geschäftsgrundlage nur dann Rechtsfolgen zeitigt, wenn diese geboten sind, um untragbare, mit Recht und Gerechtigkeit schlechthin unvereinbare Ergebnisse zu vermeiden[45]. Das Unzumutbarkeitskriterium wirkt nach dieser Formulierung reflexiv auf die Feststellung, ob die „Grundsätze" über den Wegfall der Geschäftsgrundlage überhaupt anwendbar sind. Nach Chiotellis[46] ist es gerade die „methodologische Eigenart der Geschäftsgrundlagenfälle", daß „Anfang und Ende der juristischen Arbeit die (Rechts-)Folgenorientierung ist". Er stimmt daher der Rechtsprechung zu, wenn sie das Unzumutbarkeitskriterium sowohl auf den Tatbestand als auch auf die Rechtsfolgenbestimmung anwendet[47].

Andererseits birgt das einzelfallbezogene Abstellen auf die Zumutbarkeit der Ergebnisse ebenso wie die *Lehmann*'sche Vereinigungsformel ein großes Unsicherheitspotential in sich. Der Rechtsprechung ist daher wiederholt der Vorwurf gemacht worden, es handle sich bei ihr um eine reine Billigkeitsjustiz, deren Ergebnisse wegen ihrer Unvorhersehbarkeit nicht mit dem Gebot der Rechtssicherheit in Einklang stünden[48]. Das ist, auf die dogmatische Begründung bezogen, nicht von der Hand zu weisen, jedoch ist es auch der Rechtslehre bislang nicht gelungen, eine sichere dogmatische Basis für das Institut „Wegfall oder Fehlen der Geschäftsgrundlage" zu finden[49]. Die Ergebnisse, zu denen die Rechtsprechung gelangt, waren zudem in den wenigsten Fällen Anlaß der Kritik[50].

III. Neue methodische Ansätze

Neuere Ansätze zur Lösung des Problems gehen über das „Institut" Geschäftsgrundlage hinaus.

1. *Fikentscher*[51] ersetzt die Geschäfts- durch die Vertrauensgrundlage, die durch die Umstände gebildet wird, die nicht zum Geschäftsinhalt gehören. Eine Änderung dieser Umstände wird erst dann relevant, wenn sie außerhalb

---

43 Zu den verschiedenen Ausprägungen der Rspr. vgl. *Fikentscher,* Geschäftsgrundlage S. 17 f.

44 BGH FamRZ 1985, 150, 152 mwN.

45 BGH FamRZ 1985, 150, 152 mwN.

46 S. 56.

47 S. 56.

48 *Larenz,* Geschäftsgrundlage S. 1 f., 109 ff.; *Staudinger-J. Schmidt* § 242 Rz 1055.

49 *Braun* JuS 1979, 692, 696.

50 Vgl. *Henrich* FamRZ 1975, 533, 538; *Kühne* JZ 1976, 487, 488.

51 *Fikentscher,* Geschäftsgrundlage S. 38 ff.

des Bereichs erfolgt, in welchem nach dem Vertrag das Risiko veränderter Umstände von der einen oder anderen Partei zu tragen ist. Mit diesem Risikobereich sind zugleich „Inhalt und Grenzen der Geltung des Rechtsgeschäfts“[52] bestimmt, die Rechtsfolgen des Fortfalls der Vertrauensumstände orientieren sich an der jeweiligen vertraglichen oder gesetzlichen Risikoverteilung, ohne daß es einer „besonderen Härte“ bedürfe.

2. *Flume*[53] lehnt die Lehre vom Wegfall der Geschäftsgrundlage gänzlich ab, weil in den meisten Fällen, die nicht zur „großen“ Geschäftsgrundlage der Sozialkatastrophe zählen, sich die Lösung aus den schuldrechtlichen Kategorien der Unmöglichkeit, Vertragsauslegung und sonstiger für die „Grundtypen“ erarbeiteter Regelungen oder aus dem Irrtumsrecht ergebe. Daneben brauche es keine „Einheitslösungen“[54] wie die Lehre von der Geschäftsgrundlage, der so verschiedenartige Fälle zugeordnet würden, daß sie eigentlich gar nicht zusammen erfaßt werden können[55].

3. Ähnlich verfährt *Beuthien*, indem er die Kategorie der Zweckverfehlung oder -vereitelung der Unmöglichkeit eingliedert und so den Anwendungsbereich der Geschäftsgrundlagenlehre verengt.[56]

4. Mögen diese Ansätze auch im Bereich des „normalen“ geschäftsmäßigen Handelns eine Präzisierung des Geschäftsgrundlagenbegriffs durch Ausgrenzung erreichen, für den hier in Frage stehenden, stark von personalen Bindungen durchdrungenen Bereich geben sie wenig her. Gerade die Unbestimmtheit des Inhalts der „unbenannten causa“ widersetzt sich einer ergänzenden Auslegung ebenso wie einer präzisen Bestimmung der Risikosphären. Dasselbe gilt für den Unmöglichkeitsbegriff.

IV. Die Risikosphäre

1. Einigkeit besteht in den verschiedenen Lehrmeinungen und der Rechtsprechung darüber, daß der Eintritt von solchen Umständen, die in den Risikobereich einer Partei fallen, eine Berufung auf den Wegfall der Geschäftsgrundlage verhindert[57]. Freilich bedarf es einer sorgfältigen Analyse, welche Risiken einer Partei allein aufgebürdet werden können, denn die Feststellung, daß eine bestimmte Gefahr von einer Partei zu tragen ist, setzt die wertende Entscheidung, daß sie sie tragen muß, voraus[58]. Die Ehescheidung als solche

[52] AaO S. 47.

[53] FS Dt. Juristentag S. 207 f., 236 ff.; AT § 26, insbes. § 26, 7 (S. 525 ff.).

[54] *Flume,* AT § 26, 3 (S. 501).

[55] AT § 26, 3 (S. 499).

[56] *Beuthien* aaO, insbes. S. 63 ff., 147 f., 182 f. Zu anderen Literaturstimmen s. MünchKomm-*Roth* § 242 Rz 482 ff.

[57] Statt aller MünchKomm-*Roth* § 242 Rz 500.

[58] *Corbin,* zitiert nach *Kegel,* Gutachten S. 203.

läßt sich aber nicht als Risiko des einen oder anderen Ehegatten bezeichnen, vielmehr berührt diese „Privatkalamität“[59] beide in gleicher Weise und hinsichtlich des Zugewinnausgleichs mit schwer prognostizierbaren Folgen.

2. Davon zu trennen ist die ganz andere Frage, ob der Zuwendende das Risiko zu tragen hat, daß wegen der Auswirkungen der Zuwendung auf die Vermögensaufteilung diese zu seinen Ungunsten ausfällt, bzw. daß er über den Zugewinnausgleichsanspruch schlechter steht, als wenn die Zuwendung unterblieben wäre. Diese Risikozuteilung träfe nur den Zuwendenden; ob sie gerechtfertigt ist, kann aber erst bei der Erörterung der verschiedenen Problemfälle entschieden werden.

V. Vorhersehbarkeit der Änderung

Weitgehend anerkannt ist, daß es einer Vertragspartei verwehrt ist, sich auf den Wegfall der Geschäftsgrundlage zu berufen, wenn sie die Veränderung der äußeren Umstände vorausgesehen hat oder voraussehen hätte können.

1. Die vorhergesehene Ehescheidung

Beim ersten Fall handelt es sich genaugenommen um eine Risikoübernahme nicht aus der Natur des Rechtsverhältnisses sondern qua eigenen Verhaltens[60]. Die Partei, die eine Gefahr für möglich hält, aber auf eine entsprechende Absicherung verzichtet, erklärt damit konkludent, entsprechende Nachteile hinnehmen zu wollen. Diese Möglichkeit wird indessen allgemein[61] und besonders bei den häufigen „normalen“ Ehegattenzuwendungen bedeutungslos sein. Ist die Ehe derart zerrüttet, daß die Scheidung absehbar ist, werden nennens- und damit anrechnungswerte Zuwendungen überhaupt oder wenigstens deshalb unterbleiben, weil der andere auf eine Bedingung nicht eingehen wird. Wer in einer solchen Situation dennoch größere Zuwendungen macht, kennt das Risiko, auf das er sich einläßt, und kann sich nicht auf den Wegfall der Geschäftsgrundlage berufen[62].

2. Zur Vorhersehbarkeit einer Ehescheidung

Praktisch bedeutsam kann also nur sein, daß die später eintretende Änderung vorhersehbar war. Nach überwiegender Ansicht genügt die objektive Vorhersehbarkeit der Gefahr. Es ist also nicht erforderlich, daß der Zuwender

---

[59] Im Gegensatz zu den „Massenkalamitäten“, die *Wieacker* S. 232 zu der hier sicher nicht vorliegenden „großen Geschäftsgrundlage“ zählt.

[60] *Ulmer* AcP 174 (1974), 167, 185.

[61] Vgl. *Kegel,* Gutachten S. 203: „Der neunmalkluge Tollkühne ist selten“.

[62] Vgl. BGH NJW 1983, 2933 = FamRZ 1983, 993.

die mögliche Erschütterung der Geschäftsgrundlage schuldhaft nicht bedacht hat[63].

a) Angesichts der ebenso ständig steigenden wie in den Medien publizierten Scheidungszahlen[64] liegt es nahe, die Möglichkeit einer Scheidung als subjektiv wie objektiv vorhersehbar zu qualifizieren[65]. Daß diese Überlegung weder in der Literatur noch von der Rechtsprechung angestellt wird, läßt sich mit dem Prinzip der auf Lebenszeit angelegten Ehe, das in § 1353 I S. 1 explizit ausgesprochen ist, erklären. Zum Wesen der Ehe, zu ihrer juristischen Definition gehört es, daß sie grundsätzlich allein durch den Tod beendet wird[66]. Man mag deshalb den ersten Satz des § 1353 für überflüssig halten[67], weil er nur klarstellen soll, daß trotz der Möglichkeit der Ehescheidung die Ehe keine Verbindung auf Zeit sein soll[68]. Lebenszeitprinzip und Scheidungsmöglichkeit sind dennoch kein Widerspruch, sondern stehen im Verhältnis Regel/Ausnahme zueinander[69]. Nicht zuletzt versprechen sich die Ehegatten vor dem Standesamt die Ehe auf Lebenszeit, so daß die allgemein bekannten Ausnahmen unabhängig von ihrer Häufigkeit für die individuelle funktionierende Ehe keine Bedeutung entfalten.

Die bloße Möglichkeit einer Scheidung ist zwar objektiv vorhersehbar; deshalb die Berufung auf den Wegfall der Geschäftsgrundlage auszuschließen, stünde aber in diametralem Gegensatz zu den Verhaltensweisen in einer funktionierenden – lebenslänglichen (!) – Ehe und wird daher zu Recht nirgends statuiert.

b) Mit dem Wesen der Ehe vereinbar wäre jedoch das ganz andere Argument, der Zuwender hätte damit rechnen müssen, daß die Zuwendung im Zugewinnausgleich auch für ihn ungünstige Resultate verursachen kann. Sonderlich überzeugend ist dies angesichts der umstrittenen Rechtslage allerdings nicht. Vorhersehbarkeit und Risikozuordnung liegen auch hier nahe beieinander. Die Zuordnung dieses Arguments zur letztgenannten Gruppe (vgl. oben IV 2.) erscheint daher sachgerechter.

---

63 *Kegel,* Gutachten S. 203; *Schmidt-Rimpler* S. 18; *Larenz,* Geschäftsgrundlage S. 107; *Ulmer* AcP 174 (1974), 167, 185; MünchKomm-*Roth* § 242 Rz 506 mwN auch zur Rspr. AA *Ermann-W. Sirp* § 242 Rz 175; *Soergel-Siebert-Knopp* § 242 Rz 410; *Locher* AcP 121 (1923), 1, 102 f.: auch Verschulden ist unschädlich (arg. § 119).

64 Vgl. Stat. Jahrbuch für die Bundesrepublik Deutschland 1985, S. 72: kontinuierliche Steigerung von 96 222 Scheidungen 1980 auf 121 317 im Jahr 1983. Auffallend ist, daß die Scheidungsrate nach 16-25 Ehejahren am höchsten ist (aaO S. 80).

65 *Langenfeld* NJW 1986, 2541, 2542: häufig und vorhersehbar.

66 *Gernhuber,* FamR § 5 I 2 (S. 37).

67 So *Lüke,* FS Bosch S. 631; ders. AcP 178 (1978), 1, 4.

68 Vgl. BT-Drucks. 7/4361, S. 6.

69 *Gernhuber,* FamR § 3, 7 (S. 27); MünchKomm-*Wacke* § 1353 Rz 1.

VI. Zur Anwendbarkeit der Geschäftsgrundlagenlehre bei bereits erbrachten Leistungen

1. Begrenzung des Anwendungsbereiches?

Ein weiteres Problem der Anwendung der Grundsätze über den Wegfall der Geschäftsgrundlage bei Ehegattenzuwendungen stellt die Tatsache dar, daß die Zuwendungen regelmäßig bereits erbracht sind, der „familienrechtliche Vertrag“ also bereits erfüllt ist. Im allgemeinen ist eine nach Vertragserfüllung eintretende Veränderung der maßgeblichen Umstände unbeachtlich[70]. Rechtslehre und Rechtsprechung erkennen aber einhellig eine Ausnahme für die Fälle an, in denen die Rechtsbeziehungen der Parteien trotz der erbrachten Leistung noch nicht völlig beendet sind[71] oder in denen sich ein anfänglicher Irrtum über die Geschäftsgrundlage erst nach Erfüllung herausstellt[72].

2. Zukunftsbezogene Zuwendungen

Das Bestehen der Ehe kann dann vor allem für solche Zuwendungen Geschäftsgrundlage sein, die gemeinsamen weiteren Zwecken der Ehegatten dienen sollen.

a) Die Rechtsprechung zählt hierzu insbesondere die „Hausbaufälle“. Wegen der These vom Vorrang des Güterrechts ist der BGH in der Mehrzahl der Fälle, in denen die Ehegatten im gesetzlichen Güterstand lebten, kaum gezwungen, konkrete Aussagen darüber zu machen, ob die Ehe tatsächlich Geschäftsgrundlage der Zuwendung war[73].

Fehlt die „Barriere“ der §§ 1372 ff., weil Gütertrennung vereinbart war, ist sein Standpunkt deutlich: hat die Ehe entgegen der Erwartung der Parteien keinen Bestand, komme eine sachgerechte Lösung über die Grundsätze des Wegfalls der Geschäftsgrundlage in Betracht, allerdings nur soweit die Beibehaltung der herbeigeführten Vermögensverhältnisse dem benachteiligten Ehegatten nach Treu und Glauben nicht zumutbar wäre[74]. Ob diese Voraussetzungen vorliegen, ist anhand der Umstände des Einzelfalls zu ermitteln, wobei – auch für die Höhe eines Rückforderungsanspruches – auf die Dauer der Ehe, das Alter der Parteien, Art und Umfang der erbrachten Leistungen, die Höhe

---

[70] *Larenz,* Geschäftsgrundlage S. 134 ff.; *Lehmann/Hübner* § 35 A VII 6 aE.

[71] BGHZ 25, 390, 393 f.; BGH FamRZ 1968, 247, 249; BGH FamRZ 1969, 28, 30; *Larenz,* Geschäftsgrundlage S. 136; *Erman-W. Sirp* § 242 Rz 172; MünchKomm-*Roth* § 242 Rz 640.

[72] *Larenz,* Geschäftsgrundlage S. 138 f.

[73] Vgl. BGHZ 65, 320, 324.

[74] BGH NJW 1972, 580 (Wertpapiere zur Alterssicherung); BGH NJW 1974, 1554, 1555 u. BGHZ 84, 361 (jeweils Aufwendungen zum Bau eines Wohnhauses, das Alleineigentum des anderen Ehegatten ist).

der dadurch bedingten und noch vorhandenen Vermögensmehrung und die Einkommens- und Vermögensverhältnisse der Ehegatten abzustellen ist[75]. Ist die Beteiligung des Zuwendungsempfängers am gemeinsam Erarbeiteten unter Berücksichtigung dieser Kriterien unangemessen hoch, kann eine Abschöpfung des Zuvielgeleisteten über einen Rückforderungs- oder Ausgleichsanspruch erfolgen.

b) Der Rechtsprechung ist wiederholt der Vorwurf gemacht worden, sie bediene sich der „unbenannten Zuwendung“ oder des „besonderen familienrechtlichen Vertrags“[76] nur als eines Vehikels[77], um ein Rechtsgeschäft zu haben, dessen Geschäftsgrundlage weggefallen sein soll, ohne daß der Inhalt des Vertrages näher angegeben werde. Versäumt werde damit die erforderliche Abgrenzung der Risikosphären, ohne deren Kenntnis Aussagen über den Wegfall der Geschäftsgrundlage nicht mit der erforderlichen Bestimmtheit möglich seien[78].

Diese Kritik, die vorwiegend auf die Rechtsprechung zur Gütertrennung abzielt, gilt im Kern auch der unbenannten Zuwendung[79]. Sie ist dogmatisch nicht unberechtigt, führt aber in der Sache nicht weiter, weil sich die unbenannte Zuwendung ihrem Wesen gemäß einer abstrakten, für alle Fälle gültigen Inhaltsbestimmung jedenfalls soweit es die notwendige Verteilung der Geschäftsrisiken betrifft, verweigert. Wie noch zu zeigen sein wird, ist es aber möglich, aus den Umständen des Einzelfalles wertungsbestimmende Kriterien abzuleiten.

VII. Die Ehe als Geschäftsgrundlage für Zuwendungen jeder Art und jeden Wertes?

Besteht insgesamt kein grundsätzliches dogmatisches Hindernis, die Scheidung der Ehe als den Wegfall der Geschäftsgrundlage für Zuwendungen unter Ehegatten anzusehen, so ist doch sicher, daß dies nicht für jede denkbare Zuwendung gelten kann.

---

75 Vgl. BGH NJW 1972, 580; BGH NJW 1974, 1554, 1555; BGH NJW 1974, 2045 = FamRZ 1974, 592 = JR 1975, 155 m zust Anm *Kühne;* zust *Staudinger-Lorenz* § 812 Rz 99; zuletzt BGHZ 84, 361, 368.

76 Als Rechtsgrund für Dienstleistungen, s. BGHZ 84, 361, 367 = FamRZ 1982, 910 = NJW 1982, 2236 = DNotZ 1983, 180.

77 So *Joost* JZ 1985, 10, 15 r Sp.

78 *Olzen* JR 1982, 495, 496; *Tiedtke* DNotZ 1983, 161, 166; *Joost* JZ 1985, 10, 15; *Hepting* § 17 II (S. 161 f.); *Gernhuber,* FamR § 19 V 4 (S. 210 f.).

79 *Kühne* JR 1975, 156 f.; *Tiedtke* DNotZ 1983, 161, 166; *Gernhuber,* FamR § 19 V 4 (S. 210 f.).

1. Gelegenheitsgeschenke

a) Betrachtet man die in § 1380 genannten „üblichen Gelegenheitsgeschenke“, wird schnell klar, daß die Ehe nicht Geschäftsgrundlage solcher Zuwendungen sein kann. Zwar wären ohne die Ehe solche Geschenke zumeist unterblieben, gleichwohl wird schon angesichts des eher geringen Wertes weder beim Schenker das Bewußtsein vorhanden sein, das Weiterbestehen der Ehe sei maßgebliche Grundlage für das Behaltendürfen, noch müßte sich der Beschenkte redlicherweise darauf einlassen. Vielmehr werden „Gelegenheitsgeschenke“ anläßlich der jeweils für sich einmaligen Gelegenheit gemacht. Sie haben deshalb auch keinen Zukunftsbezug[80], so daß mangels einer „Geschäftsgrundlage Ehe“ nicht mehr darauf abgestellt werden muß, daß hier „zusätzlich“ die Tatsache der erbrachten Leistung einem Anspruch entgegenstehen würde.

b) Gelegenheitsgeschenke passen auch nicht unter die von manchen in Abgrenzung zu geschäftlichen Beziehungen entwickelte Kategorie der personenbezogenen Schuldverträge[81]. Diese sind dadurch gekennzeichnet, daß persönliche Beziehungen für das „gesamte Rechtsverhältnis (dessen Inhalt und Dauer, die Art und Weise der Leistung usw.) bestimmend sind“[82]. Zwar bestehen zwischen Schenkendem und Beschenktem in aller Regel engere persönliche, familiäre oder freundschaftliche Bindungen, die aber auf das ohnehin sofort abgewickelte Rechtsverhältnis Schenkung nicht bestimmend, sondern lediglich motivierend einwirken. Selbst wenn also bei personenbezogenen Rechtsverhältnissen ein Wegfall der Geschäftsgrundlage eher anzunehmen wäre als bei geschäftlichen Vertragsbeziehungen[83], ist jedenfalls für Gelegenheitsgeschenke das Scheitern der Ehe ohne Einfluß[84].

2. Anrechenbare Zuwendungen

Ein Wegfall der Geschäftsgrundlage kommt daher nur bei Schenkungen und unbenannten Zuwendungen in Betracht, die die von § 1380 I S. 2 gezogene Wertgrenze überschreiten.

Rückforderungsansprüche wegen Wegfalls der Geschäftsgrundlage werden zwar durch die güterrechtlichen Bestimmungen des Zugewinnausgleichs grundsätzlich nicht verdrängt. Dennoch dürfen die §§ 1372 ff. im Einzelfall

---

80 *Seutemann* S. 174; *Chiotellis* S. 171 Fn 55.

81 *Fikentscher,* Geschäftsgrundlage S. 36; *Chiotellis* S. 164 f. mwN bei Fn 35; vgl. auch die Abgrenzung von rein geschäftlichen zu persönlich geprägten Rechtsverhältnissen von *Heinrich Lange,* FS Gieseke S. 21 ff., 37 f.

82 *Chiotellis* S. 164.

83 So die in Fn 81 Genannten; krit dazu *Fenn* FamRZ 1973, 369, 370.

84 Ebenso *Chiotellis* S. 171 Fn 55

nicht außer acht gelassen werden, wenn es beispielsweise um die Rückforderung eines zugewendeten Geldbetrages geht und sich der anschließende Zugewinnausgleich im Ergebnis nicht von dem ohne Rückforderung aber mit Anrechnung der Zuwendung durchgeführten Zugewinnausgleich unterscheidet.

Im folgenden soll daher nach dem Gegenstand der Zuwendung und den Auswirkungen auf den Zugewinnausgleich unterschieden werden. Dabei kommt es insbesondere darauf an, wie weit der Wert der Zuwendung noch das Endvermögen des Empfängers erhöht, ob die Zuwendung vom Gläubiger oder Schuldner des Ausgleichsanspruchs kam und ob sie aus dem Anfangsvermögen oder Zugewinn stammte.

B. Zuwendungen, deren Wert unter dem hypothetischen Ausgleichsanspruch des Empfängers liegt

I. Zuwendung eines Geldbetrages

1. Der Regelfall

Handelt es sich um die Zuwendung eines Geldbetrages, liegt der eben schon angesprochene Fall vor, daß sich eine mögliche Rückforderung nicht anders auswirkt wie ein unter Anrechnung der Zuwendung durchgeführter Zugewinnausgleich. Naheliegend ist es deshalb, einen Wegfall der Geschäftsgrundlage schon deshalb zu verneinen, weil die entstandene Vermögenslage den Zuwendenden nicht unzumutbar belastet[85]. Für den Regelfall dürfte diese Ansicht zutreffend sein, falls nicht wegen der personalen Rechtsbeziehungen auf dieses Tatbestandsmerkmal[86] des Wegfalls der Geschäftsgrundlage verzichtet werden kann. *Chiotellis* zählt die unbenannten Zuwendungen als „unbenannte familienrechtliche Schuldverträge", die grundsätzlich mit der Übereignung zusammenfallen und uno actu durchgeführt werden, ausdrücklich zu den personenbezogenen Schuldverträgen[87]. Anders als bei Schenkungen wirke sich die Personenbezogenheit in einer besonderen Bindung im Vertrag aus und dieser besondere Vertrauensumstand erlaube es, im Rahmen des § 242 zu einer leichteren Bejahung der Unzumutbarkeit zu kommen[88]. Die Beeinträchtigung muß allerdings zu einer Äquivalenzstörung führen[89], wobei

---

85 *Kühne* JZ 1976, 487, 488; FamRZ 1978, 221, 222; *Hülsheger* S. 171 f.

86 So jedenfalls die Rechtsprechung, vgl. *Larenz,* Geschäftsgrundlage S. 117; *Gernhuber,* Bürgerl. Recht § 35 V 4b; *Chiotellis* S. 56.

87 S. 164 bei Fn 32.

88 S. 165.

89 S. 165.

das Äquivalenzverhältnis mit der Rechtsprechung darin zu sehen sei, daß die unbenannte Zuwendung als Ausgleich für die geleistete Mitarbeit im Haushalt oder dem Geschäft des anderen oder zur gemeinsamen Altersvorsorge diene[90]. Bei einer als Vorausleistung tatsächlich anrechenbaren Zuwendung fehlt also eine Äquivalenzstörung. Der Zuwender wird durch die Anrechnung nur begünstigt, nicht aber benachteiligt.

2. Leistungsverweigerungsrecht des Ausgleichsschuldners

Etwas anderes mag dann gelten, wenn der Ausgleichsverpflichtete ein Leistungsverweigerungsrecht nach § 1381 BGB geltend machen kann, weil dann eine Anrechnung nicht mehr in Betracht kommt. Dabei ist aber zu bedenken, daß i.S.d. Konkretisierung des § 1381 II die grobe Unbilligkeit „längere Zeit hindurch“ bestanden haben muß[91], so daß die grundsätzliche Bestandskräftigkeit von Zuwendungen, die in Zeiten einer Ehekrise erfolgten, dem Zuwendenden, der diese Gefahr sehenden Auges in Kauf genommen hat, als freiwillige Risikoübernahme entgegengehalten werden kann[92]. Eine Rückforderung ist deshalb nur dann möglich, wenn das unbillige Verhalten, das ein Leistungsverweigerungsrecht auslöst, den Zuwendenden quasi aus heiterem Himmel kurz nach der Zuwendung überrascht[93] und alsbald die Scheidung der Ehe eingeleitet wird. Der Zuwendende muß also vom Empfänger „überrumpelt“ werden, was eine Heranziehung des Gedankens der Risikoübernahme ausschließt und die Unzumutbarkeit der entstandenen Vermögensverteilung nahelegt[94]. Der Gegenstand der Zuwendung spielt in diesem Sonderfall keine Rolle.

---

[90] S. 165 f., insbes. II 2.

[91] Auch bei Verletzung persönlicher Ehepflichten, vgl. BGHZ 46, 343, 352 = FamRZ 1966, 560 m krit Anm *Bosch;* BGH NJW 1970, 1600, 1601; BGH FamRZ 1980, 877; zust *Erman-Heckelmann* § 1381 Rz 3; RGRK-*Finke* § 1381 Rz 10; *Soergel-Herm. Lange* § 1381 Rz 12; *Staudinger-Thiele* § 1381 Rz 20. Gegen die Berücksichtigung persönlicher Verfehlungen AK BGB-*Fieseler* § 1381 Rz 2; MünchKomm-*Gernhuber* § 1381 Rz 30; *Palandt-Diederichsen* § 1381 Anm 2 c; *Gernhuber,* FamR § 36 VII 6 (S. 519 ff.).

[92] Nach MünchKomm-*Gernhuber* § 1381 Rz 31 steht der Rückforderung von in Kenntnis der Lage geleisteten Abschlagszahlungen das Verbot des venire contra factum proprium entgegen.

[93] Auch ein einmaliges gravierendes Fehlverhalten kann den Tatbestand des § 1381 erfüllen, etwa ein Tötungsversuch, vgl. *Erman-Heckelmann* § 1381 Rz 3; *Staudinger-Thiele* § 1381 Rz 26 mwN.

[94] In der Literatur findet sich zu dieser Konstellation soweit ersichtlich keine Stellungnahme; s. aber den Hinweis von *Beitzke,* FamR § 14 III 2 (S. 117) zum Schenkungswiderruf im Fall des § 1381.

II. Zuwendung beweglicher Sachen

Liegt kein Fall des § 1381 vor, ist die Rechtslage bei Sachzuwendungen grundsätzlich dieselbe wie bei Geldzuwendungen. Normalerweise wird eine Rückforderung schon daran scheitern, daß der sachenrechtlichen Zuordnung eine auch im allgemeinen Bewußtsein begründete Endgültigkeit innewohnt („Geschenkt ist Geschenkt").

1. Zuwendungen, die allein dem Empfänger dienen sollen

Da als zugrundeliegende Geschäftsgrundlage nur die bestehende Ehe in Betracht kommt, ist eine Rückforderung nur möglich, wenn der Ehegatte, der die Zuwendung gemacht hatte, ein eigenes dringendes Interesse an dem zugewendeten Gegenstand hat. Für bewegliche Sachen dürfte kein großes Anwendungsfeld bestehen. Die für den Zuwendenden existenziell wichtigen Dinge wird er für sich selbst erwerben, bereits vorhandene nicht dem Ehegatten übereignen. Die wenigen Beispiele aus der Rechtsprechung bestätigen dies. Schenkt ein Ehemann seiner Frau Schmuck und teure Kleidungsstücke[95], wird er kaum glaubhaft darlegen können, der Weiterbestand der Ehe sei hierfür derart bestimmend gewesen, daß die einmal entstandene Vermögenslage nunmehr für ihn unzumutbar sei. Diese Dinge dienen dem persönlichen Gebrauch des Beschenkten, was ein eigenes Interesse des Zuwendenden ausschließt. Auch die Zuwendung von Wertpapieren[96] macht deutlich, daß der Zuwendende gerade kein eigenes Interesse daran hat, sondern vielmehr im Interesse des anderen handelt, wobei Vermögensbildung, Zukunfts- und damit Alterssicherung im Vordergrund stehen. In diesen Fällen fehlt es also regelmäßig an der „Geschäftsgrundlage Ehe".

2. Zuwendungen, die gemeinsam genutzt werden können

In diesen Fällen ist es eher möglich, die Ehe als (gemeinsame) Geschäftsgrundlage anzusehen. Aber auch wenn eine gemeinsame Benutzung des zugewendeten Gegenstandes gewollt ist, muß der Wegfall der Mitbenutzungsmöglichkeit nicht stets zu einer unzumutbaren Härte führen. Schenkt etwa der cellospielende Ehemann seiner Frau einen Flügel, um mit ihr gemeinsam zu musizieren, kann er sich nicht auf den Wegfall der Geschäftsgrundlage berufen, wenn die geschiedene Ehefrau den Flügel auch weiterhin behalten möchte[97]. Er hat vielmehr die Möglichkeit, von dem Betrag, um den der

[95] Vgl. OLG Bamberg FamRZ 1973, 200.

[96] Vgl. BGH NJW 1972, 580 (Gütertrennung) u. LG Essen FamRZ 1980, 791 (n rkr), das einen Wegfall der Geschäftsgrundlage mangels tatsächlicher Voraussetzungen verneinte.

[97] Zur Zuwendung von Hausrat s.o. 1. Kap A I 4.

Zugewinnausgleichsanspruch durch die Anrechnung gekürzt wird, ein anderes Instrument zu erwerben und so die angebliche Härte auszugleichen. Deshalb fehlt es regelmäßig an der Unzumutbarkeit der entstandenen Situation[98].

3. Wegfall der Geschäftsgrundlage nur in extremen Ausnahmefällen

Eine Rückforderung des Zuwendungsgegenstandes ist daher nur in seltenen Ausnahmefällen möglich.

Denkbar ist etwa der Fall, daß die Ehefrau als „Morgengabe“ Schmuckstücke erhält, die seit Jahrhunderten im Familienbesitz sind und die traditionell von der jeweiligen Eigentümerin ihrem ältesten Sohn zur Hochzeit weitergegeben werden, damit sie wiederum als „Morgengabe“ an dessen Ehefrau gelangen. Kennt die Empfängerin des Schmuckes die Tradition, weiß sie, daß sie ihn später weiterzugeben hat. Grundlage für das befristete Behaltendürfen ist eindeutig die bestehende Ehe und sie hätte sich redlicherweise darauf einlassen müssen, den Schmuck auch (schon) im Fall einer Ehescheidung herauszugeben, wenn dies bei der Zuwendung bedacht worden wäre. Da sie ohnehin nicht damit rechnen konnte, die „Morgengabe“ auf Dauer zu behalten, stellt die Herausgabepflicht wegen Wegfalls der Geschäftsgrundlage im Fall der Ehescheidung schwerlich eine unzumutbare Härte für sie dar. Zugegebenermaßen ist dies ein extrem gelagerter, konstruierter Fall.

Wer aber etwa seinem Ehegatten Stücke einer zusammengehörenden Sammlung schenkt, die im Fall der Ehescheidung durch die tatsächliche Trennung an Wert verliert, muß sich fragen lassen, ob er, der eine Einheit willkürlich zerrissen hat, nicht auch das daraus resultierende Risiko tragen muß. Die Entscheidung ist stets von den jeweiligen Umständen des Einzelfalles abhängig. Immerhin sind Situationen vorstellbar, in denen „außerhalb der Regel“ Ansprüche wegen Wegfalls der Geschäftsgrundlage möglich sind, auch wenn der Wert der Zuwendung unter dem ansonsten bestehenden Zugewinnausgleichsanspruch liegt.

III. Die Rechtslage beim Familienheim, das im Miteigentum beider Ehegatten steht

1. Die typische Interessenlage

In diesen Fällen hat die Rechtsprechung sehr schnell nach Aufstellung des Ausschließlichkeitsgrundsatzes Durchbrechungen zugelassen. Stritten in der Entscheidung BGHZ 65, 320 die Parteien nur noch um den Erlös des bereits versteigerten Hauses, suchte im „zweiten“ Fall BGHZ 68, 299 der (wider-)kla-

---

[98] *Kühne* JZ 1976, 487, 488.

gende Ehemann eben diese Versteigerung nach den §§ 749, 753 zu verhindern. Nach den vom BGH wiedergegebenen, etwas dürren Tatsachenfeststellungen des Berufungsgerichts, war es dem Kläger nach Treu und Glauben nicht zumutbar, sich mit der durch die Zuwendung der Miteigentumshälfte entstandenen Vermögenslage abzufinden[99]. Das Zweifamilienhaus sollte als Familienheim und zur Altersvorsorge vor allem des Klägers dienen, auch wenn er die Beklagte daran beteiligen wollte[100].

a) Diese Zwecke werden regelmäßig in allen Fällen vorliegen, in denen ein gemeinsames Familienheim überwiegend oder allein von einem der Ehegatten finanziert wird. Daraus ebenso regelmäßig einen Wegfall der Geschäftsgrundlage abzuleiten, ist deshalb nicht unproblematisch. Die Zuwendung soll schließlich eine Vorab-Beteiligung am Zugewinn des anderen herbeiführen, was grundsätzlich, ebenso wie der Zweck der Alterssicherung, deren Bestandskraft erfordert. Andererseits ist nicht zu verkennen, daß die Beibehaltung des Miteigentums bei gescheiterter Ehe praktisch wenig Sinn macht, zumal jeder der Miteigentümer jederzeit die Aufhebung der Gemeinschaft verlangen kann.

b) Die Auffassung des BGH, daß in solchen Fällen nur ganz ausnahmsweise ein Rückübereignungsanspruch begründet sein wird, weil die §§ 1372 ff. zu einer gleichmäßigen Beteiligung am Zugewinn führen, ist deshalb nicht leicht von der Hand zu weisen. In der Mehrzahl der Fälle wird das einzig nennenswerte Vermögen der Parteien „ihr“ Haus darstellen. Könnte nun der Alleinverdiener den zugewendeten Miteigentumsanteil zurückfordern, um einer Aufhebungsversteigerung zuvorzukommen, müßte er als Zugewinnausgleichsschuldner so behandelt werden, wie wenn er zum nach § 1384 maßgeblichen Zeitpunkt Alleineigentümer des Hausgrundstücks gewesen wäre[101]. Die Ehescheidung würde ihn also zumeist zum Verkauf des Hauses zwingen, wenn er den Anspruch des Ausgleichsberechtigten erfüllen will[102]. Besteht aber eine solche Situation, fehlt es an einem schutzwürdigen Interesse des Zuwendenden, das die durch die Ehescheidung entstandene Situation für ihn unzumutbar machen würde.

2. Mögliche Ausnahmefälle

Eine generelle Verdrängung von Ansprüchen wegen Wegfalls der Geschäftsgrundlage kann aber entgegen einigen Stimmen in der Literatur[103]

---

99 AaO S. 301.

100 AaO S. 305.

101 Vgl. BGHZ 68, 299, 307; ebenso *Johannsen* LM § 242 (D) Nr. 65 unter entsprechender Anwendung des § 2313.

102 Vgl. *Diederichsen* NJW 1986, 1283, 1285 Fn 26; zur Berücksichtigung von (gemeinsam) aufgenommenen Darlehen zum Hausbau s. BGH FamRZ 1983, 795 = JZ 1983, 852 m krit Anm *Frank*.

nicht angenommen werden. Ist der ausgleichspflichtige Ehegatte in der Lage, auch nach Rückübereignung der Grundstückshälfte des anderen dessen entsprechend erhöhten Zugewinnausgleichsanspruch zu erfüllen[104], ist eine Teilungsversteigerung schon deshalb eher unzumutbar, weil sie dem Empfänger der Zuwendung keinen Vorteil bringt. Er hätte sich i.S.d. „Vereinigungsformel“ leichter auf eine auflösende Bedingung einlassen können, wenn die Durchsetzung seines Zugewinnausgleichsanspruchs nicht von einer Veräußerung oder Versteigerung des Grundstücks abhängig ist. Maßgebliche Kriterien können bei der Zumutbarkeitsprüfung, sei es auf der Tatbestands- oder Rechtsfolgenseite, insbesondere die bisherige bzw. zukünftige vernünftige Nutzung des Hauses durch den Zuwendenden sein. So ist es dem Ehegatten, der im gemeinsamen Haus eine Arztpraxis mit festem Patientenstamm betreibt und auch über den Wert seiner Grundstückshälfte hinaus beträchtliches Vermögen besitzt, sicher unzumutbar, seine Existenzgrundlage aufzugeben, sofern der andere Ehepartner nicht ebenso schwerwiegende Interessen geltend machen kann.

3. Unzulässigkeit der Zwangsversteigerung zur Aufhebung der Gemeinschaft

Bei Miteigentum an Grundstücken besteht zudem die Möglichkeit, dem Aufhebungsbegehren eines Miteigentümers die Einwendung der unzulässigen Rechtsausübung nach § 242 entgegenzusetzen. Darauf hat auch der BGH in der genannten Entscheidung hingewiesen[105]. Der Anspruch auf Rückübereignung ist dann Voraussetzung dafür, daß die Ausübung des Aufhebungsanspruchs nach § 749 unzulässig wird. Denn der Gesetzgeber hat bei den Vorschriften über die Aufhebung der Gemeinschaft bewußt von der Möglichkeit einer Befugnis des Richters abgesehen, einem Teilhaber den Teil des anderen zuzuweisen[106]. Mit der Aufhebung der Bruchteilsgemeinschaft durch die Versteigerung gehen zwangsläufig „Härten und Unbilligkeiten“[107] einher, die grundsätzlich in Kauf zu nehmen sind. Dennoch ist nach Ansicht der Rechtsprechung nicht ausgeschlossen, daß sich im Einzelfall das „allgemeine Rechtsprinzip von Treu und Glauben auch gegenüber der Vorschrift des § 753 Abs. 1 BGB durchsetzt“[108], was auch die schärfsten Kritiker dieser Entscheidung zugeben müssen, wenn sie Durchbrechungen nur in „äußersten Ausnahmefällen“ zulassen wollen[109].

---

103 Vgl. *Reinicke/Tiedtke* WM 1982, 946, 953; *Tiedtke* DNotZ 1983, 161, 164.

104 Ebenso *Langenfeld,* Hdb Rz 325.

105 BGHZ 68, 299, 304 f.; ebenso *Johannsen* WM 1978, 654, 666.

106 Vgl. BGHZ 58, 146, 147; *Staudinger-U. Huber* § 749 Rz 4, 35.

107 BGHZ 58, 146, 147.

108 BGHZ 58, 146, 147.

109 *Staudinger-U. Huber* § 749 Rz 36.

In dem der Entscheidung BGHZ 58, 146 zugrundeliegenden Fall ging es darum, daß eine von zwei Schwestern, denen elf Grundstücke zu gleichberechtigtem gemeinschaftlichen Eigentum gehörten, die Teilungsversteigerung betrieb, wogegen die andere, zweiundsechzigjährige Schwester eine im Gesetz nicht vorgesehene Realteilung anbot, da sie auf einem der Grundstücke als Grundlage ihres Lebensunterhaltes eine Pension betrieb. Daß hier Abhilfe geboten war, ist selbst dann verständlich, wenn man – mit gutem Grund – die Vorstellung des Gesetzgebers hervorhebt, der Billigkeitsentscheidungen angesichts der Schwierigkeit und Komplexität der zu beurteilenden Sachverhalte nicht zulassen wollte[110]. Summum ius ist eben oft auch summa iniuria.

In entsprechenden Fällen ist daher auch dem Ehegatten, der dem anderen einen hälftigen Miteigentumsanteil an seinem (Betriebs-)Grundstück zugewendet hat, ein Rückforderungsanspruch wegen Wegfalls der Geschäftsgrundlage zuzugestehen. Das Beispiel des Arztes, der auf „sein" Haus angewiesen ist, spricht dafür Bände. Die Entscheidung BGHZ 68, 299 mag weniger wegen des nur bruchstückhaft mitgeteilten Sachverhalts als deswegen, weil das Zweifamilienhaus zur Alterssicherung beider (!)[111] Parteien gedacht war, Kritik verdienen. Es geht aber zu weit, in den §§ 1372 ff. ein den §§ 749 ff. entsprechendes Verbot der „Vermögensverteilung" durch den Richter sehen zu wollen[112]; gerade die Existenz des § 1383 weist darüber hinaus, während die Regeln des gesetzlichen Güterstandes nur die generellen Folgen der Ehescheidung, nicht aber deren Einfluß auf einzelne Rechtsbeziehungen unter den Ehegatten bestimmen.

4. Folgerungen für den Wegfall der Geschäftsgrundlage

a) Berücksichtigung wichtiger wirtschaftlicher Interessen des Zuwendenden

Die Rechtsprechung zur Unzulässigkeit der Teilungsversteigerung macht verschärft deutlich, daß das Gesetz hier wie in den §§ 1372 ff. für den Normalfall durchaus nicht abwegige Regelungen bereithält, die ohne wichtigen Grund nicht durchbrochen werden können.

In diesem Sinne ist der Rechtsprechung darin zuzustimmen, daß jedenfalls dann, wenn die Zuwendung im Wert unter dem ansonsten bestehenden Zugewinnausgleichsanspruch liegt, ein Rückforderungsanspruch in der Regel ausgeschlossen, d. h. nur in Ausnahmefällen gegeben ist. Diese liegen dann vor, wenn der Zuwendende auf den Gegenstand der Zuwendung im wahrsten

---

110 Vgl. *Staudinger-U. Huber* § 749 Rz 36, der ebenfalls Verständnis äußert.

111 Das bezeichnende Ausrufungszeichen findet sich in der ablehnenden Kritik von *Staudinger-U. Huber* § 749 Rz 41; zust aber *Hülsheger* S. 178.

112 So aber *U. Huber* aaO Fn 111.

Sinne des Wortes angewiesen[113] ist; dann hätte sein „civiliter“ agierender Ehepartner der Aufnahme einer entsprechenden Bedingung nicht widersprechen dürfen, dann wäre auch die Aufrechterhaltung des einmal geschaffenen Zustandes für den Zuwendenden unzumutbar, die Rückabwicklung für den Empfänger gerade nicht.

b) Berücksichtigung affektiver Interessen

Die Regelung über die Aufhebung der Gemeinschaft geht von einer bestehenden Gemeinschaft aus[114], während für die Frage nach dem Wegfall der Geschäftsgrundlage die Zuwendung, die die Gemeinschaft erst begründet hat, im Vordergrund steht. Damit ist grundsätzlich ein etwas weiterer Spielraum für Rückforderungsansprüche gegeben als für die Unzulässigkeit der Zwangsversteigerung zur Aufhebung der Gemeinschaft. Je nach den Umständen des Falles wird es daher möglich sein, auch andere als vitale wirtschaftliche Interessen zu berücksichtigen.

Kauft beispielsweise ein Ehegatte, der ein erhebliches Barvermögen während der Ehe gespart hat, von einem Drittel dieses Vermögens, sogar gegen den Willen des anderen ein Haus und „schenkt“ ihm eine Miteigentumshälfte, ist es äußerst zweifelhaft, ob ihm die Zwangsversteigerung zuzumuten ist, wenn der Zuwendungsempfänger die Aufhebung der Gemeinschaft verlangt. Berührt ist in diesem Fall nur das affektive Interesse des Zuwendenden, gerade in diesem Haus zu wohnen, während der Zuwendungsempfänger ohnehin nur einen auf Geld gerichteten Zugewinnausgleichsanspruch hat, dessen Befriedigung auch nach Rückübereignung des Miteigentumsanteils gesichert ist[115]. Die bloße Möglichkeit, das Grundstück in der Zwangsversteigerung selbst zu ersteigern, vermindert das Bedürfnis nach Rückübereignung nicht[116]. Je weniger beachtenswert aber das Interesse des Empfängers an der Aufrechterhaltung der Vermögensverteilung ist, umso eher ist ihm eine Änderung zuzumuten. Umgekehrt ist die Beibehaltung des Miteigentums bzw. dessen Aufhebung durch Zwangsversteigerung für den Zuwendenden umso unzumutbarer, je weniger schützenswerte Interessen des Empfängers entgegenstehen.

Gerade weil in solchen „Überflußfällen“[117] eine Einigung naheliegt[118], treten sie in der Gerichtspraxis nur selten auf.

---

[113] *Kühne* JZ 1976, 487, 488 aE.

[114] Vgl. *Henrich* FamRZ 1975, 533, 536.

[115] Davon macht *Langenfeld,* Hdb Rz 325 eine gegenständliche Rückgewähr abhängig.

[116] AA zur Aufhebung der Gemeinschaft *Staudinger-U. Huber* § 749 Rz 36.

[117] Die Regel ist Verteilung des Mangels, vgl. *Limbach* ZRP 1984, 199, 200.

[118] Vgl. BGHZ 82, 227, 237 aE., wonach die beklagte Ehefrau sich bereit erklärt hatte, dem Kläger ihren Miteigentumsanteil gegen eine Ausgleichszahlung zu überlas-

c) *Zur Neufassung der §§ 180 ZVG, 1382 BGB*

Der durch das Unterhaltsrechtsänderungsgesetz vom 20.2.1986[119] geänderte § 180 ZVG sieht in Abs. 3 Satz 1 die Möglichkeit einer einstweiligen Einstellung der Zwangsversteigerung vor, wenn Ehegatten oder frühere Ehegatten Miteigentümer eines Hauses sind, dessen Versteigerung einer von ihnen betreibt. Voraussetzung ist allerdings, daß die Einstellung des Verfahrens zur Abwendung einer ernsthaften Gefährdung des Wohles eines gemeinschaftlichen Kindes erforderlich ist. Gem. Abs. 4 des § 180 ZVG kann die Versteigerung aber nur für den Zeitraum von maximal fünf Jahren verhindert werden.

Die Neufassung des § 1382 BGB durch dieses Gesetz sieht in Abs. 1 Satz 2 eine Stundung der Zugewinnausgleichsforderung vor, wenn die sofortige Zahlung die Wohn- oder sonstigen Lebensverhältnisse gemeinsamer Kinder nachhaltig verschlechtern würde.

Wegen der Orientierung beider Vorschriften am Kindeswohl sind Rückschlüsse auf die ganz andere Frage der Unzumutbarkeit der Vermögensaufteilung unter Ehegatten nicht zulässig. Die Gesetzesänderung zeigt aber, daß gerade in den „Miteigentumsfällen" die Rechtslage nach der Ehescheidung zu starr ist, so daß gegen die Berücksichtigung individueller Umstände hier weniger Bedenken als sonst angebracht sind[120].

C. Zuwendungen aus dem Zugewinn, bei denen eine Anrechnung nicht in Betracht kommt

I. Die Fälle der Zuvielleistung und Zuwendungen des Ausgleichsberechtigten. Überblick

1. Die Lösung der neueren Ansicht

Nach der hier vertretenen Ansicht führen solche Zuwendungen stets zu einer gleichmäßigen Aufteilung des Zugewinns[121], sofern der Zuwendungsempfänger keine Vermögenseinbußen hinzunehmen hat.

---

sen. Der BGH hat deshalb richtigerweise einen Anspruch wegen Wegfalls der Geschäftsgrundlage abgelehnt.

119 BGBl I, 301; in Kraft getreten am 1.4.1986.

120 Vgl. OLG Frankfurt FamRZ 1983, 921 zu § 1381.

121 Einen falschen Eindruck erweckt *Friedrich* JR 1986, 1, 4, wenn er die Rechtslage für den Fall, daß der Empfänger keinen eigenen Zugewinn hat, so darstellt, daß der Zuwender „allerdings lediglich die Hälfte der Zuwendung" erhalte. Das stimmt ohnehin nur, wenn er seinen gesamten Zugewinn übertragen hat und ist völlig korrekt, da die andere Hälfte dem Empfänger auch ohne Zuwendung als Ausgleichsanspruch gebührt.

2. Störungen des Zugewinnausgleichs und Abhilfeversuche auf der Basis der hM

Die Vertreter der hM müssen bereits an dieser Stelle nachteilige Auswirkungen der Zugewinnausgleichsregelung konstatieren, die durch die §§ 1372ff. allein nicht korrigierbar sind. Wegen der Anwendung des § 1374 II scheidet eine Erhöhung des Empfängerzugewinns aus, die Anrechnung der Zuwendung ergibt eine Zuvielleistung. Die Versuche, das Dilemma der angeblich fehlenden Rückforderungsansprüche zu lösen, sind vielfältig.

a) Die extremste Position vertritt *Lieb*, wonach solche Zuwendungen auch ohne Vorliegen der „sonst üblichen strengen Voraussetzungen für die Berücksichtigung des Wegfalls der Geschäftsgrundlage“[122] rückgängig zu machen sind, wobei nur noch abzuwägen bliebe, ob dem Zuwender ein volles Rückforderungsrecht eingeräumt werden könne, oder ob eine an den Umständen des Einzelfalls orientierte Anpassung erfolgen müsse[123]. Damit steht eine Umverteilung anhand der Kriterien des Güterrechts zur Debatte, das die gleichmäßige Verteilung des insgesamt erwirtschafteten Zugewinns vorsieht und auf die Berücksichtigung individueller Umstände verzichtet[124].

b) Die Gegenposition stellt darauf ab, daß auch bei Zuwendungen unter Ehegatten Ansprüche wegen Wegfalls der Geschäftsgrundlage nur unter besonderen Voraussetzungen möglich sind[125]. So betont *v. Olshausen*[126], ohne freilich näher auf die Konsequenzen einzugehen, daß die Regeln über den Wegfall der Geschäftsgrundlage „kein Notbehelf“ für die – so *Lieb,* S. 129 – völlig mißglückte Regelung der §§ 1374 II, 1380 sein könnten. Ansatzpunkt ist also das „Schicksal“ der jeweiligen Zuwendung, ohne daß stets auf die Auswirkungen im Zugewinnausgleich Rücksicht genommen würde.

c) Die gegensätzlichen Standpunkte sollen hier nicht weiter verfolgt werden. Sie verdeutlichen aber die möglichen Ansätze zur Problemdarstellung – und Lösung.

Entweder steht die Zuwendung als solche, isoliert von ihren Auswirkungen auf den Zugewinnausgleich im Mittelpunkt, oder umgekehrt diese Auswirkungen im Vergleich zur Situation ohne Zuwendung. Im ersten Fall werden Korrekturen über den Wegfall der Geschäftsgrundlage nur ausnahmsweise möglich sein. Wer dagegen das „Idealergebnis“ erreichen will, ist, wie auch immer, zu weitreichenden Eingriffen in die güterrechtliche Ausgleichsregelung gezwungen.

---

[122] *Lieb* S. 124 f., S. 129.

[123] *Lieb* S. 124 f.

[124] So ausdrücklich *Hülsheger* S. 176; s.a. *Friedrich* JR 1986, 1, 5 f.

[125] *Fenn* FamRZ 1973, 369 f.; *Johannsen* WM 1978, 502, 509 f.; *Göppinger* Rz 520.

[126] FamRZ 1978, 755, 756 f.

Beide Ansatzpunkte sind auch für die Diskussion der nach der neueren Ansicht verbleibenden Problemfälle möglich.

II. Störungen des Zugewinnausgleichs durch Vermögensverluste des Zuwendungsempfängers auf der Basis der neueren Ansicht

1. Problemstellung

Da die Zuwendung in jedem Fall den Zugewinn des Empfängers erhöht und den des Zuwendenden verringert, ergibt sich theoretisch stets eine gleichmäßige Verteilung des Zugewinns. Es kommt dabei nicht darauf an, ob der Zuwender im Zeitpunkt der Zuwendung ausgleichspflichtig oder -berechtigt gewesen wäre. Muß der Zuwendungsempfänger allerdings Vermögenseinbußen hinnehmen, verringert sich der Ausgleichsanspruch des Berechtigten entsprechend: wendet ein Ehegatte, der insgesamt 80 TDM an Zugewinn erzielt hat, dem anderen davon 50 TDM zu, so wird er dadurch zum potentiellen Gläubiger des Zugewinnausgleichsanspruchs. Hat der andere selbst keinen Zugewinn, verbleiben nach der Durchführung des Ausgleichs jedem 40 TDM. Hat aber der Empfänger mit dem Geld kostspielige Reisen unternommen oder es anderweitig ausgegeben, ohne entsprechende Gegenwerte zu erwerben, erhält der Zuwender im Ergebnis weniger. Sind also z. B. auf der Empfängerseite nur noch 40 TDM übrig, erhält der Zuwender statt 10 TDM nur 5 TDM.

Noch krasser ist die Lage dessen, der seinen gesamten Zugewinn dem anderen zuwendet. Dazu das folgende Beispiel: der „nur“ im Haushalt tätige Ehegatte ohne eigenen Zugewinn erbt ein beträchtliches Vermögen (§ 1374 II), das aus mehreren bebauten und unbebauten Grundstücken besteht. Nun verwendet der Erwerbstätige seinen gesamten Zugewinn von 80 TDM dazu, auf einem der Grundstücke ein veritables Wochenendhaus erbauen zu lassen, das kurz darauf abbrennt. Kann er dann, nachdem auch das Eheglück dahin ist, als „Zugewinnausgleich“ 40 TDM fordern? Ein Zugewinnausgleichsanspruch gem. § 1378 I ist sicher nicht gegeben, da der Empfänger der Zuwendung mangels eigenen Zugewinns nicht ausgleichspflichtig ist. In Betracht kommt allenfalls ein Anspruch wegen Wegfalls der Geschäftsgrundlage.

Ist das Rechtsgrundgeschäft der Zuwendung nicht so deutlich wie in den „Hausbaufällen“ von einem gemeinsamen ehebezogenen Nutzungszweck geprägt, oder entfällt die gemeinsame Nutzung des zugewendeten Wertes wie im Wochenendhausbeispiel aus anderen Gründen als dem der Ehescheidung, wird eine gemeinsame Geschäftsgrundlage kaum je gegeben sein. Ein Anspruch des Zuwendenden besteht dann in der Regel nicht.

2. Überblick über die Lösungsansätze

a) Lieb

Eine Korrektur wäre dann denkbar, wenn im Sinne von *Lieb* jede Abweichung der „Realverteilung" des Zugewinns von der „Idealverteilung" einen Anspruch wegen Wegfalls der Geschäftsgrundlage begründen würde. *Lieb* hat allerdings das hier entstandene Problem selbst gesehen, wenn auch im Rahmen der Darstellung, wie die Zuwendung sich ohne die §§ 1380, 1374 II auf die Zugewinnberechnung auswirken würde. Bleibt der gesamte Zugewinn erhalten, ergäbe sich unabhängig von der Höhe der Zuwendung stets eine gleichmäßige Verteilung. Wird ein Teil der Zuwendung verbraucht, würde immerhin der noch vorhandene Zugewinn gleichmäßig verteilt. Weil aber auch der Zuwender „eine von § 1375 Abs. 2 nur sehr unzulänglich eingeschränkte Verbrauchsmöglichkeit hat"[127], könne dieses Ergebnis nicht schrecken, da insofern „allenfalls die Gleichheit zwischen den Gatten hergestellt"[128] würde. Dasselbe gilt wohl auch für die von *Lieb* bei der Erörterung der §§ 1374 II, 1380 aufgestellte These, daß immer dann, wenn das Güterrecht zu keinem befriedigenden Ausgleich führe, ein Anspruch wegen Wegfalls der Geschäftsgrundlage gegeben sei. Der noch vorhandene Zugewinn wird schließlich gleichmäßig verteilt.

b) Friedrich

Anders sieht dies offenbar *Friedrich*, der zwar der neueren Ansicht folgt, aber für den hier erörterten Problemfall[129] und für Zuwendungen aus dem Anfangsvermögen konstatiert, daß in der Zuwendung keine Vorausleistung auf die Ausgleichsforderung gesehen werden könne. Innerhalb des Güterrechts bestünden dann keine Lösungsmöglichkeiten, weshalb andere schuldrechtliche Rückabwicklungsnormen eruiert werden müßten[130]. Diese sieht er in Rückgewähransprüchen wegen Wegfalls der Geschäftsgrundlage und zwar nicht so, daß die Rückforderung im Einzelfall ebenso versagt wie gewährt werden könne, sondern regelmäßig die Herausgabe der Zuwendung gefordert werden könne, da aus Gründen der Rechtssicherheit „die typische unbenannte Zuwendung auch zu einer typischen Rechtsfolge führen" müsse[131].

---

127 *Lieb* S. 126 Fn 81.

128 *Lieb* aaO.

129 *Friedrich* JR 1986, 1, 4 f. definiert die Situation so, daß der Empfänger trotz Zuvielleistung einen Ausgleichsanspruch geltend machen kann; er muß also Verluste erlitten haben. S. dazu sogleich 3 a.

130 AaO S. 5

131 AaO S. 6; ähnlich *Hülsheger* S. 176 und *Holzhauer* JuS 1983, 830, 835 f.

c) *Reinicke/Tiedtke*

Dagegen steht die Position von *Reinicke/Tiedtke*[132], wonach der Zuwender das Risiko auf sich genommen habe, „daß die Zuwendung nur im Rahmen der Zugewinngemeinschaft berücksichtigt wird“; eine Rückforderung aus Billigkeitsgründen und nur im Einzelfall widerspreche dem Rechtssicherheits- und Klarheitserfordernis.

Damit sind die jeweils möglichen extremsten Standpunkte markiert.

3. Stellungnahme

a) Zu *Friedrich* ist, ohne auf das von ihm gefundene Ergebnis eingehen zu wollen, folgendes anzumerken: eine Konstellation, in der „die Zuwendung den Betrag des Ausgleichsanspruchs übersteigt, der ohne die Zuwendung entstehen würde, und der Zuwendungsempfänger dennoch eine Zugewinnausgleichsforderung geltend machen kann“ (!)[133], gibt es nicht.

Liegt die Zuwendung im Wert über dem vorigen halben Zugewinnüberschuß, also der Zugewinnausgleichsforderung, wird der Zuwender vom – potentiellen – Ausgleichsschuldner zum Gläubiger. Der Zugewinnüberschuß des Empfängers beträgt das Doppelte des Zuvielgeleisteten. Der Empfänger kann also erst dann wieder zum Gläubiger eines Ausgleichsanspruchs werden, wenn er diesen Zugewinnüberschuß verloren hat. Ohne Zuwendung würde sich dann aber auch die dem „Empfänger“ zustehende Ausgleichsforderung um die Hälfte seines Verlustes, also den Betrag des „Zuvielgeleisteten“ erhöhen. Am maßgeblichen Stichtag liegt also keine Zuvielleistung vor. Hat der Empfänger keinen eigenen Zugewinn, kann der Verlust nur die Zuwendung betreffen. Ist dann trotz der Zuwendung der Zugewinn des Empfängers geringer als der des Zuwenders, kann dieser die Zuwendung gem. § 1380 anrechnen, so daß der Empfänger eben nichts mehr verlangen kann (!). Es fehlt also entweder an einer Zuvielleistung oder an einem Zugewinnausgleichsanspruch des Empfängers. Gegen Verluste des einen oder anderen ist kein Ehegatte gefeit. Es muß deshalb nicht unbedingt eine Rolle spielen, ob eine Zuwendung erfolgte oder nicht.

b) Damit ist bereits der Weg zu einer richtigen Lösung des wirklichen Problemfalls vorgezeichnet, in dem sich der Zuwendende deshalb schlechter stellt, weil der Wert der Zuwendung nach § 1380 II S. 2 nicht mehr voll den Empfängerzugewinn erhöht. Die Ursache hierfür liegt in der grundsätzlich dynamischen Vermögensentwicklung.

---

132 *Reinicke/Tiedtke* WM 1982, 946, 953; *Tiedtke* DNotZ 1983, 161, 164 f.; ebenso *Langenfeld,* Hdb Rz 309.

133 *Friedrich* JR 1986, 1, 4 f.

aa) Die Werterhaltungsfunktion des § 1380 ist zwar nicht notwendiges, aber sinnvolles Korrelat zur vorgezogenen Verfügungsmöglichkeit des Empfängers. Wer angesichts der kaum gegebenen Prognostizierbarkeit von Vermögensentwicklungen anrechenbare Zuwendungen macht, kann nie wissen, ob eine Anrechnung möglich sein wird. Er mag im Ergebnis zuviel geleistet haben; ist der Wert erhalten, kann er das Zuvielgeleistete zurückverlangen; hat der Empfänger Verluste erlitten, partizipiert der Zuwender durch den geringeren Rückfluß ebenso, wie wenn der andere keine Zuwendung erhalten hätte und Verluste dessen Ausgleichsanspruch erhöhen; erwirtschaftet der Empfänger mit der Zuwendung Gewinne, kommen sie auch dem Zuwender zugute.

bb) Als Beispiel dafür, daß solche Vermögensentwicklungen nicht einmal notwendig vom Geschick der Beteiligten abhängen, kann der Goldpreis gelten. Nehmen wir einen statischen Fall, in dem der Ehemann einen Zugewinn von 60 TDM erzielt hat. Aus Gleichberechtigungsgründen „schenkt" er seiner Frau die Hälfte. Ließen sich die Ehegatten jetzt scheiden, hätte keiner einen Zugewinnausgleichsanspruch. Kauft die Frau jedoch von ihrem Geld Goldmünzen, deren Wert sich binnen eines Monats verdoppelt, hat der Mann im Scheidungsfall einen Zugewinnausgleichsanspruch in Höhe des halben Wertzuwachses, auch wenn er nie an eine solche Geldanlage gedacht hätte.

Verliert das Gold die Hälfte seines Wertes, schuldet der Mann wegen der Anrechnungsmöglichkeit keinen weiteren Ausgleich. Hätte er dagegen auf Anraten seiner Frau die Hälfte seiner 60 TDM in Gold angelegt, müßte er trotz des Verlustes den verbliebenen Zugewinn voll zur Ausgleichung bringen. Ihm verblieben statt 30 TDM nur (60-30/2):2, also 22,5 TDM. Wäre er umgekehrt nach dem Wertzuwachs des Goldes seiner Frau von ihren Fähigkeiten so angetan gewesen, daß er ihr auch seine übrigen 30 TDM übereignet hätte und der Goldpreis wäre plötzlich enorm gefallen ... das Beispiel ließe sich endlos weiterspinnen.

Es stellt aber klar: in der Vermögensentwicklung eines jeden Ehegatten stecken Chancen und Risiken zugleich, deren Gradmesser in Bezug auf die Scheidungsfolgen u.a. § 1378 I, d. h. der Zugewinnüberschuß des einen oder anderen ist. Durch Zuwendungen werden lediglich Chancen und Risiken von einem Ehegatten auf den anderen verlagert.

cc) Die Werterhaltungsfunktion ermöglicht es dem Zuwender, absehbare Wertverluste bewußt auf den Zuwendungsempfänger allein abzuwälzen. Wer etwa dem anderen ein teures Kraftfahrzeug schenkt, dessen Anschaffungswert (§ 1380 II S. 2) die hypothetische Ausgleichsforderung übersteigt, hat eine Zuwendung mit immanentem Wertverlust gemacht. Das schließt die Forderung nach einem Ausgleich, der über den nach den güterrechtlichen Regeln gewährten hinausgeht, eo ipso – als venire contra factum proprium – aus.

dd) Weil sich aber generell sowohl das ob als auch die Folgen einer Zuvielleistung zum Zeitpunkt der Zuwendung ebensowenig absehen lassen wie eine – wann ? – bevorstehende Scheidung, wäre der denkbar schlechteste Lösungsansatz für den hier diskutierten Problemfall die Vergleichssituation, wie sie ohne die Zuwendung bestünde. Wer meint, die unterbliebene Zuwendung hätte nicht auch im Vermögen des Ehegatten, der sie nicht gemacht hätte, verlorengehen können, türmt eine Hypothese auf die andere. Wieso stets mögliche Verluste die „Geschäftsgrundlage Ehe“ tangieren sollten[134], ist nicht ersichtlich.

4. Ergebnis

Zusammenfassend ist daher der Ansicht von *Reinicke/Tiedtke* und wohl auch *Lieb* zuzustimmen, wonach der Zuwender mit der Zuwendung das Risiko ihrer weiteren „Existenz“ im Verfügungsbereich des Empfängers übernommen und zu tragen hat.

Damit ist nicht nur mehr Rechtssicherheit gewährleistet, sondern dieses Ergebnis ist allein systemgerecht. Wertverluste im Vermögen der Ehegatten wirken sich regelmäßig auf den Zugewinnausgleichsanspruch aus. Nur im Falle des § 1380 ist durch dessen Werterhaltungsfunktion eine Ausnahme vorgesehen. Ist also § 1380 nicht anwendbar, muß es bei der Regel bleiben, oder, um mit *Tiedtke* zu sprechen, wer den guten Tropfen genießt, muß den bösen Tropfen schlucken[135]. Mit der im Interesse der Rechtssicherheit notwendigerweise starren und schematischen Regelung des Güterrechts braucht also nicht argumentiert zu werden[136]; soweit in diesen Fällen „Härten“ in Kauf genommen werden müssen, hängt dies jedenfalls nicht davon ab, ob die Ehegatten ihren Zugewinn umverteilt haben oder nicht.

5. Zusammenfassung

a) Kein Ausgleich bei Vermögensverlusten des Zuwendungsempfängers

Ein Ausgleichsanspruch des Zuwendenden, der die Situation herstellen soll, wie sie ohne Zuwendung bestehen würde, ist selbst dann nicht gegeben, wenn der Empfänger der Zuwendung über ein hohes Anfangsvermögen oder sonstigen Zugewinn verfügen sollte. Eine Ausnahme hiervon ist nur im speziell geregelten Fall des § 1375 II möglich[137].

---

[134] So aber *Friedrich* JR 1986, 1, 5 f.; einschränkend für eine Korrektur gem. § 242 auch *Göppinger* Rz 520.

[135] DNotZ 1983, 161, 165; im Erg. ebenso *Rauscher* AcP 186 (1986), 529, 573.

[136] So aber *Reinicke/Tiedtke* WM 1982, 946, 953; *Tiedtke* DNotZ 1983, 161, 164; *Langenfeld,* Hdb Rz 309.

Durch die Wertminderung des Empfängervermögens, die zur Verringerung des Ausgleichsanspruchs des Zuwenders führt, wird die Geschäftsgrundlage Ehe, sofern sie überhaupt je nach Art der Zuwendung gegeben ist, nicht berührt.

b) Wegfall der Geschäftsgrundlage für die Zuwendung als solche

Für die Rückforderung des Zuwendungsgegenstandes selbst gelten also keine besonderen Regeln. Sie ist nur in den bereits oben erörterten Fällen möglich, wenn der Zuwender gerade an diesem Gegenstand ein besonderes schutzwürdiges Interesse hat oder gar auf ihn angewiesen ist. In den praktisch bedeutsamsten Fällen des Miteigentums am Hausgrundstück taucht diese Konstellation ohnehin nicht auf, da ein Wertverlust des Grundstücks[138] auch den Ehegatten betrifft, der die Zuwendung gemacht hat.

D. Zuwendungen aus dem Anfangsvermögen

I. Problemstellung

Anders als bei Zuwendungen aus dem Zugewinn verringert sich der Zugewinn des Zuwendenden nicht voll um den Wert der Zuwendung. Da es keinen negativen Zugewinn gibt, kann die Zuwendung, soweit sie aus dem Anfangsvermögen kommt, nur den Zugewinn des Empfängers erhöhen. Über den gegen diesen gerichteten Ausgleichsanspruch erhält der Zuwender also nur die Hälfte des Wertes, der aus seinem Anfangsvermögen stammte, zurück[139]. Wäre der hM darin zu folgen, daß die Zuwendung gem. § 1374 II zum Anfangsvermögen des Empfängers hinzuzurechnen ist, würde sogar eine Erhöhung des Empfängerzugewinns ausbleiben und der Zuwender gar nichts zurückerhalten. Je höher der Wert der Zuwendung war und je kürzer etwa die Ehe gedauert hat, desto schmerzlicher wird der Zuwender den Verlust empfinden, jedenfalls wenn der erstrebte Zweck auch ohne die Zuwendung hätte erreicht werden können.

---

[137] Ein Leistungsverweigerungsrecht nach § 1381 wegen schuldhaften Fehlverhaltens bei der Vermögensverwaltung (s. nur *Staudinger-Thiele* § 1381 Rz 13 u. 14) scheitert schon daran, daß der Zuwender nicht ausgleichspflichtig ist.

[138] Vgl. BGH NJW 1986, 1980, 1982 zur Wertminderung durch Verkehrsimmissionen.

[139] BGHZ 82, 227, 235.

1. Standort der Rechtsprechung

Die Ansicht, die der IX. Zivilsenat des BGH hierzu geäußert hat, verlangt dem Betroffenen sicherlich viel Verständnis ab: daß ein Ehegatte, der eine Zuwendung aus seinem Anfangsvermögen gemacht hat, nach § 1378 nur die Hälfte zurückverlangen kann, sei „nicht von vornherein unbillig“[140].

a) Aus der Sicht des BGH ist diese Meinung nur konsequent. Zum einen ergibt sich nach den güterrechtlichen Regeln im Gegensatz zur hM überhaupt ein Rückforderungsanspruch, zum anderen müßte zur Entscheidung über einen Anspruch wegen Wegfalls der Geschäftsgrundlage eine nicht hinnehmbare Härte für den Zuwender vorliegen. Dies legt einen Vergleich der jetzigen mit der hypothetischen Vermögenslage, bei der die Zuwendung unterblieben wäre, nahe. Der daraus gezogene Schluß, daß es wenigstens für den Zuwender besser gewesen wäre, er hätte keine Zuwendung gemacht, genügt wiederum der Rechtsprechung nicht, einen Wegfall der Geschäftsgrundlage anzunehmen, bzw. hierauf gestützte Ansprüche anzuerkennen[141].

b) Dem ist im Grundsatz zuzustimmen, denn im Verlauf der Untersuchung hat sich gezeigt, daß primär das „Einzelschicksal“ einer Zuwendung dafür ausschlaggebend ist, ob ein Wegfall der Geschäftsgrundlage vorliegt, nicht aber der Vergleich mit der Situation, wie sie ohne die Zuwendung bestehen würde. Die Tatsache allein, daß nur die Hälfte der Zuwendung über § 1378 zurückgefordert werden kann, genügt aber für die Annahme einer unzumutbaren Lage schon deshalb nicht, weil sie gerade eine Konsequenz aus der Ehescheidung und den vom Gesetz hierfür vorgesehenen Normen ist. Das Güterrecht bietet zwar keinen „vollen Ausgleich“, kann dies aber auch gar nicht, da es stets nur um die gleichmäßige Verteilung des Zugewinns geht.

2. Korrekturmöglichkeiten über Ansprüche wegen Wegfalls der Geschäftsgrundlage

a) Ähnlich wie bei Zuvielleistungen und Zuwendungen des Ausgleichsberechtigten empfiehlt sich bei Zuwendungen aus dem Anfangsvermögen Zurückhaltung gegenüber einer generellen Korrigierbarkeit der Ergebnisse des Zugewinnausgleichs. Auch hier steht nicht von vornherein fest, ob die Zuwendung am Berechnungsstichtag den vom Zuwender erzielten Zugewinn übersteigt. Der eine mag am Tag nach der Eheschließung eine hohe Zuwendung machen und später noch „ausreichend“ Vermögen erwerben, der andere

---

140 BGHZ 82, 227, 235; BGH FamRZ 1982, 778, 779 (Saudi-Arabien); *Kühne* in der Anmerkung zu BGHZ 82, 227 = JR 1982, 237, 239, nennt diese Aussage „kläglich“; ihm folgend *Friedrich* JR 1986, 1, 4.

141 BGH NJW 1974, 1554, 1555; *Henrich* FamRZ 1975, 533, 538; *Johannsen* WM 1978, 502, 509.

kann einen Teil seines „Zugewinns“ für eine Zuwendung verwenden und später alles verlieren.

Daß nach den Regeln des Güterrechts eine Beteiligung am Anfangsvermögen nicht vorgesehen ist, vermag keine andere Bewertung zu begründen[142]. Die Zuwendung selbst beruht auf einem freien Entschluß des Zuwenders. Ihre „Sonderstellung“ im Zugewinnausgleich ist nur eine mittelbare Folge der grundsätzlich unvorhersehbaren Vermögensentwicklung und des geltenden Güterrechts.

Anders als bei Zuwendungen „aus dem Zugewinn“ können aber insbesondere bei einer nur kurzen Ehedauer besondere Härten entstehen, die einen Vergleich mit der Situation ohne Zuwendung nahelegen. Das gilt besonders dann, wenn die Zuwendung noch in vollem Umfang im Empfängervermögen enthalten ist. Die Vergleichssituation kann neben anderen Umständen im Einzelfall durchaus weitere Kriterien für die Frage nach der Zu- oder Unzumutbarkeit der entstandenen Vermögensaufteilung ergeben, sofern es sich überhaupt um Zuwendungen handelt, deren Geschäftsgrundlage das Weiterbestehen der Ehe ist.

b) Die demnach jeweils erforderliche Einzelfallprüfung fördert zugegebenermaßen nicht gerade die Rechtssicherheit. Auf diese berufen sich aber – wie bei der Zuvielleistung – die Vertreter der entgegengesetztesten Ansichten gleichermaßen. Daß unter dem Banner der Rechtssicherheit Rückforderung oder Ausgleich in jedem Fall[143] oder nie[144] gewährt werden soll, rechtfertigt einige Zweifel an der Überzeugungskraft dieses Arguments.

II. Anwendungsbeispiel: der „Saudi-Arabien Fall“ BGH FamRZ 1982, 778

Daß die Einzelfallentscheidung weder konturenlos, noch die Verneinung eines Ausgleichs stets „grob unbillig“ sein muß, verdeutlicht ein Fall aus der Rechtsprechung.

1. Das Urteil des BGH

Der Entscheidung BGH FamRZ 1982, 778[145] lag folgender Sachverhalt zugrunde: der klagende geschiedene Ehemann hatte von 1967 bis 1971 in Saudi-Arabien gearbeitet. Die Beklagte führte dort den Haushalt für ihn. Nach ihrem Vortrag hatte sie den Kläger auf seinen Wunsch hin nach Saudi-

---

[142] AA *Friedrich* JR 1986, 1, 5.

[143] *Friedrich* JR 1986, 1, 5 f.

[144] *Reinicke/Tiedtke* WM 1982, 946, 953; *Tiedtke* DNotZ 1983, 161, 164.

[145] = WM 1982, 697 = DNotZ 1983, 177.

Arabien begleitet und ihn unter schwierigen Umständen versorgt. Nach der Rückkehr nach Deutschland heirateten die Parteien. 1972 erwarben sie ein baureifes Grundstück zu Miteigentum zu je einem halben Anteil und errichteten darauf ein Fertighaus mit drei Zimmern, Küche und Bad. Die hierfür erforderlichen Mittel von etwa 200 000 DM brachte der Kläger aus seinem bereits vor der Eheschließung vorhandenen Vermögen auf, das er im wesentlichen durch seine Tätigkeit in Saudi-Arabien erworben hatte.

Vier Jahre später wurde die Ehe geschieden. Der Kläger verlangte die Übereignung der Grundstückshälfte der Beklagten auf sich. In diesem Urteil fiel zum zweitenmal der berühmt gewordene Satz, daß es nicht von vornherein unbillig sei, wenn der Zuwender von Zuwendungen aus seinem Anfangsvermögen gem. § 1378 I nur die Hälfte des Wertes zurückerhalte. Nach § 1378 I hätte der Kläger von seiner Zuwendung aus dem Anfangsvermögen nur ca. 50 TDM „zurückerhalten“[146].

Ein Schenkungswiderruf schied für den BGH schon mangels einer Schenkung aus; für ein den Widerruf rechtfertigendes Verhalten der Beklagten ist aus dem mitgeteilten Tatbestand nichts ersichtlich. Damit kam allenfalls ein Anspruch wegen Wegfalls der Geschäftsgrundlage in Betracht, zu dessen näherer Aufklärung der BGH den Fall zurückverwiesen hat.

2. Die Kriterien Ehedauer/Höhe der Zuwendung

Zwar handelt es sich hier um eine hohe Zuwendung, die voll aus dem Anfangsvermögen stammt und um eine relativ kurze Ehe, so daß die Rückgewähr der Grundstückshälfte angesichts der Relation Zuwendungswert/Ehedauer nicht unangemessen erscheint. So haben es auch die der Klage stattgebenden Vorinstanzen gesehen[147].

a) Andererseits lebte die Beklagte in dem Zeitraum, in dem der Kläger sein Anfangsvermögen überwiegend zusammentrug, bereits mit ihm zusammen. Die Zuwendung hat damit zumindest einen stark belohnenden Charakter und kann ganz i.S.d. unbenannten Zuwendung als Ausgleich für bereits geleistete „Mitarbeit“ angesehen werden. Statt des zukunftsbezogenen Wohnzwecks steht dann allerdings die Aufteilung des in der Vergangenheit „gemeinsam“ erworbenen Vermögens im Vordergrund. Die Vermögensaufteilung aber war mit der Eintragung der Beklagten als Miteigentümerin in das Grundbuch erreicht. Die nicht mehr veränderbare Geschäftsgrundlage wäre dann die Teilung der Früchte des gemeinsamen Lebensabschnittes in Saudi-Arabien gewe-

---

146 Die Vorinstanz, das OLG Karlsruhe, hatte trotz Ablehnung einer Schenkung entgegen der Urteile des OLG Karlsruhe FamRZ 1974, 306 und FamRZ 1981, 556, § 1374 II für anwendbar gehalten und die Berufung der Beklagten zurückgewiesen.

147 FamRZ 1982, 778 f.

sen, nicht aber die gerade erst begonnene – eheliche – Lebensgemeinschaft. Auch in bezug auf die bevorstehende Ehe ergibt die Zuwendung einen Sinn, da die Beklagte ohne Zuwendung gegenüber dem Kläger mittellos gewesen wäre, zumal sie auch über den Zugewinnausgleich nicht am Anfangsvermögen des Klägers, der kaum einen entsprechenden Zugewinn erzielt haben dürfte, teilgehabt hätte.

b) Diese Überlegung stellte auch das OLG Karlsruhe als Berufungsinstanz an, zog aber daraus den Schluß, daß die Beklagte durch die Zuwendung „wesentlich mehr" erlangt habe, als sie ansonsten als Zugewinnausgleich verlangen könnte, weshalb „die Rückgewähr der Grundstückshälfte ohne Gegenleistung selbst unter Berücksichtigung des allein erheblichen, nach der Eheschließung erbrachten Beitrags der Beklagten zum Hausbau und zur Haushaltsführung nicht grob unbillig oder unangemessen"[148] sei. Damit greift das Gericht aber erheblich zu kurz, denn die Zuwendung darf nicht nur im Hinblick auf die vierjährige Ehe gesehen werden. Für Ansprüche wegen Wegfalls der Geschäftsgrundlage sind vielmehr die Umstände des Einzelfalles maßgebend, wobei das voreheliche Zusammenleben in Saudi-Arabien, das dem Fall nicht zuletzt seinen Namen gegeben hat[149], nicht außer acht gelassen werden darf.

3. Die Enttäuschung von Erwartungen als Wegfall der Geschäftsgrundlage?

Das einzige, was der Fall mit den üblichen aktenkundig gewordenen Ehegattenzuwendungen gemeinsam hat, ist, daß das in Saudi-Arabien erworbene Vermögen zur Errichtung eines Familienheims verwendet wurde. Dieses kann nun nicht mehr wie geplant lebenslang gemeinsam benutzt werden. Dieselbe Erwartung wird aber auch dann enttäuscht, wenn Ehegatten den Hausbau mit ihrem Zugewinn finanzieren, ohne daß deswegen der Miteigentumsanteil des Nichterwerbstätigen regelmäßig zurückübertragen werden müßte. Vielmehr bleibt es auch dann, wenn der ganze oder überwiegende Zugewinn der Ehepartner in einem gemeinsamen Haus steckt, regelmäßig bei den güterrechtlichen Folgen, die selbst in solchen „Normalfällen" nicht immer befriedigend sind.

Waren etwa beide Ehepartner mit gleichhohem Einkommen berufstätig und wurde das Haus aus den Ersparnissen des Mannes finanziert, während die Ehefrau das nicht zum Lebensunterhalt benötigte Geld zu eigenen Zwecken verbrauchte, dann ist der Zugewinn wegen ihrer Miteigentumshälfte ausgeglichen. Ein Leistungsverweigerungsrecht gem. § 1381 scheidet in einem solchen Fall schon deshalb aus, weil die Ehefrau keinen Zugewinnausgleichsanspruch

---

[148] So die Wiedergabe durch den BGH FamRZ 1982, 778, 779.

[149] Vgl. *Langenfeld,* Hdb Rz 294.

hat. Sofern man es dem Sparsamen gegen den Verschwender überhaupt gewähren will[150], kann dies nur dann richtig sein, wenn der Sparsame das Verhalten des anderen nicht geduldet hat[151], dessen Verhalten also jedenfalls im Verhältnis zum Ehepartner verwerflich ist[152]. Da beide während der Ehe gleich viel Einkommen erzielten, trifft ein eventuell notwendiger Verkauf des Hauses den sparsamen Ehemann besonders hart.

4. Berücksichtigung der Interessen des Zuwendungsempfängers

Eine pauschale Korrektur des teilweisen „Versagens" des güterrechtlichen Ausgleichs bei Zuwendungen aus dem Anfangsvermögen ist nicht möglich. Daß nur die Hälfte des Wertes der Zuwendung zurückgefordert werden kann, kann einmal grob unbillig für den Zuwendenden, andererseits aber auch für den Empfänger sein. Im „Saudi-Arabien Fall" führt der Vergleich mit der Vermögenslage ohne Zuwendung nicht sonderlich weit. Dann hätte die Beklagte an den früheren Ersparnissen des Klägers überhaupt nicht teil, obwohl offensichtlich das Gegenteil gewollt war. Daß die Beklagte nun selbst Zugewinnausgleich schuldet, ist eher für sie „grob unbillig" als für den Kläger.

Hätten die Parteien das Haus noch während ihres nichtehelichen Zusammenlebens gemeinsam erworben, würde die Beklagte keinen Ausgleich schulden. Diese Hypothese ist so naheliegend wie die, daß die spätere Zuwendung unterblieben wäre.

Sogar dann hätte die Beklagte möglicherweise einen Ausgleichsanspruch gegen den Kläger, denn die Rechtsprechung zur nichtehelichen Lebensgemeinschaft gewährt einen Anspruch schon dann, wenn die Partner vor der Trennung einen Vermögensgegenstand als ihnen gemeinsam gehörend betrachteten, selbst wenn die materielle Rechtslage hierzu im Widerspruch steht[153]. Tatsächlich in Miteigentum stehende Werte werden folglich nach einer Trennung erst recht nicht aufgeteilt"[154].

---

150 So MünchKomm-*Gernhuber* § 1381 Rz 24; *Palandt-Diederichsen* § 1381 Anm 2b; RGRK-*Finke* § 1381 Rz 9; *Soergel-Herm. Lange* § 1381 Rz 10; *Staudinger-Thiele* § 1381 Rz 14.

151 RGRK-*Finke* § 1381 Rz 9.

152 *Soergel-Herm. Lange* § 1381 Rz 10

153 BGHZ 77, 55, 56 f. = FamRZ 1980, 664; BGH FamRZ 1981, 530; BGHZ 84, 388, 390 = FamRZ 1982, 1065; BGH FamRZ 1983, 791; BGH FamRZ 1985, 1232; zust *de Witt/Huffmann* Rz 343, 344; *Schulte* ZGR 1983, 437, 441; *Soergel-Herm. Lange* Nachtrag Anh § 1588 Rz 82; krit zu dieser Rspr *Schlüter/Belling* FamRZ 1986, 405, 406, 408 f.

154 Die Rspr sieht in der materiellrechtlichen Eigentumsaufteilung ein Indiz für den Parteiwillen, vgl. BGHZ 77, 55, 59; BGH FamRZ 1983, 791. Krit dazu *Schlüter/Belling* FamRZ 1986, 405, 406 f.

Ähnliche Tendenzen zur Vergemeinschaftung des während der Ehe erworbenen Vermögens sind sogar für den Güterstand der Gütertrennung zu erkennen[155], obwohl hier die Beteiligten um die vom Gesetz vorgesehenen Folgen von Zuwendungen – nämlich keine – eher wissen müßten[156].

Für den „Saudi-Arabien Fall" gilt daher mit Sicherheit, daß die Rückforderung nur der Hälfte des Wertes der Zuwendung nicht unbillig ist.

5. Ausblick: nichteheliche Lebensgemeinschaft mit anschließender Ehe

Angesichts des Vordringens nichtehelicher Lebensgemeinschaften auf Dauer, die zumeist erst nach der Geburt von Kindern in die Ehe münden, ist eher eine Zunahme solcher Fälle zu erwarten, in denen Zuwendungen zu einem großen Teil aus dem Anfangsvermögen stammen. Daß der langjährige Partner einer nichtehelichen Lebensgemeinschaft sich gegenüber einem Zugewinnausgleichsanspruch des Zuwendenden möglicherweise auf einen Beteiligungsanspruch an dessen Anfangsvermögen berufen kann, macht die aus der Ehescheidung resultierenden vermögensrechtlichen Fragen sicher nicht einfacher.

Sofern ein Ausgleichsanspruch bei Beendigung der nichtehelichen Lebensgemeinschaft begründet ist, entsteht er aber mit ihrer Auflösung. Besteht die Auflösung in der Eheschließung der Partner, gehört er zum Anfangsvermögen des Gläubigers, so daß der Zeitpunkt der Erfüllung keine Rolle spielt.

Ob der „Saudi-Arabien Fall" damit richtig entschieden wäre, kann mangels näherer tatsächlicher Angaben nicht festgestellt werden. Bestand aber zwischen den Parteien tatsächlich eine nichteheliche Lebensgemeinschaft, wäre die Beibehaltung des Miteigentums und ein gänzlicher Ausschluß des Zugewinnausgleichs bezüglich des Hauses sicher die sachgerechteste Lösung.

---

155 Nicht erst in jüngster Zeit, vgl. BGH NJW 1972, 580 = FamRZ 1972, 201; BGH NJW 1974, 1554; BGH NJW 1974, 2045 = JR 1975, 155 m zust Anm *Kühne*; zuletzt BGHZ 84, 361 = FamRZ 1982, 910 = NJW 1982, 2236 = DNotZ 1983, 180 = JR 1982, 493 m krit Anm *Olzen*. Zust *Schulte* ZGR 1983, 437, 440 f.; *Tiedtke* DNotZ 1983, 161, 167 f.

156 *Olzen* JR 1982, 495, 496.

III. Versuch einer Aufstellung von Kriterien, die für oder gegen eine Korrektur der güterrechtlichen Regelung über Ansprüche wegen Wegfalls der Geschäftsgrundlage sprechen

Mögliche Ausnahmefälle können hier wegen der Natur der Sache nur angedeutet werden. Kriterien für einen Wegfall der Geschäftsgrundlage sind nach der Rechtsprechung[157] neben den Vermögensverhältnissen der Ehegatten der Wert der Zuwendung, soweit sie aus dem Anfangsvermögen stammt; ähnlich bedeutsam wird auch die Dauer der Ehe sein, so daß, je kürzer die Ehe und je höher die Zuwendung ausfällt, desto eher ein Anspruch wegen Wegfalls der Geschäftsgrundlage gegeben sein wird.

1. Gelegenheitsgeschenke und Zuwendungen aus dem Anfangsvermögen, die den Wert von Gelegenheitsgeschenken nicht übersteigen

Hier besteht, wie bereits oben[158] erörtert, kein Handlungsbedarf, weil solche Geschenke bzw. Zuwendungen eher vergangenheitsbezogen als zukunftsorientiert sind.

Sofern die Zuwendung zwar anrechenbar ist, aber nur zu einem dem Wert der üblichen Gelegenheitsgeschenke entsprechenden Teil aus dem Anfangsvermögen stammt, kommt schon wegen der nur geringfügigen Benachteiligung des Zuwendenden ein Anspruch wegen Wegfalls der Geschäftsgrundlage nicht in Betracht.

2. Der Wert der Zuwendung in Relation zur Höhe des Anfangsvermögens

Ein Wegfall der Geschäftsgrundlage kommt nur bei höherwertigen Zuwendungen in Betracht. Diese sind aber wiederum in Relation zu den Vermögensverhältnissen der Parteien, insbesondere des Zuwendenden, zu setzen.

a) Hat beispielsweise, ohne daß ein nennenswerter Zugewinn je vorhanden war, ein Ehegatte eine Erbschaft im Wert von 100 TDM gemacht und schenkt dem anderen hieraus einen Gegenstand im Wert von 10 TDM, wird ein Rückforderungsanspruch – unabhängig von der Ehedauer – kaum gegeben sein.

b) Es handelt sich vielmehr um ein typisches Geschenk, das allein dem persönlichen Gebrauch des Beschenkten dient. Die Zuwendung selbst wird weniger von der existierenden Ehe als vom besonderen Anlaß geprägt sein. Jeder, der Geschenke aus einem besonderen Anlaß macht, muß damit rechnen, daß der Beschenkte nicht ewig dankbar sein wird. Undank ist der Welt Lohn.

---

157 Vgl. nur BGH FamRZ 1972, 201, 202 = NJW 1972, 580; BGHZ 84, 361, 368 f.

158 S.o. A VII 1.

Nicht zuletzt ist der „Verlust“ von 5 000 DM für den Ehegatten, der eben geerbt und offensichtlich darauf verzichtet hat, die Erbmasse nur für sich allein zu verwenden, sicher zu verschmerzen. Unbehagen bereitet allenfalls, daß nun der Beschenkte seinerseits Zugewinnausgleich leisten muß; daran führt freilich kein Weg vorbei.

3. Zuwendungen mit eheneutraler Zwecksetzung

Dient die Zuwendung spezifischen, über die Verwirklichung der ehelichen Lebensgemeinschaft hinausweisenden Zwecken, wie etwa der finanziellen Absicherung von Kindern des Empfängers[159], scheidet ein Wegfall der Geschäftsgrundlage aus. Diese Zwecke werden durch die Ehescheidung nicht tangiert.

Solche Zuwendungen sind auch unter Nichtverheirateten, etwa nahen Verwandten, vorstellbar. Die größere persönliche Enttäuschung des Ehegatten rechtfertigt für sich allein aber kein Abrücken von der einmal erfolgten Festlegung.

4. Die Auswirkungen der Zuwendung auf die Vermögensverhältnisse des Empfängers

Nicht außer acht gelassen werden darf auch die Auswirkung der Zuwendung auf die Vermögensentwicklung des Empfängers. Führt etwa eine Zuwendung zur Errichtung einer Arztpraxis[160] zu einem hohen Zugewinn des Empfängers, den er sonst nicht oder nicht so schnell erzielt hätte, kommt der Relation des halben Wertes der Zuwendung zum damit erwirtschafteten Zugewinn, bzw. zum daraus resultierenden Zugewinnausgleichsanspruch entscheidende Bedeutung für die Frage nach einem Rückforderungsanspruch zu[161]. Fällt dabei der Zugewinn üppig aus, wird der Zuwender ohnehin nicht an eine Rückforderung denken.

5. Die Vorgeschichte der Zuwendung: „miterarbeitetes Anfangsvermögen“

Hierzu gehören zum einen die Fälle, in denen die Partner einer nichtehelichen Lebensgemeinschaft später heiraten und die Zuwendung aus dem ganz

---

[159] OLG Frankfurt FamRZ 1981, 778.

[160] Vgl. BGH FamRZ 1974, 592 = NJW 1974, 2045 = JR 1975, 155 m zust Anm *Kühne*.

[161] Ebenso BGH FamRZ 1974, 592, 593, wonach für die Höhe des Anspruchs u.a. maßgeblich ist, „wie lang und mit welchem Erfolg die Zuwendung ihrem Zweck gedient hat“.

im Sinne des Grundgedankens der Zugewinngemeinschaft durch gemeinsames Wirtschaften erworbenen Vermögen eines Partners stammt.

„Miterarbeitetes" Anfangsvermögen ist aber auch anders vorstellbar. Hat ein Ehegatte dem anderen Miteigentum an einem ererbten Haus eingeräumt, weil dieser den Erblasser jahrelang betreut hat, ist dieses Anfangsvermögen durchaus „mitverdient", so daß neben dem Zugewinnausgleich ein weiterer Anspruch nicht in Frage kommt.

6. Die Zuwendung großer Teile des Anfangsvermögens in Relation zur Ehedauer

a) „Kurze Ehe"

Verkauft anläßlich der Eheschließung ein Ehegatte seine teure Stadtwohnung und erwirbt von dem Erlös ein familientaugliches Haus, als dessen Miteigentümer der andere eingetragen wird, ist ein Wegfall der Geschäftsgrundlage eher anzunehmen, wenn die Ehe nach einem Jahr geschieden wird, als wenn dies erst nach 25 Jahren der Fall ist[162]. Bei einer kurzen Ehe ist die Zuwendung eindeutig zukunftsbezogen, also von der Erwartung geprägt, die Ehe werde erst durch den Tod des Partners beendet. Damit steht nicht die mittelbare Auswirkung der Zuwendung auf den Zugewinnausgleich, sondern der Vorgang selbst im Vordergrund. Hätten die Beteiligten die kurze Ehedauer bedacht, hätte der Zuwendungsempfänger sicher auf eine „auflösende" Bedingung eingehen müssen, zumal er aus dem Miteigentumsanteil während funktionierender Ehe keinen direkten Vorteil ziehen kann.

Betrug nun die Zuwendung die Hälfte des Anfangsvermögens des Zuwendenden und war die Ehe so kurz, daß nach § 1579 I Nr. 1 sogar ein Unterhaltsanspruch des Empfängers ausscheiden kann[163], ist es nicht von der Hand zu weisen, daß die durch die Zuwendung geschaffene Lage für den Zuwender unzumutbar ist. Wer keinen Unterhalt schuldet und ohne Zuwendung keinem Zugewinnausgleichsanspruch ausgesetzt wäre, wird sich kaum damit abfinden, daß das Resultat der §§ 1372 ff. „nicht von vornherein unbillig" sein soll. Will er einen Lebensstandard herstellen, wie er ihn auch vor der Eheschließung hatte, ist er vielmehr auf die Restitution seines früheren Vermögens angewiesen. Ihm steht also gegen den Zuwendungsempfänger ein Anspruch auf Rückauflassung des Miteigentumsanteils wegen Wegfalls der Geschäftsgrundlage zu.

---

[162] Vgl. OLG Düsseldorf FamRZ 1976, 344, 345: die Klägerin hatte kurz vor der Eheschließung ein größeres Haus gekauft, als dessen Eigentümer sie und der Beklagte eingetragen wurden. Der bar zu zahlende Teil des Kaufpreises stammte überwiegend aus ihrem Anfangsvermögen; nach drei Jahren wurde die Ehe geschieden.

[163] Zum Erfordernis nicht nur der kurzen Ehe, sondern auch der groben Unbilligkeit s. BGH NJW 1981, 754 = FamRZ 1981, 140; BGH NJW 1982, 2064.

Einen Bewertungsmaßstab kann also bei einer hohen, rein der Verwirklichung der ehelichen Lebensgemeinschaft dienenden Zuwendung aus dem Anfangsvermögen die „kurze Ehe“ des § 1579 I Nr. 1 bieten. Absolut zu setzen ist die von der Rechtsprechung gezogene Grenze von drei Jahren[164] allerdings nicht, da sie je nach Höhe der Zuwendung zu kurz sein kann.

b) „Lange Ehe“

Dauerte die Ehe dagegen zwanzig Jahre oder länger, ist ein Wegfall der Geschäftsgrundlage weniger eindeutig zu bejahen, sondern viel eher zu verneinen. Immerhin hat dann die Zuwendung für lange Zeit ihren Zweck erfüllt. Die für den Normalfall der unbenannten Zuwendung stets mitzuunterstellenden erwünschten Effekte der Vermögensaufteilung und materiellen Zukunftsd. h. auch Alterssicherung, treten in den Vordergrund und zwar unabhängig davon, ob die Zuwendung aus dem Anfangsvermögen oder Zugewinn erfolgte. Insofern wird eine Preisgabe der einmal erlangten Vermögenswerte zumindest für den Zuwendungsempfänger immer unzumutbarer. Heilt also die Zeit alle Wunden? Im Zweifel ja, denn je länger sich der Zuwender mit einer für ihn potentiell ungünstigen Vermögensverteilung abfindet, desto weniger kann er diese später überzeugend als unzumutbar bezeichnen und desto mehr steht dem der Vertrauensschutz des Empfängers entgegen[165].

Dies muß sowohl dann gelten, wenn die Zuwendung sofort aus dem bei der Eheschließung vorhandenen Vermögen erfolgte, als auch dann, wenn sie aus einer nach § 1374 II zum Anfangsvermögen hinzuzurechnenden Erbschaft später erbracht wurde. Das eine Mal wurde die Zukunftserwartung nicht übermäßig enttäuscht, das andere Mal ist die Zuwendung Ausdruck eines jahrelang gewachsenen Solidaritätsgefühls. Das bürgerliche Recht wäre aber überfordert, wenn es für jede mehr oder weniger absehbare menschliche Enttäuschung auch nur halbwegs präzise Abwicklungsnormen bereithalten sollte. Das Institut des Wegfalls der Geschäftsgrundlage krankt aber gerade an mangelnder Präzision und ist deshalb sicher nicht zur – für beide (!) Seiten –[166] befriedigenden Abwicklung solcher Fälle geeignet. Hier muß es, gerade weil der unbedingte Ruf nach einer Korrektur der güterrechtlichen Ergebnisse unglaubwürdig wäre, bei jenen bleiben.

Immerhin erhält der Zuwender einen gewissen Ausgleich dadurch, daß nach der neueren Ansicht die Zuwendung den Zugewinn des Empfängers erhöht und er so wenigstens wieder einen Teil seiner Zuwendung zurückerhalten[167] kann.

---

[164] OLG Karlsruhe FamRZ 1979, 705; KG FamRZ 1981, 157; BGH NJW 1981, 754 = FamRZ 1981, 140; BGH NJW 1982, 823 und 2064.

[165] Vgl. BGH NJW 1974, 1554, 1555 aE.

[166] BGHZ 68, 299, 304; *Erman-W. Sirp* § 242 Rz 177.

c) *Ehen von „mittlerer Dauer“*

In weniger extrem gelagerten Fällen wird die Entscheidung naturgemäß schwieriger, wenn nicht gar unmöglich, jedenfalls sofern nur das Ergebnis des Zugewinnausgleichs als unbefriedigend empfunden wird und nicht schon aus den oben genannten Gründen eine Rückforderung des Zuwendungsgegenstandes möglich ist.

Neben die bereits vorhandene gesetzliche Billigkeitsregelung der §§ 1372 ff. müßte dann die Erwägung gestellt werden, inwieweit die Zuwendung unter Berücksichtigung des Alters der Parteien, ihrer Vermögensverhältnisse und der Ehedauer keinen angemessenen „Ausgleich“ der Vermögenswerte darstellt. Ohne wiederum notwendigerweise extrem gelagerte Beispiele heranzuziehen kann eine solche Abwägung wohl nie zu eindeutig „richtigen“ Resultaten führen. Daß eine generelle Korrektur der Ergebnisse des Zugewinnausgleichs für richtig gehalten wird, ist nur dann verständlich, wenn die Zuwendung nach der hM gem. § 1374 II zum Anfangsvermögen des Empfängers hinzugerechnet werden müßte, und dieser, soweit er keinen eigenen Zugewinn hat, überhaupt nicht ausgleichspflichtig würde. Nach der neueren Ansicht gibt es aber solche, in der Tat viel eher unzumutbare Ergebnisse nicht mehr.

Sofern der Zuwendungswert im Empfängerzugewinn noch enthalten ist, erhält der Zuwender gem. § 1378 I die Hälfte zurück, wenn er bis zum Stichtag (§ 1384) keinen eigenen Zugewinn erzielt hat. Erhält er weniger, weil die Zuwendung inzwischen an Wert verloren hat, ist dieser Verlust sicher nicht über den Wegfall der Geschäftsgrundlage zu korrigieren, weil der Zuwender insofern die Folgen davon tragen muß, daß er dem anderen die Verfügungsbefugnis über Teile seines Vermögens überlassen hat[168]. Dasselbe gilt aber auch für die noch erhaltene Zuwendung. Ein Risiko für den Zuwender stellt jede höherwertige Zuwendung dar. Es kann im Ergebnis eine Zuvielleistung vorliegen, aber auch, wenn er weniger Zugewinn erzielt als erwartet, eine Zuwendung aus dem Anfangsvermögen gegeben sein. Was für die Zuvielleistung aus dem Zugewinn gilt, muß grundsätzlich auch für eine Zuwendung aus dem Anfangsvermögen gelten: nicht vorhersehbare güterrechtliche Folgen trägt der Zuwender als selbstgeschaffenes Risiko regelmäßig selbst. Nicht jedes ungünstige Ergebnis kann nur deshalb korrigiert werden, weil es ohne Zuwendung möglicherweise hätte vermieden werden können. Auf die Spitze getrieben würde dies bedeuten, daß auch der Einwand, ohne die Eheschließung wäre überhaupt kein Ausgleich geschuldet, ernstgenommen werden müßte.

Der BGH hat somit den Kern der Sache getroffen, daß die güterrechtlichen Folgen einer Zuwendung aus dem Anfangsvermögen nicht von vornherein (!) grob unbillig sind[169].

---

[167] *Diederichsen,* Vermögensauseinandersetzung S. 114.

[168] S.o. C II 4.

7. Zusammenfassung

a) Ein genereller Ausschluß von Ansprüchen wegen Wegfalls der Geschäftsgrundlage aus Gründen der Rechtssicherheit, wie er etwa von Reinicke/Tiedtke[170] gefordert wird, ist angesichts der angesprochenen Extremfälle nicht zu halten. Die gegenüber der hier abgelehnten herrschenden Meinung durchweg eher befriedigenden Ergebnisse, zu denen die neuere Ansicht gelangt, verführen allerdings leicht und verständlicherweise zu diesem Rigorismus.

Der größeren „Prognose-Sicherheit im Rechtsstreit" stünde aber die „größere Wahrscheinlichkeit, daß es zu unbilligen Ergebnissen kommt"[171], gegenüber. Wegen jeder, auch geringfügigen Abweichung vom „Idealergebnis" einen Anspruch zu bejahen[172], geht andererseits an der Realität vorbei, weil im Gegensatz zum konstruierten Beispiel geringfügigere Verschlechterungen nur selten wahrgenommen und deshalb schon praktisch in vielen Fällen auch in Kauf genommen werden. Wer eine Zuwendung macht, schafft damit Fakten, deren mittelbare Auswirkungen er grundsätzlich zu tragen hat.

b) Ein Wegfall der Geschäftsgrundlage kann daher nur dann angenommen werden, wenn die einzelne Zuwendung durch die Ehescheidung ihren Sinn und Zweck derart verloren hat, daß es für den Zuwender i.S.d. Rechtsprechung unzumutbar wäre, an eine, wenn auch selbstgeschaffene, so doch durch die Scheidung „schlechthin unerträglich" gewordene Vermögensverteilung gebunden zu bleiben. Anknüpfungspunkt ist dabei in viel geringerem Maße die Auswirkung der Zuwendung auf den Zugewinnausgleich, als das einzelne Rechtsverhältnis selbst. Um der Einzelfallgerechtigkeit willen muß auf ein Höchstmaß an Rechtssicherheit verzichtet werden[173]. Wegen der „scharfen" Voraussetzungen für einen Anspruch wegen Wegfalls der Geschäftsgrundlage dürfte die Einbuße an Rechtssicherheit nicht allzu schwer wiegen.

---

169 Ebenso *Schwab* FamRZ 1984, 525, 533 f.

170 WM 1982, 946, 953; *Tiedtke* DNotZ 1983, 161, 164.

171 *Schulte* ZGR 1983, 437, 444.

172 So insbes. *Holzhauer* JuS 1983, 830, 835 f. und *Friedrich* JR 1986, 1, 5 f. als Vertreter der neueren Ansicht.

173 Im Ergebnis ebenso *Langenfeld,* Hdb Rz 323, 325.

Anhang:

Die prozessuale Durchsetzung konkurrierender Ansprüche

I. Zuständigkeitsregelung

Gem. § 23 b I S. 2 Nr. 9 GVG und § 621 I Nr. 8 ZPO fallen Ansprüche aus dem ehelichen Güterrecht in die ausschließliche Zuständigkeit des Familiengerichts. Nach überwiegender Ansicht gehören dazu nur Streitigkeiten aus den §§ 1363-1561 BGB, nicht aber „sonstige vermögensrechtliche Ansprüche der Ehegatten gegeneinander". Diese weite Formulierung sah der Gesetzentwurf der Bundesregierung zum 1. EheRG zwar vor[174], sie wurde aber nicht Gesetz. Somit besteht die weithin als unbefriedigend empfundene Situation[175], daß die Entscheidung über solche Ansprüche, die als Aktiva und Passiva die Endvermögen der Ehegatten beeinflussen, beim Prozeßgericht liegt, womit für das Familiengericht wichtige Daten zur Berechnung des Zugewinnausgleichs in Frage gestellt werden[176]. Ist die Folgesache Zugewinnausgleich gem. § 623 I ZPO im Verbund mit der Ehesache Scheidung anhängig, kann schon wegen § 610 II S. 1 ZPO keine Verbindung mit einem Verfahren vor dem Prozeßgericht erfolgen[177]. Aber auch nach einer Abtrennung der Folgesache aus dem Entscheidungsverbund ist wegen der unterschiedlichen Zuständigkeiten keine Verbindung des Verfahrens vor dem Prozeßgericht mit der Familiensache Zugewinnausgleich zulässig[178]. Damit stellt sich die Frage, wie das Familiengericht darauf reagieren soll und kann, wenn im Verfahren über den Zugewinnausgleich ein Ehegatte die bestehende Vermögensverteilung aus welchen Gründen auch immer nicht gegen sich gelten lassen will oder bereits ein entsprechendes Verfahren vor dem Prozeßgericht anhängig ist. Diese Problematik stellt sich aber nur in bestimmten Konstellationen, die deshalb einer differenzierten Behandlung bedürfen.

174 BT-Drucks 7/650, S. 23, 78 f. u. 188.

175 Krit. zu dieser Regelung *Bosch,* FS Beitzke S. 132; *Seutemann* S. 147 ff.; *Walter* S. 64 jeweils mwN.

176 Vgl. *Schwab* FamRZ 1984, 525, 534.

177 *Bosch,* FS Beitzke S. 132; *Seutemann* S. 152.

178 BGH FamRZ 1979, 215 = NJW 1979, 426; zust. *Seutemann* S. 155.

II. Beeinflussung des Ausgleichsverfahrens

1. Keine Auswirkungen der Rückforderung auf den Zugewinnausgleich

a) Verlangt, wie etwa im „Saudi-Arabien Fall", ein Ehegatte eine Zuwendung aus seinem Anfangsvermögen zurück und wurde ansonsten kein (nennenswerter) Zugewinn erzielt, kann er von vornherein auf die für ihn „ungünstige" Klage auf Zugewinnausgleich verzichten. Solange noch keine Verjährung des sicher gegebenen Zugewinnausgleichsanspruchs gem. § 1378 IV droht, kann er vor dem Prozeßgericht auf Rückübertragung der Zuwendung klagen. Ein gleichzeitiges oder späteres Verfahren über den Zugewinnausgleich vor dem Familiengericht ist nicht erforderlich.

b) Sofern der Zuwender bei einer Zuwendung, die ganz oder teilweise aus dem Anfangsvermögen stammt, sich nur nicht mit der güterrechtlichen Folge, daß er nur die Hälfte des Zuwendungswertes aus dem Anfangsvermögen als Zugewinnausgleich erhält, abfinden will, kann das Familiengericht über seine Klage auf Zugewinnausgleich endgültig entscheiden. Ob er vor dem Prozeßgericht mit seiner weiteren Forderung Erfolg hat oder nicht, berührt den Zugewinnausgleich nicht.

c) Beruft sich der Zuwender als Ausgleichsverpflichteter auf ein Leistungsverweigerungsrecht gem. § 1381, kann das Familiengericht die Klage des Zuwendungsempfängers auf Zugewinnausgleich abweisen. Der mögliche weitere Prozeß auf Rückgabe der Zuwendung hat darauf keinen Einfluß.

2. Mögliche Auswirkungen der Rückforderung auf den Zugewinnausgleich

Stammt die Zuwendung aus dem Zugewinn, tangiert eine umstrittene Rückforderung die Höhe beider Endvermögen und somit der Zugewinnausgleichsforderung. Um das Scheidungsverfahren abzukürzen und zu entlasten, empfiehlt sich eine Abtrennung des Zugewinnausgleichs gem. § 628 I Nr. 1 oder 3 ZPO aus dem Entscheidungsverbund[179]. Dann kann dieses Verfahren bis zu einer Entscheidung des Prozeßgerichts gem. § 148 ZPO ausgesetzt werden[180]. Das führt aber zu einer sicher wenig befriedigenden Verzögerung des Zugewinnausgleichs, die deshalb vermieden werden sollte und auch nicht in jedem Fall erforderlich ist.

---

179 Dies ist ohnehin die gängige Praxis, vgl. *Müller-Alten* S. 159, wonach 1980 nur in 0,5 % aller Scheidungen im Scheidungsurteil über den Zugewinnausgleich entschieden wurde.

180 *Seutemann* S. 161 mwN.

a) In den Fällen des Miteigentums am Familienheim kann das Familiengericht von der bestehenden dinglichen Rechtslage ausgehen. Auch wenn der Zuwender mit seiner Klage auf Rückübereignung Erfolg hat, ist kein weiteres Verfahren vor dem Familiengericht erforderlich. Einen Anspruch auf Übereignung der Grundstückshälfte gewährt die Rechtsprechung nur gegen Zahlung eines den Umständen entsprechenden Ausgleichsbetrages, dessen Höhe sich danach richtet, welchen Betrag der Empfänger der Zuwendung als Zugewinnausgleich geltend machen könnte, wenn die Zuwendung unterblieben wäre[181]. Der beklagte Zuwendungsempfänger hat unter Umständen ein Zurückbehaltungsrecht nach § 273[182], so daß sich von vornherein nur eine Klage auf Rückübereignung Zug um Zug gegen Zahlung einer entsprechenden Ausgleichssumme empfiehlt[183]. Ist der Zuwender trotz der Zuwendung ausgleichsberechtigt, verringert sich sein Zugewinnausgleichsanspruch um den Wert der Zuwendung. Ist der Zugewinnausgleich vor dem Familiengericht bereits entschieden, steht dem Empfänger ein entsprechender Ausgleichsanspruch zu, mit dem er gegebenenfalls gegen die Zugewinnausgleichsforderung aufrechnen kann. Erklärt sich der Zuwender von vornherein zu einer Anrechnung des Wertes der Zuwendung auf seinen Ausgleichsanspruch bereit, kommt auch eine entschädigungslose Übertragung in Betracht[184].

b) Damit ist auch für die Rückforderung sonstiger Zuwendungen ein praktikabler Weg vorgegeben.

Denkbar wäre zwar, das potentielle Rückforderungsrecht als ungewisses und unsicheres Recht in Analogie zu § 2313 bei der Vermögensbewertung außer acht zu lassen[185]. Berücksichtigt man aber den Zuwendungswert weder im Empfänger- noch im Zuwendervermögen, entsteht ohne Anrechnung eine Ausgleichsforderung, die weder der tatsächlichen noch der vom Rückfordernden erstrebten Vermögensverteilung entspricht. Eine Anwendung von § 2313 in Verbindung mit der Anrechnung der Zuwendung führt zu einer hypothetischen Vermögenslage, wie sie auch ohne § 2313 der Rückrechnung der Zuwendung als erstem Rechenschritt zur Anrechnung entspricht. In diesem Fall müßte die Ausgleichsforderung nur dann nachträglich korrigiert werden, wenn das Herausgabeverlangen vor dem Prozeßgericht Erfolg hat.

Der einfachere und schnellere Weg ist also der, über die Zugewinnausgleichsforderung auf der Basis der bestehenden, wenn auch umstrittenen Vermögensverteilung zu entscheiden. Unterliegt der Zuwender im Herausgabeprozeß, ist keine Korrektur erforderlich. Kommt eine Rückforderung in

---

181 BGHZ 68, 299, 306 f.; *Johannsen* WM 1978, 654, 666.

182 BGHZ 92, 194 = NJW 1985, 189 = FamRZ 1985, 48 m zust Anm *Seutemann* FamRZ 1985, 153.

183 *Johannsen* WM 1978, 654, 667.

184 *Johannsen* WM 1978, 654, 667.

185 Vgl. MünchKomm-*Gernhuber* § 1376 Rz 15, *Soergel-Herm. Lange* § 1376 Rz 15.

Betracht, ist diese stets in Relation zur dadurch erhöhten Zugewinnausgleichsforderung des Zuwendungsempfängers zu sehen[186]. Die Rechtsfolge eines Wegfalls der Geschäftsgrundlage besteht dann nicht einfach in der Rückforderung der Zuwendung, sondern auch in einer entsprechenden Ausgleichspflicht des Zuwenders[187].

Basiert die Rückforderung auf einem Schenkungswiderruf oder sonstigen Ansprüchen aus dem Bereicherungsrecht, kann dem Zuwendungsempfänger ein Zurückbehaltungsrecht wegen seines durch die Rückforderung erhöhten Zugewinnausgleichsanspruches zustehen.

Die Verurteilung zur Rückübereignung kann dann nur Zug um Zug gegen eine Ausgleichszahlung erfolgen, was wiederum eine Korrektur des vom Familiengericht entschiedenen Zugewinnausgleichs entbehrlich macht[188].

3. Ergebnis

Da eine Rückforderung der typischen unbenannten Zuwendung allenfalls auf den Wegfall der Geschäftsgrundlage gestützt werden kann, steht einer Entscheidung des Familiengerichts über den Zugewinnausgleich auf der Grundlage der bestehenden Vermögensverteilung in den meisten Fällen nichts im Wege. Eine Verzögerung des Zugewinnausgleichs durch eine Aussetzung des Verfahrens bis zur Entscheidung des Prozeßgerichts ist also nur in sehr wenigen Fällen zu erwarten und hinzunehmen.

---

186 BGHZ 92, 194, 199 = FamRZ 1985, 48, 50.

187 Ebenso BGHZ 68, 299, 306 f.

188 *Rauscher* AcP 186 (1986), 529, 563.

Literaturverzeichnis

Das Verzeichnis berücksichtigt vorwiegend die neuesten Auflagen. Ältere Auflagen sind als solche im Text bezeichnet und nur bei häufiger Zitierung hier aufgeführt.

Alternativkommentar zum BGB, Band 5, Familienrecht, Neuwied 1981, zit.: AK-BGB-Bearb.

Bärmann, Johannes: Das neue Ehegüterrecht, AcP 157 (1958/59), 145 ff.

Battes, Robert: Auseinandersetzung, Rückabwicklung, Entgelt. Leistungen an den Partner während der Ehe oder des nichtehelichen Zusammenlebens und ihre Auswirkungen im Fall der Scheidung oder Trennung, Festschrift für Heinz Hübner, Berlin/New York 1984, S. 379 ff.

Beitzke, Günther: Familienrecht, 24. Aufl. München 1985, zit.: FamR.

Bergmann, Alexander / *Ferid,* Murad: Internationales Ehe- und Kindschaftsrecht, 6. Aufl. Frankfurt 1983 (Loseblattform).

Bernhardt, Heide: Der Bereicherungsanspruch wegen Mißerfolgs, Diss. Saarbrücken 1971.

Beuthien, Volker: Zweckerreichung und Zweckstörung im Schuldverhältnis, Tübingen 1969.

Bosch, Friedrich Wilhelm: Widerruf von Schenkungen unter (geschiedenen) Ehegatten, Festschrift für Günther Beitzke, Berlin/New York 1979, S. 121 ff., zit.: FS Beitzke.

— Anm. zu BGHZ 46, 343 = FamRZ 1966, 560, 564.

— Anm. zu OLG Düsseldorf FamRZ 1980, 446, 447.

— Anm. zu BGH FamRZ 1982, 141, 143.

— Anm. zu BGH FamRZ 1982, 1066, 1067.

— Anm. zu BGH FamRZ 1983, 349, 350.

Braun, Johann: Wegfall der Geschäftsgrundlage - BGH WM 1978, 322 (Rezension), JuS 1979, 692 ff.

Brüning, Manfred: Die Behandlung von Schenkungen zwischen Ehegatten bei der Berechnung der Zugewinnausgleichsforderung, NJW 1971, 922 ff.

Burckhardt, Jürgen: Der Ausgleich für Mitarbeit eines Ehegatten im Beruf oder Geschäft des anderen, Bielefeld 1971.

Chiotellis, Aristide: Rechtsfolgenbestimmung bei Geschäftsgrundlagenstörungen in Schuldverträgen, München 1981.

Coing, Helmut: Die Treuhand kraft privaten Rechtsgeschäfts, München 1973.

Comes, Heinrich: Der rechtsfreie Raum – Zur Frage der normativen Grenzen des Rechts, Berlin 1976.

van den Daele, Wolfgang: Probleme des gegenseitigen Vertrags – Untersuchungen zur Äquivalenz gegenseitiger Leistungspflichten, Hamburg 1968.

Deubner, Karl G.: Die Ehe – ein Rechtsgrund? Ein Beitrag zur Frage der Rückabwicklung ehebedingter Zuwendungen, FamRZ 1968, 351 ff.

Diederichsen, Uwe: Vermögensauseinandersetzung bei der Ehescheidung, Köln 1983, zit.: Vermögensauseinandersetzung.

— Familienrecht, 4. Aufl. Heidelberg 1984, zit.: FamR.

— Die Änderungen des materiellen Rechts nach dem Unterhaltsrechtsgesetz, NJW 1986, 1283 ff.

Dölle, Hans: Familienrecht, Band 1, Karlsruhe 1964, zit.: FamR I.

Ehmann, Horst: Die Gesamtschuld, Berlin 1972.

— Anm. zu BGH NJW 1973, 612 in NJW 1973, 1035.

Eisenhardt, Ulrich: Zum subjektiven Tatbestand der Willenserklärung, JZ 1986, 875.

Emmerich, Volker: Das Recht der Leistungsstörungen, 2. Aufl. München 1986.

Erasmus von Rotterdam: Das Lob der Torheit, Übersetzung von Uwe Schultz, zit. nach insel taschenbuch 369, Frankfurt a.M. 1979.

Erman, Walter/Bearb.: Handkommentar zum BGB in zwei Bänden, 7. Aufl. Münster 1981, zit.: Erman-Bearb.

Esser, Josef: Schuldrecht, 2. Aufl. Karlsruhe 1960, zit.: SchR.

— Schuldrecht, Band 2, 4. Aufl. Karlsruhe 1971, zit.: SchR II.

Esser, Josef / *Schmidt,* Eike: Schuldrecht, Band I, Allgemeiner Teil, 6. Aufl. Heidelberg 1984, zit.: SchR I.

Esser, Josef / *Weyers,* Hans-Leo: Schuldrecht Band II, Besonderer Teil, 6. Aufl. Heidelberg 1984, zit.: SchR II.

Fenn, Herbert: Anm. zu BGH FamRZ 1973, 252 in FamRZ 1973, 369.

Fikentscher, Wolfgang: Die Geschäftsgrundlage als Frage des Vertragsrisikos, München 1971, zit.: Geschäftsgrundlage.

— Methoden des Rechts in vergleichender Darstellung, Band IV: Dogmatischer Teil, Tübingen 1977, zit.: Methoden.

— Schuldrecht, 7. Aufl. Berlin/New York 1985, zit.: SchR.

Flume, Werner: Rechtsgeschäft und Privatautonomie, in: Festschrift zum hundertjährigen Bestehen des Deutschen Juristentages 1860-1960, Band I, Karlsruhe 1960, S. 135 ff., zit.: FS Dt. Juristentag.

— Allgemeiner Teil des Bürgerlichen Rechts, Band II, Das Rechtsgeschäft, 3. Aufl. Berlin, Heidelberg, New York, 1979, zit.: AT.

Frank, Rainer: Anm. zu BGH FamRZ 1983, 795 = JZ 1983, 852, 855.

Friedrich, Matthias: Rückabwicklung der Schenkungen und Zuwendungen unter Ehegatten nach der Scheidung, JR 1986, 1 ff.

Frotz, Gerhard: Zur Rückzahlung verlorener Baukostenzuschüsse nach Bereicherungsrecht, AcP 164 (1964), 309 ff.

Gamp: Anm. zu BGH FamRZ 1981, 755 = JR 1981, 506, 508.

Gernhuber, Joachim: Familienrecht, 3. Aufl. München 1980, zit.: FamR.

— Bürgerliches Recht, 2. Aufl. München 1983, zit.: Bürgerl. Recht.

Göppinger, Horst (unter Mitwirkung von Eberhard *Wenz* und Rudi W. *Märkle*): Vereinbarungen anläßlich der Ehescheidung, 5. Aufl. München 1985.

Hausheer, Heinz: Der neue ordentliche Güterstand der Errungenschaftsbeteiligung im revidierten schweizerischen Zivilgesetzbuch, Festschrift für Wolfram Müller-Freienfels, Baden-Baden 1986, S. 225 ff.

Hegnauer, Cyril: Das neue schweizerische Eherecht, FamRZ 1986, 317 ff.

Henrich, Dieter: Schuldrechtliche Ausgleichsansprüche zwischen Ehegatten in der Rechtsprechung des Bundesgerichtshofes, FamRZ 1975, 533 ff.

— Familienrecht, 3. Aufl. Berlin/New York 1980, zit.: FamR.

Hepting, Reinhard: Ehevereinbarungen; Die autonome Ausgestaltung der ehelichen Lebensgemeinschaft im Verhältnis zu Eherecht, Rechtsgeschäftslehre und Schuldrecht, München 1984.

Hinderling, Hans: Das schweizerische Ehescheidungsrecht, 3. Aufl. Zürich 1967.

Hoegen: Anm. zu BGHZ 68, 43 = NJW 1977, 377 = FamRZ 1977, 124 in LM § 1374 Nr. 3.

Holzhauer, Heinz: Schuld- und güterrechtlicher Ausgleich von Zuwendungen unter Ehegatten – BGHZ 82, 227, JuS 1983, 830 ff.

— Familien- und Erbrecht, Freiwillige Gerichtsbarkeit, Frankfurt 1984, zit.: FamR.

Huber, Ulrich: Verpflichtungszweck, Vertragsinhalt und Geschäftsgrundlage, JuS 1972, 57 ff.

Hülsheger, Michael: Zuwendungen zwischen Ehegatten zum gemeinsamen Hausbau, Diss. Münster 1982.

Jaeger, Wolfgang: Entgegnung auf die Anmerkung von *Kühne* zu BGH JZ 1976, 486 in JZ 1977, 138.

Jauernig, Othmar/Bearb.: Bürgerliches Gesetzbuch, 4. Aufl. München 1987, zit.: Jauernig-Bearb.

Johannsen, Kurt Herbert: Anm. zu OLG Karlsruhe FamRZ 1974, 306, 310.

— Anm. zu BGHZ 65, 320 in LM § 1374 Nr. 1.

— Anm. zu BGHZ 68, 299 in LM § 242 (D) Nr. 65.

— Vermögensrechtliche Auseinandersetzung unter Ehegatten nach Auflösung der Ehe bei Gütertrennung, WM 1978, 502 ff.

— Vermögensrechtliche Auseinandersetzung unter Ehegatten nach Auflösung der Ehe beim Güterstand der Zugewinngemeinschaft, WM 1978, 654 ff.

John, Uwe: Grundzüge des Familienrechts, 2. Aufl. München 1984, zit.: FamR.

Joost, Detlev: Zuwendungen unter Ehegatten und Bereicherungsausgleich nach der Scheidung – zum Verhältnis von Zugewinnausgleich und Familienrecht, JZ 1985, 10 ff.

Kanzleiter, Rainer: Vereinbarungen unter Ehegatten, 3. Aufl. Köln 1984.

Karakatsanes, Johannes: Zum Widerruf von Schenkungen unter (geschiedenen) Ehegatten wegen Ehebruchs, FamRZ 1986, 1049 ff.

Kegel, Gerhard: Empfiehlt es sich, den Einfluß grundlegender Veränderungen des Wirtschaftslebens auf Verträge gesetzlich zu regeln und in welchem Sinne? (Geschäftsgrundlage, Vertragshilfe, Leistungsverweigerungsrecht), Gutachten für den 40. Deutschen Juristentag, in: Verhandlungen des 40. Deutschen Juristentages, Tübingen 1953, S. 135 ff., zit.: Gutachten.

— Verpflichtung und Verfügung, Festschrift für Frederick Alexander Mann, München 1977, S. 57 ff., zit.: FS Mann.

Kralemann, Ulrich: Die Rückforderung von Ehegattenschenkungen im Falle der Scheidung, Frankfurt a.M., Bern, New York, 1983.

Kühne, Günther: Die Rückforderung von Vermögenszuwendungen zwischen Ehegatten bei Scheidung der Ehe unter besonderer Berücksichtigung des Bereicherungsrechts, FamRZ 1968, 356 ff.

— Schenkungen unter Ehegatten, insbesondere ihre Rückabwicklung nach der Scheidung, im deutschen materiellen und internationalen Privatrecht, FamRZ 1969, 371 ff.

— Anm. zu BGH FamRZ 1974, 592 = NJW 1974, 2045 = JR 1975, 155, 156 f.

— Anm. zu BGHZ 65, 320 = JZ 1976, 487 ff.

— Anm. zu BGH FamRZ 1976, 334 = NJW 1976, 2131 = JR 1977, 23.

— "Schlußwort" zu Jaeger, in JZ 1977, 138.

— Anm. zu BGHZ 68, 299 = JR 1977, 508, 509.

— Zuwendungen unter Ehegatten und Zugewinnausgleich – zu BGHZ 68, 299, FamRZ 1978, 221 ff.

— Wechselbeziehungen zwischen ehelichem Güterrecht und Zuwendungsgeschäften unter Ehegatten – eine rechtsvergleichende Studie, Festschrift für Günther Beitzke, Berlin/New York 1979, S. 249 ff., zit.: FS Beitzke.

— Anm. zu BGHZ 82, 227 = JR 1982, 234, 237.

Lang: Anm. zu BGHZ 82, 227 in LM § 1380 Nr. 5.

Lange, Heinrich: Ausgangspunkte, Wege und Mittel zur Berücksichtigung der Geschäftsgrundlage, Festschrift für Paul Gieseke, Karlsruhe 1958, S. 21 ff., zit.: FS Gieseke.

Lange, Hermann: Anm. zu BGHZ 89, 137 = JZ 1984, 380, 383.

Langenfeld, Gerrit: Der Ehevertrag, 2. Aufl. München 1983, zit.: Ehevertrag.

— Handbuch der Eheverträge und Scheidungsvereinbarungen, München 1984, zit.: Hdb.

— Besprechung von Hepting, Ehevereinbarungen, NJW 1985, 843.

— Möglichkeiten und Grenzen notarieller Vertragsgestaltung bei Eheverträgen und Scheidungsvereinbarungen, 22. Deutscher Notartag München 1985, Sonderbeitrag der DNotZ 1985, S. 167 ff., zit.: 22. Dt. Notartag.

— Zur Rückabwicklung von Ehegattenzuwendungen im Gesetzlichen Güterstand, NJW 1986, 2541 ff.

Larenz, Karl: Geschäftsgrundlage und Vertragserfüllung, 3. Aufl. München und Berlin 1963, zit.: Geschäftsgrundlage.

— Allgemeiner Teil des deutschen Bürgerlichen Rechts, 6. Aufl. München 1983, zit.: AT.

— Lehrbuch des Schuldrechts, Band I, Allgemeiner Teil, 13. Aufl. München 1982, zit.: SchR I.

— Lehrbuch des Schuldrechts, Band II, Besonderer Teil, 12. Aufl. München 1981, zit.: SchR II.

— Lehrbuch des Schuldrechts, Band II, Halbband 1, Besonderer Teil, 13. Aufl. München 1986, zit.: SchR II, 1. Halbbd.

— Methodenlehre der Rechtswissenschaft, 5. Aufl. Berlin, New York, Tokyo 1983, zit.: Methodenlehre.

Lehmann, Heinrich: Allgemeiner Teil des Bürgerlichen Gesetzbuches, 14. Aufl. Berlin 1963.

Lehmann, Heinrich / *Hübner,* Heinz: Allgemeiner Teil des Bürgerlichen Gesetzbuches, 16. Aufl. Berlin 1966.

Leipold, Dieter: Wandlungen in den Grundlagen des Erbrechts?, AcP 180 (1980), 160 ff.

Lenel, O.: Die Lehre von der Voraussetzung (im Hinblick auf den Entwurf eines bürgerlichen Gesetzbuches), AcP 74 (1889), 213 ff.

Lieb, Manfred: Die Ehegattenmitarbeit im Spannungsfeld zwischen Rechtsgeschäft, Bereicherungsrecht und gesetzlichem Güterstand, Tübingen 1970.

Liebs, Detlef: Bereicherungsanspruch wegen Mißerfolgs und Wegfall der Geschäftsgrundlage, JZ 1978, 697 ff.

Limbach, Jutta: Über den Stil der Rechtspolitik – oder die Mär von dem einträglichen Geschäft mit der Scheidung, ZRP 1984, 199 ff.

Lipp, Martin: Die nichteheliche Lebensgemeinschaft und das bürgerliche Recht: eine dogmatisch-methodische Studie, AcP 180 (1980), 537 ff.

Locher, Eugen: Geschäftsgrundlage und Geschäftszweck, AcP 121 (1923), 1 ff.

Lorenz, Werner: Anm. zu BGH FamRZ 1968, 23 = JZ 1968, 381, 382.

— Entgeltliche und unentgeltliche Geschäfte, in: Ius privatum gentium, Festschrift für Max Rheinstein, Band II, Tübingen 1969, S. 547 ff., zit.: FS Rheinstein II.

Lüke, Gerhard: Die persönlichen Ehewirkungen und die Scheidungsgründe nach dem neuen Ehe- und Familienrecht, Festschrift für Friedrich Wilhelm Bosch, Bielefeld 1976, S. 627 ff., zit.: FS Bosch.

— Grundsätzliche Veränderungen im Familienrecht durch das 1. EheRG, AcP 178 (1978), 1 ff.

Massfeller / Reinicke: Das Gleichberechtigungsgesetz, Köln, Berlin 1958.

Maus, Wolfgang: Scheidung ohne Trauschein. Die vermögensrechtliche Auseinandersetzung bei Beendigung einer nichtehelichen Lebensgemeinschaft, Frankfurt a.M. 1984.

Medicus, Dieter: Bürgerliches Recht, 12. Aufl. München 1984, zit.: Bürgerl. Recht.

— Allgemeiner Teil des BGB, 2. Aufl. Heidelberg 1985, zit.: AT.

Müller-Alten, Lutz: Ehescheidung und Scheidungsverträge: eine juristische und empirische Untersuchung über die einverständliche Scheidung und die Scheidungsfolgevereinbarungen, Frankfurt a.M. 1984.

Münchener Kommentar zum Bürgerlichen Gesetzbuch, Herausgeber Kurt Rebmann und Franz Jürgen Säcker.

— Band 1, Allgemeiner Teil (§§ 1-240), 2. Aufl. München 1984.

— Band 2, Schuldrecht, Allgemeiner Teil, (§§ 241-432), 2. Aufl. München 1985.

— Band 3, Schuldrecht, Besonderer Teil, 1. Halbband (§§ 433-656), AbzG, München 1980.

— Band 3, Schuldrecht, Besonderer Teil, 2. Halbband (§§ 652-853), 2. Aufl. München 1986.

— Band 4, Sachenrecht, (§§ 854-1296), 2. Aufl. München 1986.

— Band 5, Familienrecht (§§ 1297-1921), EheG, München 1978.

— Band 6, Erbrecht (§§ 1922-2385), München 1982, zit.: MünchKomm-Bearb.

Münchener Vertragshandbuch, Band 4, Bürgerliches Recht, herausgegeben von Gerrit Langenfeld, 2. Aufl. München 1986.

Oertmann, Paul: Die Geschäftsgrundlage - ein neuer Rechtsbegriff, Leipzig, Erlangen 1921.

von Olshausen, Eberhard: Die Anrechnung von Zuwendungen unter Ehegatten auf Zugewinnausgleich und Pflichtteil, FamRZ 1978, 755 ff.

Olzen, D.: Anm. zu BGHZ 84, 361 = JR 1982, 493, 495.

— Anm. zu BGHZ 87, 145 = JR 1983, 453, 455.

Palandt, Otto/Bearb.: Bürgerliches Gesetzbuch, 45. Aufl. München 1986, zit.: Palandt-Bearb.

Pawlowski, Hans Martin: Besprechung von Hepting, Ehevereinbarungen, AcP 185 (1985), 396.

Ramm, Thilo: Familienrecht Band I, Recht der Ehe, München 1981, zit.: FamR.

Rau, Hans: Neues spanisches Internationales Familienrecht, IPRax 1981, 189 ff.

— Die Reform des Familienrechts in Spanien, FamRZ 1982, 334 ff.

Rauscher, Thomas: Dingliche Mitberechtigung in der Zugewinngemeinschaft. Betrachtungen über die Rechtsprechung des BGH zur Auseinandersetzung gemeinsamer Vermögenswerte nach Scheidung, AcP 186 (1986), 529 ff.

Reichsgerichtsrätekommentar (RGRK), 12. Aufl. Berlin/New York 1974 ff.

— Band I (§§1-240), 1982.

— Band II, Teil 1 (§§241-413), 1976.

— Band II, Teil 2 (§§414-610), 1978.

— Band II, Teil 5 (§§812-822), 1974.

— Band III, Teil 1 (§§854-1011), 1979.

— Band IV, Teil 1 (§§1297-1563), 1984.

— 59. Lieferung, Hausratsverordnung, 1986, zit.: RGRK-Bearb.

Reinicke, Dietrich / *Tiedtke,* Klaus: Güterrechtlicher Ausgleich bei Zuwendungen eines Ehegatten an den anderen und Wegfall der Geschäftsgrundlage, WM 1982, 946 ff.

Reuter, Dieter: Einführung in das Familienrecht, München 1980, zit.: FamR.

Reuter, Dieter / *Martinek,* Michael: Ungerechtfertigte Bereicherung (Handbuch des Schuldrechts Band 4), Tübingen 1983.

Ripfel, Franz: Grundstückserwerb durch Verheiratete und Ausgleichung im Innenverhältnis, DNotZ 1959, 507 ff.

Rolland, Walter: Das neue Ehe- und Familienrecht: 1. EheRG, Kommentar zum 1. EheRG, 2. Aufl. Neuwied und Darmstadt 1982.

Rossak, Erich: „Benannte" und „unbenannte" Zuwendungen zwischen Ehegatten im gesetzlichen Güterstand, MittBayNotV 1984, 74 ff.

Sandweg, Hans-Eberhard: Zuwendungen zwischen Ehegatten in der notariellen Praxis, BWNotZ 1985, 34 ff.

Schlosser, Peter: Vermögensbeziehungen unter Ehegatten, Jura 1983, 198 ff. und 260 ff.

Schlüter, Wilfried: Familienrecht, 3. Aufl. Heidelberg 1986, zit.: FamR.

Schlüter, Wilfried / *Belling,* Detlev W.: Die nichteheliche Lebensgemeinschaft und ihre vermögensrechtliche Abwicklung, FamRZ 1986, 405 ff.

Schmidt-Rimpler, Walter: Zum Problem der Geschäftsgrundlage, Festschrift für Hans Carl Nipperdey, München und Berlin 1955, S. 1 ff.

Schulte, Hans: Vermögensausgleich nach Beendigung einer eheähnlichen Lebensgemeinschaft und einer Gütertrennungs-Ehe; Besprechung der Entscheidungen BGHZ 84, 361 ff. und 388 ff., ZGR 1983, 437 ff.

Schwab, Dieter: Handbuch des Scheidungsrechts, München 1977, zit.: Hdb.

— Familienrecht, 4. Aufl. München 1986, zit.: FamR.

— Neue Rechtsprechung zum Zugewinnausgleich, FamRZ 1984, 429 ff. und 525 ff.

Seutemann, Herbert: Der Widerruf von Schenkungen unter Ehegatten, Göttingen 1984.

— Anm. zu BGHZ 87, 145 = FamRZ 1983, 668 in FamRZ 1983, 990.

— Anm. zu BGHZ 92, 194 = FamRZ 1985, 48 in FamRZ 1985, 153.

— Anm. zu BGH FamRZ 1985, 351, 352.

Söllner, Alfred: Der Bereicherungsanspruch wegen Nichteintritts des mit einer Leistung bezweckten Erfolges, AcP 163 (1963), 20 ff.

Soergel, Hans Theodor / *Siebert,* Wolfgang/Bearb.: Bürgerliches Gesetzbuch mit Einführungsgesetz und Nebengesetzen, 11. Aufl. Stuttgart, Berlin, Köln, Mainz 1978 ff.,

— Band 3, Schuldrecht II (§§ 516-704), 1980.

— Band 4, Schuldrecht III (§§ 705-853), 1985.

— Band 6, Familienrecht (§§ 1297-1921), 1981.

sowie 10. Aufl. 1967, Band 2, Schuldrecht I (§§ 241-610), zit.: Soergel-Bearb.

von Staudinger, J./Bearb.: Kommentar zum Bürgerlichen Gesetzbuch mit Einführungsgesetz und Nebengesetzen, 12. Aufl. Berlin 1978 ff.

— 1. Buch, Allgemeiner Teil, §§ 90-240, 1980.

— 2. Buch, Recht der Schuldverhältnisse - Einl. zu §§ 241 ff., §§ 241, 242, AGBG, 1983.

— §§ 433-580 a, 1978.

— §§ 741-822, 1986.

— 4. Buch, Familienrecht, §§ 1363-1563, 1985, zit.: Staudinger-Bearb.

sowie 10./11. Aufl. 1970, Band IV, Familienrecht, §§ 1363-1588, zit.: Staudinger-Felgentraeger.

Stötter, Viktor: Versuch zur Präzisierung des Begriffs der mangelhaften Geschäftsgrundlage, AcP 166 (1966), 149 ff.

Streck, Michael: Generalklausel und unbestimmter Begriff im Recht der allgemeinen Ehewirkungen, Bonn 1970.

Tiedtke, Klaus: Güterrechtlicher und schuldrechtlicher Ausgleich bei Scheidung der Ehe, DNotZ 1983, 161 ff.

— Anm. zu BGHZ 86, 143 = JZ 1983, 455, 457.

— Rechtsprechung des Bundesgerichtshofs zum ehelichen Güterrecht seit dem 1. Januar 1978, JZ 1984, 1018 ff. und 1078 ff.

Ulmer, Peter: Wirtschaftslenkung und Vertragserfüllung, AcP 174 (1974), 167 ff.

Walter, Gerhard: Der Prozeß in Familiensachen, Bielefeld 1985.

Welker, Gerhard: Bereicherungsausgleich wegen Zweckverfehlung?, Berlin 1974.

Westermann, Harm Peter: Die causa im französischen und deutschen Zivilrecht, Berlin 1967.

Wieacker, Franz: Gemeinschaftlicher Irrtum der Vertragspartner und Clausula rebus sic stantibus, Festschrift für Walter Wilburg, 1965, S. 229 ff.

Willemer, Wilhelm: Zuwendungen zwischen Ehegatten im Erbschafts- und Schenkungssteuerrecht, DB 1985, 1254 ff.

de Witt, Siegfried / *Huffmann,* Johann-Friedrich: Nichteheliche Lebensgemeinschaft, 2. Aufl. München 1986.

Schriften zur Rechtstheorie

118 Vladimír Kubeš

Ontologie des Rechts

470 S. 1986. DM 168,–

119 Friedrich Müller

‚Richterrecht'

Elemente einer Verfassungstheorie IV

140 S. 1986. DM 54,–

120 Klaus Adomeit

Normlogik – Methodenlehre – Rechtspolitologie

Gesammelte Beiträge zur Rechtstheorie 1970 - 1985

274 S. 1986. DM 96,–

121 Martin Weber

Zur Theorie der Familie in der Rechtsphilosophie Hegels

134 S. 1986. DM 58,–

122 Ralph Christensen

Freiheitsrechte und soziale Emanzipation

Ernst Blochs Kritik der marxistisch-leninistischen Rechtstheorie

254 S. 1987. DM 98,–

123 Dimitris Th. Tsatsos

Von der Würde des Staates zur Glaubwürdigkeit der Politik

Zu einem verfassungsrelevanten Legitimationsverständnis

65 S. 1987. DM 28,–

124 Peter Koller

Neue Theorien des Sozialkontrakts

297 S. 1987. DM 118,–

125 Eugenio Bulygin / Ernesto Garzón Valdés (Hrsg.)

Argentinische Rechtstheorie und Rechtsphilosophie heute

244 S. 1987. DM 96,–

126 Aulis Aarnio

Wegen Recht und Billigkeit

Vorträge und Aufsätze aus 10 Jahren

166 S. 1988. DM 68,–

127 Henry Kerger

Autorität und Recht im Denken Nietzsches

212 S. 1988. DM 96,–

Duncker & Humblot · Berlin